DEPOIS DA ARQUITETURA MODERNA

DEPOIS DA ARQUITETURA MODERNA
Paolo Portoghesi

Tradução e apresentação: Ana Luiza Nobre

Martins Fontes
São Paulo 2002

Esta obra foi publicada originalmente em italiano com o título
DOPO L'ARCHITETTURA MODERNA.
Copyright © 1980, 1981, 1988 Gius. Laterza & Figli Spa, Roma-Bari.
Edição em língua portuguesa autorizada por intermédio de Eulama Literary Agency.
Copyright © 2002, Livraria Martins Fontes Editora Ltda.,
São Paulo, para a presente edição.

1ª edição
agosto de 2002

Tradução
ANA LUIZA NOBRE

Revisão da tradução
Álvaro Lorencini
Revisão gráfica
Ana Maria de Oliveira Mendes Barbosa
Célia Regina Camargo
Produção gráfica
Geraldo Alves
Paginação/Fotolitos
Studio 3 Desenvolvimento Editorial

Dados Internacionais de Catalogação na Publicação (CIP)
(Câmara Brasileira do Livro, SP, Brasil)

Portoghesi, Paolo
  Depois da arquitetura moderna / Paolo Portoghesi ; tradução e apresentação Ana Luiza Nobre. – São Paulo : Martins Fontes, 2002.
  – (Coleção a).

  Título original: Dopo l'architettura moderna
  Bibliografia.
  ISBN 85-336-1576-0

  1. Arquitetura moderna – Século 20 2. Arquitetura pós-moderna
I. Título. II. Série.

02-3663   CDD-724.6

Índices para catálogo sistemático:
  1. Arquitetura pós-moderna : Século 20   724.6

Todos os direitos desta edição para o Brasil reservados à
Livraria Martins Fontes Editora Ltda.
Rua Conselheiro Ramalho, 330/340 01325-000 São Paulo SP Brasil
Tel. (11) 3241.3677 Fax (11) 3105.6867
e-mail: info@martinsfontes.com.br   http://www.martinsfontes.com.br

ÍNDICE

Apresentação IX
Prefácio XIII

1. O rastro de cinzas 21
2. A condição pós-moderna 27
3. Arquitetura e crise de energia 37
4. A forma segue o fiasco 47
5. Os primitivos de uma nova sensibilidade 59
6. O *star system* e a crise do estatuto funcionalista ... 63
7. A Itália em retirada 69
8. O evento americano 103
9. O horizonte europeu 179

Conclusão 207
Bibliografia 301
Índice onomástico 305

Não amamos como as flores, depois de uma
estação; circula em nossos braços, quando amamos,
a seiva imemorial. Ó jovem, amávamos *em* nós,
não um ser futuro, mas o fermento inumerável;
não uma criança, entre todas, mas os pais,
ruínas de montanhas repousando em nossas
profundezas...

R. M. RILKE, *Elegias de Duíno*, 3,
trad. Dora Ferreira da Silva

APRESENTAÇÃO

Em 1980, Paolo Portoghesi abalou o mundo da arquitetura com uma exposição na Bienal de Veneza intitulada "A presença do passado". A proposta, mais explícita no subtítulo – "O fim da proibição" –, era tomar a célebre arena veneziana para institucionalizar o ocaso, julgado inevitável, do período moderno em arquitetura, e assim abrir caminho para a liquidação definitiva das restrições aos laços com a história, vista como acuada pela ortodoxia moderna. O cerne da mostra era uma instalação cenográfica erguida ao longo dos 300 metros da nave central da Cordoaria do Arsenal de Veneza: uma "rua" (a *Strada Nuovissima*) formada por uma miscelânea de falsas fachadas em madeira, cujos projetos mobilizaram duas dezenas de arquitetos de fama e circulação internacional: Michael Graves, Léon Krier, Robert Venturi, Ricardo Bofill, Aldo Rossi, Franco Purini, Hans Hollein, Robert Stern, Mathias Ungers, Charles Moore e o próprio Portoghesi, entre outros.

Demonstrando grande desenvoltura no terreno do marketing cultural, Portoghesi tratou de acirrar a polêmica gerada pelo evento com a publicação simultânea de um ensaio apaixonado e pleno de metáforas, tão ao gosto italiano, tacitamente chamado de *Dopo l'architettura moderna* [Depois da arquitetura moderna]. Ao recolher e sintetizar argumentos visando reforçar a rejeição à "ideologia do eternamente novo" associada ao Movimento Moderno, o autor compensou o caráter efêmero da Bienal e conferiu ao texto o timbre de "manifesto" que fez dele bibliografia de referência, mesmo passadas duas décadas da realização da exposição.

Se o extraordinário alcance deste ensaio, assim como de muitos dos seus escritos, pode, ao menos parcialmente, ser atribuído à habilidade cultivada por Portoghesi a partir dos anos 60 no campo editorial (à frente das revistas *Controspazio*, *Ítaca*, *Eupalino*, *Materia*), não há como negar a dimensão do papel desempenhado pelo autor no cenário arquitetônico dos anos 80. Figura-chave do pós-modernismo europeu e um de seus promotores mais entusiastas, este romano nascido em 1931 pertence à brilhante geração de arquitetos-teóricos italianos composta por Bruno Zevi, Leonardo Benevolo, Aldo Rossi e Manfredo Tafuri. Não que com eles compartilhe qualquer coordenada intelectual. Pelo contrário. Por seu recorrente esquematismo e desprendimento em relação aos rigores acadêmicos, Portoghesi causou desconforto e não tardou a ser repreendido por vários dos seus contemporâneos, embora tenha logo sabido firmar seu lugar na Itália dos anos 60-80, na interseção da prática projetual (com projetos como a Casa Baldi, o Centro Islâmico de Roma), da atividade docente (no Politécnico de Milão, na Universidade La Sapienza de Roma) e da pesquisa (com estudos que abrangem do barroco ao pós-modernismo). Mesmo Tafuri dedicou à *Strada nuovissima* e ao livro de portoghesi, o qual preferiu chamar de "hipermoderno", todo um capítulo da sua *Storia dell'architettura italiana* (1986), no qual, apesar de reprovar como superficial sua crítica do moderno e seu apelo à "liberação das inibições" tidas como impostas pelo movimento moderno, não deixou de perceber e ressaltar seu significado enquanto "sintoma histórico".

Daí, é verdade, a vitalidade sempre surpreendente deste texto, que se inscreve na historiografia da arquitetura como um dos melhores representantes do pensamento arquitetônico vigente nos anos 70-80. Sem desligar-se do compromisso político-partidário intrínseco à cultura italiana dos anos 70 – traduzido na crítica à cumplicidade da arquitetura moderna com o sistema capitalista, na denúncia da sua aliança com o poder –, Portoghesi busca aqui fundamentar a crítica ao que chama de "estatuto funcionalista" da arquitetura moderna recorrendo a citações tanto de filósofos como de arquitetos, as quais intercala com *flashes* de projetos e obras assinadas por Michael Graves, Charles Moore, Aldo Rossi, Christian de Portzamparc, entre tantos outros. O repúdio ao dito "reino da liberdade" que o autor vincula à técnica moderna é fortalecido pela ênfase dada às preocupações ecológicas, retomadas e sublinhadas no prefácio providencialmente acrescentado em 98.

Se esta visão geral, quando analisada em retrospectiva, parece carecer de aprofundamento, é preciso reconhecer sua importância decisiva no mapeamento das várias experiências então em curso na Europa e nos Estados Unidos. O livro, de fato, reúne indicações fundamentais para a compreensão da situação da arquitetura dos anos 70-80, cuja produção esteve em larga medida dominada pelo esforço de constituir uma saída do círculo de giz definido pelas figuras arquetípicas de Le Corbusier, Mies van der Rohe, Walter Gropius. De par com os escritos de Venturi, Rossi e Jencks, *Depois da arquitetura moderna* trouxe para a linha de frente questões provenientes de uma reflexão necessária e pertinente sobre o fazer arquitetura no contexto da própria condição pós-moderna, cujo sentido, em termos filosóficos, está marcado pelas investigações de Jean-François Lyotard e Gianni Vattimo. Não é casual que, ao contrário do "suave manifesto" de Venturi, resultante de anos de pesquisa e observação, o livro de Portoghesi tenha se enunciado, de pronto, como uma declaração virulenta em defesa do Pós-Moderno – termo cuja introdução no meio arquitetônico Charles Jencks atribuiu a um artigo de Joseph Hudnut, de 1949, e que o autor de *Complexidade e contradição em arquitetura*, por sua vez, achou por bem ignorar.

Ainda que o recorte adotado por Portoghesi tenha deliberadamente descartado a América Latina, território onde a arquitetura moderna frutificou com enorme vigor nos anos 40-50, a repercussão do seu livro logo se fez sentir aqui. Depois da euforia da construção de Brasília e da subseqüente ressaca dos anos de ditadura, a "estrada novíssima" alardeada por Portoghesi coincidiu, no Brasil, com a anistia aos exilados políticos, e não por acaso afigurou-se para alguns como uma resposta ao difícil impasse vivenciado pela arquitetura brasileira; de um lado, tomada de reverência pela obra ímpar de Lucio Costa e Oscar Niemeyer, de outro, movida pelos primeiros ecos de dissidências e alguma rebeldia. Volumes exuberantes, colorismo em profusão, enxertos do vocabulário clássico e um certo ar debochado caracterizariam a partir de então, e por um largo período, a produção de uma geração de arquitetos formados na virada dos anos 60, justamente durante o período mais obscuro da repressão. A revista *Pampulha*, fundada em Belo Horizonte no ano de 79, representou a iniciativa local mais articulada, naquele momento, em reação aos argumentos lançados nos anos 60 por Robert Venturi (*Complexity and Contradiction in Architecture**, 1966) e Aldo Rossi (*L'architettura della città***, 1966) e amplificados ao longo da década seguinte por autores como Charles Jencks (*Modern Movements in Architecture*, 1973, e *The Language of Post-Modern Architecture*, 1977), Peter Blake (*Form Follows Fiasco*, 1974) e Portoghesi.

Se equívocos foram cometidos entre nós em nome do Pós-Moderno, estes talvez possam ser atribuídos à aplicação acrítica e indiscriminada – e mesmo um tanto cândida – dos pressupostos expostos em tais publicações. Mas, igualmente, é de supor que por vezes tenham sido, ao menos até certo ponto, decorrentes de versões imprecisas dos esquemas teóricos concebidos e propagados em idiomas estrangeiros. A publicação no Brasil do ensaio-manifesto de Portoghesi chega, pois, em boa hora. Não só porque o livro permanece como referência obrigatória para aqueles que se dedicam ao estudo da arquitetura contemporânea, mas também porque nos oferece a oportunidade de relê-lo agora à luz da história, como documento singular que é.

ANA LUIZA NOBRE

---

* Trad. bras. *Complexidade e contradição em arquitetura*, São Paulo, Martins Fontes, 1995.
** Trad. bras. *A arquitetura da cidade*, São Paulo, Martins Fontes, 2001.

PREFÁCIO

Quase vinte anos se passaram desde que, em 1979, enquanto organizava a exposição "A presença do passado" para a Bienal de Veneza, escrevi este ensaio – que chega agora à sua décima primeira edição. Ensaio e exposição descreviam um fenômeno em emergência: a ruptura, ocorrida no mundo da arquitetura, entre um período de fé absoluta no Movimento Moderno – entendido como a superação definitiva de toda experiência arquitetônica anterior – e um período de afastamento desta ortodoxia, em direções diversas e muitas vezes opostas. Mais que uma tendência, o assim chamado "Pós-Moderno" apresentava-se como a abertura de um horizonte pluralista, e recolocava em discussão o caráter universalista da arquitetura moderna, que, de um ponto de vista global, havia posto em prática o projeto colonialista da cultura ocidental.

Passados vinte anos, pode-se dizer que o pluralismo triunfou e a monovalência do projeto moderno mostrou-se, de fato, irrecuperável. É verdade, contudo, que sob o rótulo do Pós-Moderno proliferou, por mais de uma década, uma interpretação superficial, que consistia em acrescentar às usuais tipologias modernistas alguns sinais da nova vulgata: uma abóbada de vidro, uma clarabóia piramidal, um tímpano desproporcionado aplicado à cobertura. Essa moda, como todas, teve seu tempo; identificar com ela o Pós-Moderno, o debate fomentado por este termo e seus frutos no plano criativo, porém, é um erro grave.

Estes últimos anos do século, a julgar pelo que se lê nas revistas especializadas, assinalam o relançamento universal de uma "neovanguarda" que, embora cindida em muitos meandros, encontra um ponto de contato no desejo de exprimir o espírito do tempo sob a insígnia de dois fenômenos tão contraditórios quanto necessitados de se legitimarem reciprocamente: a globalização da economia, com a conseqüente homologação das tecnologias produtivas, e a necessidade de um grupo de intelectuais de dar conta dos vários desmoronamentos a que assistimos nas últimas décadas (das ideologias, do muro de Berlim, das certezas da ciência clássica, e assim por diante), reproduzindo nas formas dos edifícios cataclismos naturais e artificiais, explosões e libertações de vários tipos.

O que permanece, então, do Pós-Moderno? Ou melhor: o que dele permanece nos acontecimentos atuais da arquitetura? A pergunta é lícita e, dada a ambigüidade do termo, não pode haver senão uma resposta articulada. Entendida, como dissemos, no sentido de um afastamento da ortodoxia a cultura pós-moderna está em pleno desenvolvimento também na arquitetura, podendo-se até dizer que o desconstrutivismo, que se nutre das formas mas rejeita a substância ética do Movimento Moderno, é a forma mais radical e definitiva do Pós-Moderno (Marx diria que é a sua conversão em farsa, depois da tragédia e da comédia). Do ponto de vista da história da arte, pode-se, por outro lado, responder que permanecem seus protagonistas: Charles Moore, Robert Venturi, Aldo Rossi, Michael Graves, Robert Stern, Leon Krier, arquitetos que não se mostraram propensos a conversões senis ou malabarismos circenses. É evidente que as motivações teóricas dos seus trabalhos estavam bem distantes daquelas de Eisenmann, Meyer e Philip Johnson, o simpático velhote que não quis renunciar à tentação de rejuvenescer (Cícero dizia "reinfantilizar-se"), aos 90 anos.

Quando se considera o significado do termo proposto neste livro, tão distinto de outros dedicados ao mesmo tema, a resposta à nossa pergunta é diferente; poder-se-ia mesmo dizer que o Pós-Moderno está apenas começando. Suas atribuições: superar a equação desenvolvimento = progresso, redimensionar o valor redentor atribuído à produção industrial, frear os processos parasitários do consumo energético e da poluição; recompor, numa visão global, a relação entre o Ocidente industrializado e o resto do mundo, proteger ao mesmo tempo a identidade dos grupos étnicos e seu direito à integração. Esses e tantos outros objetivos convergentes que concernem a toda a humanidade, e dos quais depende sua própria sobrevivência, estão a grande distância da neovanguarda que tanto interessa às revistas de arquitetura e configuram um percurso repleto de obstáculos, porém bem mais apaixonante que a evocação dos primórdios da arte soviética.

Pensando bem, muito mais que o "projeto moderno", na acepção de Habermas, é o projeto Pós-Moderno que permanece inacabado, e não há dúvida de que, seja qual for a sorte da arquitetura neste final de jogo, destes objetivos deverá encarregar-se o século que está por começar.

Como ocorreu tantas vezes na história recente, a situação da arquitetura italiana apresenta algumas diferenças significativas. Ao escolher entre ocupar-se exclusivamente da arquitetura como arte expressiva ou vê-la como uma disciplina da qual depende a qualidade do meio ambiente e da vida urbana, os arquitetos italianos têm à sua frente muito mais que a artificiosa alternativa entre neovanguarda e Pós-Moderno consumista: aqueles que a sabem ver, pelo menos, têm ainda diante de si uma grande tradição de uma saída da ortodoxia que não comportou a abjuração de uma fé. Em plena batalha pela afirmação do Racionalismo, Persico escreveu: "Fé é a substância de coisas esperadas." Tomando esta bandeira, Rogers, Ridolfi, Albini, Samonà, Gardella optaram corajosamente por reatar modernidade e tradição, presente e passado, uma relação livre de inibições, isenta da ânsia de inovação como um fim em si, que fez de tantas experiências deste século um rastro de cinzas.

A razão que determina a validade permanente da tradição à qual nos referimos (uma parábola iniciada no final dos anos 70) é a continuidade de seu desenvolvimento, apesar da reviravolta da guerra. A passagem da Casa del Fascio, em Como, ao Danteum, à casa de Gardella, em Zattere, à Rinascente de Albini ou ao conjunto habitacional de Ridolfi na avenida Etiópia, levou a uma revisão que tende a privilegiar a natureza da arquitetura como linguagem e meio de transmissão das idéias; revisão esta que foi reforçada e levada adiante pelo clima Pós-Moderno, e permanece ainda incompleta.

Se é verdade que, para comunicar-se, a arquitetura precisa de convenções coletivas, de acumulação de experiências compartilhadas, a arquitetura moderna italiana percorreu conscientemente as duas fases necessárias para que uma linguagem arquitetônica pudesse radicar-se na sociedade: a abolição de um código obsoleto e a recomposição de um código novo, através de um confronto crítico entre presente e passado, e a preservação de algumas convenções, que não só resistem à obsolescência como se revelam suscetíveis de plena recuperação criativa.

Talvez a nova fronteira do Pós-Moderno deva ser identificada na oposição entre uma arquitetura da violência – que, sob o signo da "auto-referência", domina com prepotência a chamada "aldeia global" neste final de século XX – e uma geoarquitetura que, recolhendo a herança histórica das diversas culturas, inclusive a da arquitetura orgânica, e o diagnóstico cultural do Pós-Moderno (não a sua insatisfatória versão consumista), saiba afirmar-se como expressão da "nova aliança" do homem com seu planeta. Uma arquitetura atenta à ameaça ao ambiente urbano, aos venenos da poluição e à perda do seu próprio papel de catalisadora das relações sociais; uma arquitetura enfim consciente de que o novo paradigma que distingue a ciência atual e sua orientação para a ecologia profunda é também a nova fronteira da própria arquitetura.

P.P.
Roma, julho de 1998

DEPOIS DA
ARQUITETURA MODERNA

*A Giovanna,
outra metade do mundo.*

1-2. Mario Ridolfi, casa De Bonis em Terni, 1972-75; Ignazio Gardella, casa em Zattere, Veneza, 1957.

3-4. Robert Venturi e Short, casa em Chestnut Hill, Pensilvânia, 1962-64 (foto F. Moschini); Robert Venturi, projeto para um banco em Fairfield, Connecticut, 1977.

5-6. Ateliê Venturi-Rauch, exterior e interior da casa Brant-Johnson em Vail, Colorado, 1976-77.

7-8. Charles Moore e Richard Chylinski, casa Burns em Santa Monica, Califórnia, 1974; Charles Moore e equipe, Kresge College, Universidade da Califórnia em Santa Cruz, 1974.

9. Charles Moore e equipe, Piazza d'Italia em Nova Orleans, Louisiana, 1977-79.

10-11. Bruno Reichlin e Fabio Reinhardt, casa Sartori em Riveo, Cantão Ticino, 1976-77; e casa Tonini em Torricella, 1972-74.

12. Aldo Rossi, "Teatro do mundo" em viagem de Fusina a Veneza, 1979 (foto G. Massobrio).

13-14. S. Anselmi e P. Chiatante (GRAU), cemitério de Parabita, Lecce, 1967-77; P. Portoghesi, G. Ercolani, G. Massobrio, cons. M. Barlattani, estabelecimento ecoenergético COBASE, termas em Canino, 1978-80. Projeto modificado sem autorização da cooperativa COBASE.

15-16. Paolo Portoghesi, Giampaolo Ercolani, Giovanna Massobrio e equipe, Academia de Belas-Artes em L'Aquila, 1976-78; Giangiacomo D'Ardia, desenho arquitetônico, 1979.

17-18. Robert A. M. Stern e John Hagmann, casa Westchester em Armonk, N.Y., 1974-76; Robert A. M. Stern, casa Lang em Washington, 1973-74.

19-20. Robert A. M. Stern e John Hagmann, interior da casa Pool em Greenwich, Connecticut, 1973-74; Robert A. M. Stern, detalhe da casa Lang em Washington, 1973-74.

21-22. Hans Hollein, agência de viagens em Viena, 1978; Robert Matthew, Johnson-Marshall e Associados, centro administrativo de Hillingdon, Londres, 1978.

23-24. Christian de Portzamparc, reservatório (caixa) de água em Marne-La-Vallée, 1971-75; Georgia Benamo e Christian de Portzamparc, Rue des Hautes-Formes em Paris, 1975.

25-26. Thomas Gordon Smith, perspectiva da Long House em Carson City, Nevada, 1977; Michael Graves, desenho para Fargo/Moorhead Culture Center Bridge, Fargo (N.D.) e Moorhead (Minn.), 1977-79.

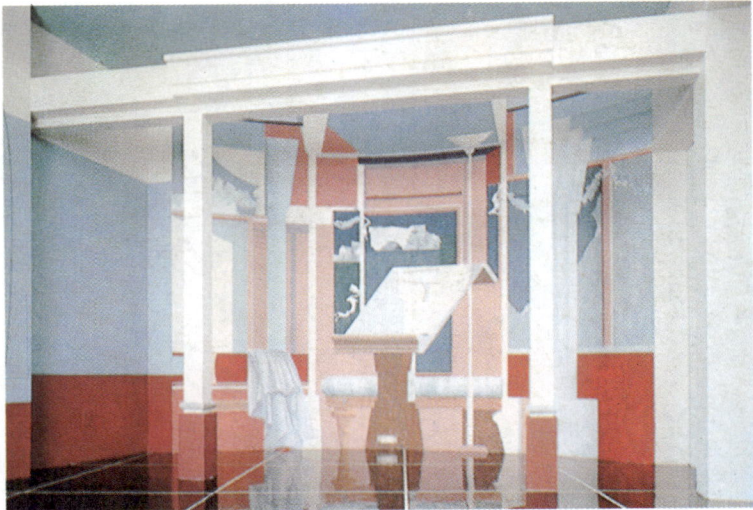

27-28. Taft architects, Utility District, Quail Valley, Texas; Michael Graves, Furniture Showroom Sunar em Nova York, 1979.

29-30. Thomas Beeby, desenho "A casa de Virgílio à espera do retorno da idade do ouro", 1976; Charles Jencks, *Garagia Rotunda* em Wellfleet, 1977.

1. O RASTRO DE CINZAS

"A arte põe a vida em desordem", escreveu Karl Kraus no início do século XX. E acrescentou, a fim de esclarecer o alcance profundo da ação do trabalho intelectual: "Os poetas da humanidade restabelecem constantemente o caos." Apenas algumas páginas adiante em *Pro domo et mundo*, um outro aforismo parece desmentir tal afirmação: "só na volúpia da geração lingüística o caos torna-se mundo". A aparente incompatibilidade entre as duas proposições pode ajudar a compreender a situação dramática em que se encontra hoje a cultura arquitetônica, dividida entre a necessidade de romper com seu passado próximo e a tentação de extrair daí as matérias-primas com as quais construir seu próprio futuro.

Um artista – mas a afirmação vale também para um grupo ou uma geração de intelectuais – precisa do caos para pôr em ação o seu projeto, precisa de uma realidade desagregada e turbada pela dúvida, precisa pôr em desordem os fragmentos bem inventariados de uma herança que o forçaria a viver de renda e paralisaria sua ação; ainda que o fim último para o qual tende, conscientemente ou não, seja a passagem do "caos" para o "mundo", da desordem necessária para uma ordem nova.

A produção arquitetônica daquilo que, por eufemismo, chamamos de mundo "civilizado", e que identificamos unilateralmente com o mundo industrializado – não obstante a diversidade dos fenômenos que o caracterizam –, apresenta um alto grau de compacidade e monotonia. Ela obedece a regras consolidadas e, nos últimos quarenta anos, levou a cabo um processo de "homologação" em escala mundial que impôs o mesmo padrão às culturas mais diversas e fez de tudo para anular suas identidades.

Com suas convenções, dogmas e experiências em grande escala, a "arquitetura moderna" constitui o modelo arquetípico da produção arquitetônica atual; modelo este que, embora corrompido e subvertido por suas diversas interpretações, continua sendo estritamente seguido e obedecido, tal qual uma escritura sagrada. Há muito em julgamento, a "arquitetura moderna" continua a opor aos ataques sofridos em ondas sucessivas uma barreira feita de indiferença e assegurada tanto por sua sólida aliança com o poder quanto por sua identificação com a lógica produtiva do sistema industrial.

No esforço de firmar-se como uma tradição permanente e imutável, indissociável da sociedade industrial, a cultura arquitetônica moderna atribuiu a si própria um estatuto, jamais redigido em artigos e parágrafos, mas operante, vinculatório e furiosamente defendido pelo poderoso *establishment* da crítica oficial: poderíamos defini-lo como *estatuto funcionalista*. Como veremos, ele não corresponde à formulação ingênua do princípio de relação de dependência entre forma e função – o qual, de resto, não serve nem para distinguir a arquitetura moderna da antiga nem para lhe garantir desenvolvimento contínuo e fidelidade a seu próprio repertório figurativo –, mas representa sobretudo um conjunto de proibições, reduções, renúncias e constrangimentos que, ao definir negativamente um campo lingüístico, admite sua degradação, esgotamento e contínua metamorfose, mas não sua renovação substancial e seu impulso vital.

Para compreender a curiosa situação de *impasse* em que se encontra a arquitetura moderna, convém seguir esquematicamente sua gênese, nas primeiras décadas do século XX. Só assim emerge aquela espécie de complexo de Édipo que a ligava à cultura precedente e constituía tanto seu motor secreto quanto sua justificativa histórica. O fim deste complexo, coincidente com a morte do pai combatido e vencido, privou definitivamente a arquitetura moderna do fator de coesão que havia dado impulso unitário a seus múltiplos eventos, e, ao afrouxar a mola que a havia colocado em movimento contra o dogmatismo da tradição, transformou seu antidogmatismo num novo e estéril dogmatismo.

Deixando de lado a metáfora, digamos que o pai odiado era, para a arquitetura moderna, o historicismo – primeiramente neoclássico, depois eclético – que havia caracterizado a primeira etapa da arquitetura da burguesia no poder. Em oposição a esta fase de mimetismo do "espírito do tempo", durante a qual a civilização industrial havia ocultado suas características sob a roupagem das civilizações precedentes, a arquitetura moderna reivindicava a necessidade de um estilo diferente, em correspondência com as novas necessidades e as novas idéias. Num primeiro momento, este problema do novo estilo deu origem a uma série de experiências que não negavam a continuidade do desenvolvimento da arquitetura enquanto instituição humana; isto é, o princípio segundo o qual uma arquitetura nasce de outra arquitetura, desenvolve um tema que tem suas raízes na construção histórica das "instituições" arquitetônicas. Nos anos 20-30, porém, também este princípio é posto em causa e drasticamente revogado. A arquitetura que obedece ao estatuto funcionalista nasce, por assim dizer, por partenogênese; não da arquitetura existente, que representa a lenta acumulação das experiências produzidas pela humanidade dentro de uma determinada tradição, mas de um processo analítico depurado de todas as contaminações históricas e simbólicas intencionais.

À primeira fase, que tende mais modestamente à criação de um estilo novo, corresponde, entre 1880 e 1910, o ecletismo criativo de Labrouste, Richardson, Eiffel, Norman Shaw e o acontecimento internacional do "Modernismo" – do *Art Nouveau* (na Itália conhecido como estilo *Liberty*) ao Expressionismo e ao *Art Déco*. À segunda fase, esta mais radical, corresponde o Racionalismo nas suas várias acepções e derivações, do *International Style* ao Neobrutalismo.

Naturalmente, o ódio pelo pai e sua destituição correspondem apenas à segunda fase: o chamado Racionalismo ou Funcionalismo e seus derivados. Desta atitude radical e explícita derivam tanto seu êxito e seu impulso no período entreguerras, bem como sua resistência passiva do pós-guerra até hoje. Toda a historiografia, ao menos até poucos anos atrás, considerou o Racionalismo como o ponto terminal e a síntese de todas as pesquisas anteriores, como a chegada definitiva da sociedade industrial à sua expressão arquitetônica concreta. Não como um estilo, portanto, no sentido tradicional de algo que, por sua própria natureza, possa ser substituído por algo que vem em seguida; mas como a superação de todo estilo, a realização definitiva de um programa que não pode mudar, pelo menos enquanto a sociedade industrial não chegar ao fim.

Para purificar por completo sua prática compositiva, o estatuto funcionalista prescrevia, para a arquitetura, uma espécie de regressão da matéria à idéia. Na origem de cada forma espacial colocava não a cabana – tal como na tradição teórica do Classicismo – mas a geometria, as formas primárias do universo euclidiano e, em particular, o cubo, arquétipo fundamental a partir do qual podem ser derivados, por meio de simplificações ou agregações sucessivas, todos os elementos básicos do léxico funcional: o pilar, a viga, a laje, o plano, os vãos, e o produto da combinação destas entidades primárias.

Esta opção radical interrompeu um processo contínuo, baseado na reciclagem e na transformação criativa de alguns modelos, vigente no mundo ocidental há milhares de anos, pelo menos a partir das instituições lingüísticas da arquitetura egípcia, processo que havia resistido também à dramática derrocada das instituições políticas que abateram o mundo antigo. Na realidade, a revogação da continuidade morfológica foi uma revolução formal à qual só parcialmente correspondeu uma revolução de métodos e idéias. Seu resultado foi, como veremos, a criação de uma cultura incapaz de evolução e renovação, e destinada – não obstante seus esforços por substituir a geometria euclidiana pela não-euclidiana, o funcionalismo elementar pelo psicológico – a tornar-se uma prisão, um labirinto sem saída onde a procura do novo e do diferente produziu um trágico achatamento, um rastro de cinzas.

"No seu corpo de atleta, cada parte harmoniosa encontra sua finalidade: suas pernas são feitas para a corrida, suas coxas para o cavalo, seus braços para o arco, seu ventre para o amor." Esta descrição remonta aos anos 30 e diz respeito a um antigo retrato de Diana de Poitiers, mas exprime perfeitamente o tipo de pensamento "funcionalista" que opera por meio da decomposição das partes, "fragmentando" a realidade em busca de seu equivalente mental. Conforme observou Eugène Bafaumais, a descrição nos incita a crer que Diana "não amaria tão bem, não usaria tão bem os cavalos, os arcos e os homens, se não fosse composta por fragmentos". Relendo os teóricos do funcionalismo arquitetônico emerge a mesma certeza de que toda realidade, por mais complexa que seja, pode ser conhecida tal como um carro ou um relógio, quando desmontados peça por peça. A operação foi testada no corpo da cidade e deu origem ao *zoning*, o sistema de subdivisão em áreas às quais são atribuídas funções homogêneas específicas. Uma vez estabelecido o destino dos espaços urbanos, com base em considerações quantitativas, a arquitetura tornou-se um elemento redundante acrescido a um volume urbanístico predeterminado, tal como um dos papéis coloridos com os quais embrulhamos presentes de Natal.

Será possível que esta cultura da análise e da decomposição continue a exercer influência deformatória sobre uma sociedade que descobriu a esterilidade da abordagem meramente analítica e, para enfrentar os problemas da sua complexidade, instaurou a "abordagem sistêmica", que consiste em examinar globalmente todos os elementos de um sistema, em suas interações e interdependências? É possível que uma sociedade que colocou em crise os fundamentos sobre os quais o estatuto funcionalista se apoiava – a autoridade de um saber não compartilhado, a certeza de poder agir sobre a qualidade do ambiente operando apenas com alguns parâmetros restritos (como a higiene, a orientação e a repetição) – não consiga livrar-se de uma herança paralisante e limite-se, quando muito, a buscar uma adaptação superficial às novas necessidades?

Os motivos da estabilidade e da forte resistência a este aparato metodológico são muitos e profundos, e não está no escopo deste livro enumerá-los de maneira exaustiva. Cabe aqui apenas mencionar a cumplicidade do sistema industrial, alicerçado no lucro a todo custo e na tendência a enfrentar os problemas isoladamente, bem como o que pode ser considerada sua arma secreta, a mais pérfida e letal, graças à roupagem sob a qual se apresenta: a ideologia do eternamente novo, da mudança como um fim em si.

Ao erigir a novidade e a transformação dos meios, dos materiais das formas como critérios de valor (ou seja, aquilo que é novo é válido enquanto produto garantido de uma invenção, de um ato criativo), o Movimento Moderno subscreveu uma espécie de seguro sobre seu caráter perpétuo e insubstituível. Como é possível, efetivamente, mudar algo que, por sua própria natureza, está em contínua mudança? O próprio termo "moderno" expressa algo que se desloca continuamente, tal como a sombra de uma pessoa em movimento. Como livrar-se da própria sombra? Não é por acaso que os expoentes mais corajosos e radicais da crítica ao Movimento Moderno foram forçados a definir-se pelo mais incômodo e paradoxal dos adjetivos: "Pós-Moderno". O único que exprime com clareza sua recusa a uma certa continuidade.

2. A CONDIÇÃO PÓS-MODERNA

> Nossa hipótese de trabalho é a de que o saber muda de estatuto ao mesmo tempo que as sociedades entram na idade dita pós-industrial e as culturas na idade dita pós-moderna. Esta passagem começou mais ou menos no final dos anos 50... (*A condição pós-moderna*, Editora José Olympio, 1998, trad. Ricardo Corrêa Barbosa)
>
> JEAN-FRANÇOIS LYOTARD

As filosofias idealistas que dominaram as formulações estéticas dos últimos dois séculos e condicionaram fortemente a historiografia arquitetônica atribuíram ao termo "arquitetura" uma conotação metafísica. A arquitetura passou a ser vista, assim, como uma espécie de marca que qualifica e distingue os produtos da atividade construtiva do homem, os quais, quer sejam projetos ou obras realizadas, resultam de uma mediação intelectual consciente entre as demandas da sociedade e sua tradução em objetos. Ao ingressar no território restrito da "arte", a arquitetura tornou-se produto e domínio de personalidades criativas e afastou-se das outras formas de produção do ambiente. Todos os demais aspectos da área de atuação humana dedicada à transformação do território passaram, então, a ser examinados sob óticas diversas e classificados em categorias distintas – das artes menores ao *industrial design* e ao urbanismo. Conseqüentemente, boa parte dos fatores ambientais foi excluída das exposições metódicas dos historiadores e das investigações críticas a partir das quais se originaram as grandes formulações ideológicas e as idéias-chave que fomentaram o debate sobre a arquitetura.

Entre os fenômenos que permaneceram na sombra, merece atenção particular, por sua importância, a produção imobiliária atual. Embora lhe falte o emblema distintivo da arquitetura com "A" maiúsculo, é fato que ela constitui o tecido conectivo da cidade moderna, ou melhor, o elemento constitutivo das periferias urbanas. A par com essa produção de "quantidade sem qualidade", e diretamente relacionada com ela, nota-se a multiplicação de referências visuais que se estendem sobre o tecido urbano como uma rede de sinais imprescindíveis para que ele seja utilizado e vivenciado. Trata-se de um conjunto de intervenções em escalas diversas: da decoração de interiores ao mobiliário urbano, à sinalização comercial, à produção gráfica e, por fim, ao vestuário, que em sua crescente e permanente metamorfose tornou-se um dos meios mais sensíveis às alterações do gosto.

Pelo velho modelo da historiografia arquitetônica, tais aspectos não eram reputados indispensáveis ao estudo da gênese das transformações da arquitetura, e serviam, no máximo, para evocar o clima de uma época, as imagens de uma sociedade ou os pálidos reflexos da "produção criativa" própria dos fenômenos artísticos. Permanecia, portanto, sem explicação a complexidade do fenômeno da cidade, porquanto tais edificações, privadas de valores monumentais e consideradas sobretudo uma degeneração ou simplificação dos modelos eruditos, jamais eram analisadas nas suas regras de crescimento, na sua realidade regulada pelo embate dos fatores institucionais (as convenções lingüísticas, as tipologias formais e distributivas) com as novas demandas coletivas e individuais.

Esta simplificação – que leva à valorização excessiva do papel histórico das grandes personalidades criadoras e à redução, se não anulação, do significado cultural dos lugares e da contribuição coletiva no processo de transformação da cidade – serviu ao desenvolvimento da ideologia do Movimento Moderno, embasada, por sua vez, na reivindicação, por parte de um pequeno grupo de intelectuais das nações mais desenvolvidas industrialmente, de estabelecer um conjunto de regras universais para a investigação arquitetônica, capaz de garantir sua correspondência com o "espírito do tempo". Para que o Movimento Moderno, em sua formulação esquemática enunciada no decorrer dos anos 20 – à qual chamamos de "estatuto funcionalista" –, afirmasse sua ideologia e pudesse difundi-la livremente por toda parte, era necessário postular o primado do tempo sobre o lugar, o desenraizamento completo da disciplina da arquitetura das condições materiais que marcaram sua origem e desenvolvimento.

Ora invocada como arte, ora como "ciência" acima de qualquer arbítrio, a arquitetura deveria tornar-se uma pseudociência do tempo, uma tentativa de dar expressão visual às novas demandas e sensibilidades examinadas, ou melhor, intuídas em laboratório, perdendo efetivamente sua especificidade disciplinar e seu caráter de mediadora entre uma sociedade e um determinado local.

De 1930 a 1960, as histórias consagradas ao Movimento Moderno – inspiradas no modelo literário do romance histórico – procederam ao exame da hipótese fundamental da nova cultura arquitetônica, quer construindo a biografia da aventura intelectual dos apóstolos do novo verbo, quer cuidando de relacionar as transformações dos meios e métodos de produção àquelas ocorridas no campo da arquitetura. De uma maneira ou de outra, no entanto, sempre foram postas de lado as transformações em curso no ambiente visual e na cultura da imagem, decorrentes do impulso dado pelas novas realidades e de seus efeitos sobre a consciência e a produção coletiva.

Devido à fragilidade das categorias críticas empregadas no estudo do fenômeno urbano, deparamo-nos com freqüência, em tais obras, com capítulos inteiros sobre a expansão e o planejamento das cidades modernas, mas nenhuma menção é feita às transformações materiais no nível das estruturas primárias do tecido urbano nem às células que compõem a narrativa contínua da cidade, com seus elementos característicos: ruas principais, ruas secundárias, praças, largos etc. que apresentam analogias convincentes com os elementos de um sistema lógico.

Com efeito, a história do Movimento Moderno foi tratada sobretudo à luz de uma espécie de *star-system* um tanto semelhante àquele que se firmou nos anos 20-30 no mundo do cinema, com seus atores e diretores. Le Corbusier, Gropius, Mies van der Rohe, Wright foram considerados inventores de sistemas compositivos absolutamente originais, evolucionistas ligados a uma tradição única: a do Movimento Moderno. Esta, por sua vez, foi reduzida a um fenômeno unitário, isento de contradições, em relação ao qual aqueles arquitetos constituíam o ponto de chegada definitivo. Sua tarefa histórica parece ter sido a de isolar definitivamente a arquitetura de sua tradição material (em larga medida vinculada às diferentes situações geográficas), enunciando como sua única e definitiva ligação com o homem uma explosiva mistura de genialidade individual e tecnologia em estado puro.

Constatada a íntima aliança entre a ideologia do Movimento Moderno e a historiografia criada à sua imagem e semelhança, resta indagar quais as conseqüências historiográficas do abandono da ortodoxia modernista e sua relação com as conquistas, as rebeliões, o espírito e os novos fatores culturais característicos dessas últimas décadas. Ainda que as transformações mais recentes da cultura arquitetônica configurem um panorama complexo, desordenado e contraditório, é possível localizar dois fenômenos que tendem a desenvolver-se e nos fazem pensar numa mudança radical no modo de encarar a arquitetura e articulá-la com a história geral. O primeiro deles é a desconfiança acerca dos grandes projetos historiográficos e o desejo de verificar a credibilidade de suas hipóteses por meio de rigorosas reconstruções factuais, abordagem esta que implica o desmonte, peça por peça, da pirâmide virtual do Movimento Moderno e a sua substituição por uma série de pequenas pirâmides, de orientações variadas.

O segundo aspecto diz respeito à necessidade de rever, e de algum modo relacionar, os eventos que estão ocorrendo, ou ocorreram, no olimpo da alta cultura e no nosso mundo cotidiano, nas cidades que habitamos, nos territórios que transformamos (muitas vezes destruindo sua identidade e beleza), abandonando a postura de considerar aquilo que decorreu do meteoro do Movimento Moderno como demasiadamente belo ou perfeito para ter lugar neste "vale de lágrimas". Não merece sequer a atenuante da boa-fé a tese segundo a qual o Movimento Moderno em seu conjunto teria permanecido em estado de projeto, e não poderia ser julgado por carência de exemplos. Antes, poderíamos afirmar que nunca um projeto cultural levado a cabo por uma minoria de intelectuais, numa área geográfica restrita, exerceu influência tão forte e ampla, para além de todos os limites geográficos e culturais.

Estabelecer uma relação entre a arquitetura erudita e a arquitetura "banal", ou ainda, entre a realidade do ambiente arquitetônico e a da miríade de sinais que o caracterizam e atestam sua apropriação pelo homem, constitui certamente um ato de interpretação, mas também sugere uma nova sensibilidade intuitiva – a partir da qual, entre outras coisas, surgiram vários dos fenômenos recentes nas artes visuais. Isto decorre de uma exigência política, deflagrada em 68, de substituir uma democracia esclerosada e ilusória, assentada sobre a institucionalização do sistema de representação, por uma democracia controlada por suas bases e renovada em seus mecanismos de organização e nas suas práticas consensuais. Se é verdade que a cultura de 68 estava contaminada por sua vinculação patética à ortodoxia marxista e à concepção um tanto idealizada das classes sociais, foi seu impulso vital, de fato, que pôs em movimento mecanismos de verificação que subverteram os tabus por trás dos quais se entrincheirava a tradição da arte moderna, tão mecanicamente associada por vários historiadores aos ideais da revolução e do progresso.

Ao mesmo tempo, a nova sociologia, as contribuições da psicopatologia, da psicanálise, da semiótica e, de modo mais geral, da teoria da informação, forneceram ao historiador os instrumentos necessários à revisão do papel desempenhado pela arte de vanguarda – a qual ainda está por ser cumprida, mas já começa a fazer ver suas conseqüências. Nascida do divórcio intencional entre os grupos de intelectuais e as correntes dominantes sustentadas pelas instâncias oficiais, a arte de vanguarda representou, por muito tempo, um esforço tão nobre quanto patético de manter a produção artística associada à mesma qualidade e elitismo característicos da produção cultural do passado, quando o poder concentrado nas mãos de uma pequena classe dominante confiava a confecção de modelos a "seus" intelectuais e artistas. A ascensão da burguesia ao poder resulta, num primeiro momento, numa série de tentativas extraordinariamente dinâmicas, para a definição de uma nova aliança (ora entre os artistas e a pequena burguesia, ora entre estes e os estratos mais sensíveis da alta burguesia), mas não restabelece a ligação anterior senão de maneira ilusória, através do feitio pomposo e da arte oficial sem qualidade.

A vanguarda surge portanto da recusa, por parte dos intelectuais, de recompor tais vínculos, mas também da nostalgia daquela relação pré-industrial que lhes creditava o papel demiúrgico de produtores da cultura hegemônica. Desta tensão nasce sua associação com a classe destinada a uma nova e mítica soberania: o proletariado do século XIX, herdeiro das grandes tradições culturais do Ocidente, tal como descrito por Marx.

Neste dilema histórico não há lugar, nem mesmo de um ponto de vista estratégico, para a cultura das classes inferiores. Desenraizado, explorado e em luta pela sobrevivência, o proletariado urbano não se encontra em condições de fundar uma cultura antagônica; já a cultura camponesa – esvaziada pelas novas relações de exploração, que a aproximam da cultura urbana – é vista como um espelho do passado, um patrimônio a ser negado porque simbólico da sua submissão, ou romanticamente evocado como um paraíso perdido.

À classe destinada a livrar o mundo da opressão e abolir o próprio princípio da subdivisão em classes, atribuiu-se, portanto, uma neutralidade cultural que a fez herdeira daquilo que as classes que a precederam no poder haviam produzido de melhor. Se a revolução burguesa era o corolário da produção de uma nova cultura, originada da burguesia ascendente, a revolução proletária era vista e projetada como a ascensão de uma classe sem cultura, ou pelo menos sem outra cultura que não a das lutas e do desejo.

Este modelo de total expulsão das classes inferiores do campo da elaboração cultural ancorava-se num conceito de cultura que distinguia rigorosamente o aspecto intelectual do "material", e por certo não era estranho a uma concepção de classe ligeiramente burguesa. Correspondia, ademais, a um fenômeno real, ligado ao nascimento da civilização industrial: as grandes migrações do campo à cidade, que anularam a identidade cultural dos trabalhadores sem dar-lhes a alternativa de desenvolver uma outra.

Passados cem anos, diante das mudanças constantes e estratégicas nos campos formados pelas classes antagônicas, da sua osmose e desarticulação em grupos conflitantes, é difícil acreditar no modelo segundo o qual uma classe conquista soberania sem dispor de uma cultura própria, servindo-se apenas da herança da classe precedente (a qual, no meio tempo, passou por um processo de autodestruição narcisista). Parece também obsoleto o papel odioso, digno do Iago de Shakespeare, confiado à pequena burguesia, aliada potencial das forças reacionárias e detentora daquilo que há de mais execrável no âmbito da arte e da cultura.

Nas civilizações do passado, as classes inferiores mostraram-se capazes de produzir uma cultura própria; é certo que não de maneira autônoma, senão apropriando-se, em geral, dos modelos e experiências da classe dominante e de seus mediadores culturais. Contudo, elas demonstraram uma criatividade coletiva "anônima" tão essencial para dar sentido e valor a uma determinada civilização quanto a criatividade individual "assinada" por artistas cortesãos ou burgueses. O fascínio desta produção – sem a qual a relação entre cultura e sociedade civilizada permaneceria incompleta e incompreensível – não escapou aos artistas que fizeram uso de elementos de todas as épocas, de Homero a Mahler. Mas, no campo da arquitetura, até há pouco faltaram os instrumentos para uma correta avaliação do seu papel.

Era preciso que, através do trabalho de toda uma geração de arquitetos e historiadores, se aprendesse a "ler os vilarejos", a ler e interpretar as redes viárias, os espaços resultantes da superposição de intervenções sucessivas, as paisagens agrárias criadas pelo trabalho humano, para que emergisse todo o valor de uma certa produção da cidade e da paisagem em que, em contraposição às concentrações simbólicas da arte diretamente ligada ao poder, emergisse a presença e a continuidade de um sentimento coletivo da forma atuando criativamente através de procedimentos e épocas diversas. Uma rua feita de casas de mesma tipologia e construídas em momentos distintos, por exemplo, adquire valor e significado a partir do diálogo mantido à distância entre os diversos realizadores de um "projeto" único, profundamente arraigado na consciência coletiva porque ligado a necessidades e desejos concretos. Este diálogo à distância assemelha-se ao processo criativo; tal como este, desenvolve-se no âmbito da imaginação e da cultura individual e é fruto de uma atividade crítica coletiva semelhante à autocrítica que leva o artista a relacionar as várias partes de uma obra ou as várias soluções pensadas para um mesmo tema.

Tomemos um exemplo concreto: a aldeia de Lampspring, na Alemanha. Ali, o valor estético resultante da conjugação de unidades diferentes mas cotejáveis pela sua homogeneidade é expressão de uma cultura que não tem "necessidade de heróis", na qual o aspecto homogêneo das fachadas que definem o espaço fusiforme da rua-praça tem qualidade diversa mas não inferior à de um monumento. A incapacidade de colher e analisar rigorosamente estes valores, ou a tendência a classificá-los como produtos da natureza, inscrevendo-os na categoria ambígua do pitoresco, bem como a incapacidade de confrontá-los com os valores da cultura dominante, foi a contribuição de uma filosofia da arte essencialmente voltada para a preservação dos seus domínios.

Este preâmbulo serve para identificar e realçar as novas metodologias e instrumentos que podem nos ajudar a conhecer e transformar uma situação de crescente complexidade. Em primeiro lugar, cabe reconhecer que a ambigüidade da atual articulação dos grupos e classes sociais não nos permite mais atribuir a nenhuma das partes o monopólio da cultura sem aviltar este termo e torná-lo um instrumento involuntário da conservação de privilégios. Trata-se, em vez disso, de reconhecer e analisar as diversas culturas existentes, inclusive aquelas reputadas como "banais", e estudar suas inter-relações.

Em segundo lugar, é preciso reconhecer que existe, paralelamente à produção individual, uma produção coletiva de obras instigantes do ponto de vista estético. Sendo assim, há que se estudar, além dos processos criativos ligados ao desenvolvimento e ao culto da personalidade, os processos subjetivos mediados por instituições e formas de agregação social novas e antigas.

A terceira premissa é a constatação do papel decisivo que as transformações do meio ambiente, no seu conjunto – incluindo-se aquelas ligadas aos fenômenos mais frágeis e efêmeros da produção estética –, têm sobre a produção cultural dita "nobre", e portanto também sobre a arquitetura com "A" maiúsculo – a qual é fruto, tantas vezes, da reinterpretação erudita das novas condições ambientais, das novas formas e sinais produzidos por necessidades e desejos igualmente novos.

Por último, cabe constatar que a civilização industrial há muito ultrapassou o limiar da maturidade, e já não pode ser representada esquematicamente pelos símbolos agressivos da sua juventude. O universo da máquina, com suas estruturas colossais, suas formas de organização rigidamente disciplinadas, seu horizonte produtivo e quantitativo, continua sendo um componente importante da nossa civilização, mas não é mais suficiente para caracterizá-la *in toto* nem para representar sua energia vital e suas tendências de inovação. Na sua fase atual, a civilização industrial apresenta-se como um conjunto contraditório e dinâmico, em que a "civilização das máquinas" contrapõe-se (e procura integrar-se) a uma cultura do "limite" que tende a controlar os ritmos de desenvolvimento autônomo do sistema industrial, impondo-lhe uma série de condições.

Com a perda da fé na equação desenvolvimento tecnológico = progresso social, e da certeza de que à revolução social se seguiriam sociedades mais avançadas, o mundo de hoje comporta duas tensões concorrentes, duas forças de sinal contrário, nas quais muitas vezes se contrapõem o poder concentrado em mãos de poucos e o poder paralelo de uma maioria incapaz de identificar seus próprios objetivos e traduzir em ação a consciência da sua própria alienação.

Uma sociedade assim dividida pode continuar a erguer como símbolos triunfais as engrenagens de suas máquinas ou os mecanismos contidos nas suas grandes calculadoras eletrônicas. Todavia, a maior conquista da ciência nos últimos tempos não diz respeito ao universo mecânico, mas ao da informação e da comunicação. As próprias calculadoras eletrônicas não são máquinas no sentido tradicional, de transformadores de energia, mas instrumentos que operam de forma análoga ao cérebro humano, atuando sobre as informações, elaborando-as e transformando-as.

Neste segundo ou terceiro estágio da sua vida (maturidade ou senilidade que seja), a sociedade industrial encontra-se dividida, e tem necessidade tanto de novos símbolos como de novos equilíbrios. A falência das teorias do desenvolvimento ilimitado recolocou o acento no homem e na sua vida cotidiana, na cultura de massa, no universo de formas que ele produziu ao prescindir da imagem das catedrais do trabalho (já tão desprovida de fascínio).

3. ARQUITETURA E CRISE DE ENERGIA

> Toda máquina a serviço do homem tem seu lugar, mas não deveria haver lugar para as máquinas que concentram o poder em mãos de poucos e transformam as massas em meras operadoras, quando não as deixam sem trabalho.
>
> GANDHI
>
> O progresso celebra vitórias de Pirro sobre a natureza.
>
> KARL KRAUS, *Pro domo et mundo*.

O sistema industrial moderno, essa máquina gigantesca que unifica as sociedades mais desenvolvidas, a despeito das suas diferenças políticas e institucionais, e projeta a sombra da alienação tanto sobre o mundo capitalista quanto sobre o socialismo "real", construiu seu império sobre alicerces de barro, que o passar do tempo enfim revelou. Este sistema apoiou-se numa idéia de natureza como uma entidade infinita, da qual se poderia extrair indefinidamente a energia necessária para alimentar o moto-contínuo da produção. Quando percebemos que o sistema industrial não deve prestar contas somente de seu capital artificial, mas também de um segundo capital, este não recuperável – a natureza –, o grande mito do desenvolvimento infinito caiu por terra, dando lugar, porém, a outro mito igualmente improdutivo: o da crise sem saída. Depois de explorar por tanto tempo o capital da natureza, de saquear a terra como a uma cidade conquistada, o sistema prefere hoje lamentar-se diante da perspectiva inelutável do "fim da civilização" a reexaminar o problema buscando uma "nova aliança" com a natureza, um novo equilíbrio.

É preciso olhar para a natureza não mais como uma entidade infinita – na qual naufragamos sentimentalmente e à qual tornamos, com espírito de rapina, no momento em que seus recursos nos servem –, mas sim como algo finito, constituído pela relação da civilização humana com os demais ecossistemas. As decisões tomadas hoje projetam-se num futuro que concerne a todos, e a dilapidação do equilíbrio ambiental é justamente a mais criminosa de todas, pelo fato de tratar-se de uma riqueza irrecuperável. Há mais de um século, um pensador socialista, William Morris, advertiu-nos a não esquecer esta responsabilidade. Vale a pena reler sua exortação:

> [...] cada um de nós deve conservar e zelar pelo ordenamento da paisagem terrestre; cada um, com seu espírito e suas mãos, na proporção que lhe cabe, para evitar legar aos nossos filhos um tesouro menor do que aquele que nossos pais nos deixaram.
>
> Não há, pois, tempo a perder, não podemos deixar este problema sem solução até os últimos dias de nossa vida, para que seja resolvido por nossos filhos; porque a humanidade é inquieta e ávida, e o desejo de hoje nos faz esquecer nossas resoluções de ontem; [...] temos tempo suficiente para o que quer que seja: para povoar os desertos, abolir as fronteiras entre as nações, desvelar os segredos mais recônditos da nossa alma e do nosso corpo, do ar que respiramos e da terra que nos sustenta; para submeter as forças da natureza ao nosso poder material; mas, se pretendemos voltar a nossa atenção e curiosidade para a beleza da terra, não temos sequer um minuto a perder, sob pena de que o fluxo contínuo das necessidades humanas se abata sobre ela e a torne não um deserto de esperança (tal como já foi), mas uma prisão desesperadora; sob pena, enfim, de descobrir que o homem penou, lutou, venceu e dobrou todas as coisas terrenas sob seus pés, apenas para tornar a sua existência mais infeliz.

Não é, portanto, apenas o problema, apontado por Morris, da subjugação da "beleza da terra" por uma ação de consumo cada vez mais veloz, mas também o da arquitetura entendida como uma segunda natureza, como um estoque de experiências acumuladas ao longo do tempo, que se torna dramático quando percebemos que o "estatuto funcionalista", adotado pelo sistema industrial na sua fase avançada, faz do passado uma reserva de valores e do presente nada mais que o administrador destes valores, sem reconhecer-lhe nem o direito nem o dever de oferecer uma contribuição criativa a uma reserva que, de outro modo, continua a ser consumida por terríveis mecanismos destrutivos.

O capitalismo do desenvolvimento morreu. O socialismo do desenvolvimento, que a ele se assemelha como um irmão, apresenta-nos a imagem deformada não do nosso futuro, mas do nosso passado. O marxismo, conquanto insubstituível como instrumento de análise, perdeu o seu valor profético. [...] Sabemos que o nosso atual modo de vida não tem futuro; que os nossos filhos, quando adultos, não utilizarão mais nem o alumínio nem o petróleo, e que, caso se realizem os atuais programas nucleares, as jazidas de urânio se esgotarão. [...] Sabemos que o nosso mundo está chegando ao fim e que, se continuarmos como antes, os mares e rios se tornarão estéreis, as terras serão privadas da sua fertilidade natural, o ar das cidades nos sufocará e a vida será reduzida a um privilégio ao qual só terão acesso as espécies selecionadas de uma nova raça humana, adaptada por condicionamentos químicos e programação genética ao novo nicho ecológico que os engenheiros da biologia terão sintetizado para ela.

Estas considerações de André Gorz – que abrem seu ensaio *Ecologie et liberté* – não têm apenas implicações econômicas e políticas, mas colocam em crise também um dos pontos centrais da cultura do projeto: o mito do desenvolvimento ilimitado. Como conseqüência, a arquitetura moderna, que havia assumido sua configuração "definitiva" sobre tal mito, entre os anos 20 e 60, atravessa um período de crise profunda, da qual não pode escapar a não ser tomando um rumo radicalmente novo.

À obsolescência dos princípios que orientaram as pesquisas arquitetônicas por cinqüenta anos, o mundo da cultura reagiu até agora com indiferença, admitindo, quando muito, a existência de uma revisão teórica marginal. Só os anglo-saxões, menos provincianos e conformistas, procuraram definir o alcance e a profundidade dessa crise falando de arquitetura pós-moderna e da "falência da arquitetura moderna". Talvez a atitude mais razoável seja aceitar que a "arquitetura moderna", como estilo de uma época, como expressão de uma civilização tecnológica emergente, está morta, e que o título cabe agora a uma arquitetura diversa, tanto quanto aquela o foi do ecletismo que a precedeu.

A sociedade tecnológica em decadência, que procura salvar-se das conseqüências mortais da herança do otimismo construtivista terá, ela também, a sua arquitetura, e é inútil tentar reanimar um cadáver, ou pior ainda, embalsamá-lo, tal como fazem, com as melhores intenções e os resultados mais macabros, aqueles que sustentam a "continuidade" a todo custo, especialmente na Itália.

Como todo momento de transição, este que atravessamos apresenta um panorama confuso e contraditório, no qual os fatos emergentes parecem peças de um mosaico incompleto, construindo uma figura de contornos incertos e quase indecifrável. Os velhos teóricos do Movimento Moderno qualificaram estes episódios como desobediências heréticas, evasões vergonhosas da ortodoxia conservadora; de fato, são os primeiros sintomas de um processo cuja duração e resultados ainda são imprevisíveis. Já são claras, no entanto, as características mais obsoletas da tradição arquitetônica corrente, os nós que uma vez desatados darão origem aos fundamentos de um novo método. Analisemos alguns dos mais significativos.

A arquitetura como bem de consumo

A filosofia do Movimento Moderno identifica a arquitetura com os objetos utilitários. Le Corbusier definiu a casa como uma "máquina de habitar", e não poucas vezes perseguiu-se a industrialização da produção imobiliária com uma espécie de fervor religioso. O distanciamento da natureza, a opção por materiais artificiais, a relação visual e funcional com o universo da máquina constituíram os objetivos das correntes dominantes, os quais tiveram profundo impacto sobre a transformação do território e sobre a nova fisionomia urbana.

Uma civilização que queira realmente reparar o desequilíbrio ecológico e a devastação dos recursos naturais não pode dar-se ao luxo de construir com tais métodos e ideais. O uso generalizado do metal, por exemplo, com as suas conseqüências estéticas e tecnológicas, não pode continuar eternamente: o alumínio com o qual milhões de arranha-céus foram empacotados em todo o mundo logo se tornará o mais raro dos metais preciosos, e até mesmo as reservas de ferro um dia se extinguirão. Um luxo ainda mais inaceitável diz respeito ao custo de manutenção e gestão de energia em edifícios com grande quantidade de componentes metálicos. Enquanto um edifício em alvenaria tem uma duração e velocidade de obsolescência mensurável em centenas de anos – prova disso é o fato de que ainda vivemos em cidades construídas na Idade Média –, um edifício moderno já está decrépito depois de trinta ou quarenta anos, e requer a substituição de vários dos seus elementos. A soberana indiferença dos arquitetos diante da ação destruidora da atmosfera – em particular da chuva, que os levou a banir telhados e caixilhos – resultou num tipo de arquitetura de jovialidade efêmera, incapaz de envelhecer com dignidade: uma arquitetura transitória, a ser sempre substituída em função da moda, assim como uma roupa ou um automóvel.

Ainda mais trágico é o quadro do consumo energético. O aquecimento de uma casa com paredes de pedra e janelas proporcionadas requer um décimo da energia necessária para aquecer uma casa com paredes de vidro e lajes delgadas. E o arranha-céu de vidro, inventado nos anos 50 e ainda hoje considerado modelo insuperável para edifícios de escritórios, é também um exemplo de irracionalidade dificilmente superável: a substituição das suas paredes externas por membranas transparentes tornou-o muito mais permeável às variações de temperatura ao longo do dia, ao calor e ao frio. Para compensar esta falha, não só é necessário aumentar o consumo de energia como superdimensionar as instalações. Por sua vez, o controle da luminosidade destes edifícios impõe sistemas de escurecimento parcial que além de custosos têm pouca duração, contribuindo para acelerar seu envelhecimento.

Nascida para combater o desperdício dos ornamentos postiços impostos pelo gosto eclético oitocentista, a arquitetura moderna, ao ser adotada pelo capitalismo em ascensão por sua ética de austeridade e simplicidade, transformou-se paradoxalmente na arquitetura do desperdício de energia: um gigantesco mecanismo de consumo dos limitados recursos da terra que, além de tudo, requer a renovação contínua do seu efêmero patrimônio.

Trabalho mecânico e trabalho humano

Outro aspecto da arquitetura moderna que parece dificilmente conciliável com os problemas da sociedade de amanhã – caso esta tenha a coragem de enfrentar a grande questão do equilíbrio ambiental – é a ênfase dada aos valores da matéria, em detrimento da sua elaboração e transformação. Aquilo que na arquitetura à qual estamos habituados representa o *status symbol*, o prestígio do proprietário e do usuário, é, antes de mais nada, a preciosidade, ou melhor dizendo, o preço dos materiais empregados. Na sua tendência à simplificação e à nudez, a arquitetura moderna despojou a forma de seu valor simbólico, transferindo-o para a matéria. Peças superpolidas de mármore, transportadas de lugares remotos; metais raros; tapetes ultramacios; guarnições onerosas; instalações sofisticadas, utilizadas apenas em caráter excepcional, substituíram, com a sua retórica própria, a velha retórica da decoração postiça. Como resultado, ao desperdício de energia humana contrapôs-se um desperdício de recursos e energia natural não menos danoso; aliás, ainda mais danoso, quando se considera a chaga do desemprego, a dificuldade de distribuir entre o homem e a máquina o trabalho necessário à vida social, fazendo prevalecer os interesses humanos.

Abandonado o mito da automação como libertação, abandonada a promessa de uma época de ouro resultante da substituição do trabalho humano pelo mecânico, caem por terra conseqüentemente muitos dos mitos estéticos gerados pela esperança em certo "reino da liberdade" ao qual se chegaria de automóvel.

A ênfase analítica

O domínio do espírito analítico e a ausência de visões sintéticas capazes de dar conta da análise não por meio de decisões unilaterais e polêmicas, mas por decisões integradas, é outro estigma que caracteriza a arquitetura e o urbanismo. Este estigma fez o urbanismo nascer como parte separada da arquitetura, cavando um fosso entre dois momentos extremamente interligados da transformação do território. Nas civilizações antigas, fazia-se urbanismo através da arquitetura, com intervenções concretas definidas em cada um de seus aspectos; hoje faz-se urbanismo com enormes papéis coloridos e relatórios intermináveis, destinados a permanecer "letra morta".

A operação característica do urbanismo consiste em dividir o solo em partes e estabelecer vínculos, regulamentos, normas permanentes e provisórias. O arquiteto, convocado posteriormente, é então colocado diante de um "lote": uma das parcelas definidas pelo traço de outro arquiteto à qual deverá adaptar seu projeto, ignorando o que um terceiro especialista, encerrado em seu próprio escritório, está desenvolvendo ao mesmo tempo para o lote adjacente. Os desequilíbrios ambientais resultantes deste procedimento, nós os conhecemos bem; basta dar uma olhada nas nossas periferias, o único campo de experimentação concreta da arquitetura moderna.

Caso se estendesse o estudo sobre os equilíbrios ambientais ao ambiente humano – nele incluindo, logicamente, o ambiente construído –, descobrir-se-ia que existem fenômenos equivalentes às nuvens tóxicas de dioxina que detêm o triste privilégio de serem permanentes. Um dos fatores de desequilíbrio do novo ambiente urbano – ou seja, não exclusivo daquele criado pela especulação imobiliária – é o descaso com que se trata a memória coletiva dos habitantes, sua noção de espaço e de cidade. Não se trata, obviamente, de evocar ou imitar o passado, mas de considerar seu testemunho como parte do nosso presente e como fator determinante para o equilíbrio ambiental.

É cedo para dizer como será a arquitetura pós-moderna, ou em que sentido ela será diferente da arquitetura com a qual estamos familiarizados. Mas ninguém pode nos furtar a esperança de que ela esteja mais próxima dos desejos humanos, e se assemelhe mais às descrições dos profetas da primeira Revolução Industrial, como William Morris, que às imagens produzidas pelos mobetes da segunda revolução interrompida, que imaginaram unidades de habitação com quilômetros de comprimento, cidades subterrâneas, casas móveis como *trailers*, inseridas como gavetas num espectral esqueleto de aço.

O que não se deve aceitar é a hipótese de que uma nova arquitetura possa nascer da redistribuição dos papéis das velhas tendências codificadas pelos historiadores, ou viver de renda sobre uma tradição já velha, mas ainda não antiga. Em todo caso, é fundamental revisitar criticamente o passado próximo e separar o que está vivo do que está morto, os ramos ainda verdes dos que já estão secos. A operação poderia resolver-se com a dizimação dos grandes profetas, não para subtrair-lhes o direito à porção de glória que historicamente lhes cabe, mas para varrer da área as suas proposições, cuja permanência e atualidade só podem ser afirmadas e defendidas por aqueles que têm o gosto macabro dos embalsamadores.

A cidade moderna, filha da sociedade industrial na sua fase mais madura, é a forma histórica reificada e tornada concreta da alienação social. Nela, a subserviência do homem a finalidades extra-humanas, contrárias às suas necessidades reais, assumiu formas extremas e paradoxais. A distância entre a habitação e o local de trabalho, a escassez de serviços sociais, a poluição, o afastamento psicológico da natureza, a projeção das divisões de funções instauradas na fábrica sobre os espaços urbanos, favoreceram a criação de um ambiente historicamente artificial, pouco propício à instalação de uma sociedade equilibrada e ao seu desenvolvimento ordenado.

Se ao longo do século passado a burguesia em ascensão soube, bem ou mal, dar forma a uma cidade feita à sua imagem e semelhança, na qual as instituições públicas constituíam a espinha dorsal do organismo urbano, no nosso século, e sobretudo a partir do pós-guerra, a burguesia capitalista lançou mão do álibi da utilidade e da economia para rebaixar, de uma vez por todas, as novas áreas da cidade à condição de "periferias". Construídas à margem dos antigos núcleos urbanos, estas absorveram a função de dormitórios e deixaram de representar qualquer continuidade com relação ao tecido original da cidade.

Ao mesmo tempo, os centros históricos e suas expansões oitocentistas, do tempo em que ainda se celebrava o rito da "magnificência civil", eram embalsamados como reservatórios de valores e símbolos a serem utilizados com parcimônia cada vez maior.

Paralelamente a este processo de eclipse da cidade, ou em todo caso, de desqualificação da sua estrutura – que de organismo complexo transformou-se numa série de camadas superpostas em função do desenvolvimento acentuado pelo consumo artificial – assistimos a uma espécie de privatização crescente da vida urbana, cujos símbolos mais eloqüentes são o automóvel e o "edifício-caserna" – somatório de células unifamiliares semelhante, também morfologicamente, aos columbários dos grandes cemitérios urbanos.

As lutas pela reivindicação de uma nova (e, sob certos aspectos, "antiga") qualidade de vida, surgidas espontaneamente nas últimas décadas nas periferias alienadas, repropuseram a inversão da paradoxal tendência à privatização e uma reapropriação do ambiente que permita a reconstituição, sobre bases participativas, da estrutura de funções coletivas que a velha cidade oferecia como uma dádiva generosa do Estado-patrão.

Segundo esta estratégia, as novas intervenções sobre as cidades existentes sugerem a revisão do urbanismo tradicional, assentado sobre os dogmas já obsoletos dos padrões quantitativos e do *zoning*, e a reedição dos programas de ação direta, que são a expressão dos movimentos coletivos capazes de superar a fase da denúncia e do protesto gratuitos. Mas é preciso também levar em conta o imenso patrimônio específico de cada lugar e redescobrir a identidade inconfundível do território, nas suas realidades locais. Com efeito, sem uma cultura renovada do território, que reintegre ou desperte a consciência coletiva dos lugares, dificilmente se encontrará solução para o problema do planejamento de baixo para cima que incida sobre os principais fatores de alienação do ambiente urbano.

A cidade moderna afasta-nos cada vez mais da consciência de que a vida humana é parte indissociável de um ecossistema composto por muitas e diversas formas de vida. Neste sentido, a cidade, em sua forma histórica atual, configura um ambiente não menos evasivo e deformador do que o "campo", entendido como o reverso da moeda urbana. Reconciliar estes dois modelos opostos constitui, pois, um dos objetivos associados à redistribuição igualitária dos recursos e à eliminação dos privilégios, ao qual também estão ligadas as esperanças de deter, ou ao menos frear, o processo de depauperamento que já corre o risco de tornar-se vertiginoso.

Antes de ser instrumento de intervenção, a arquitetura, através do desenho, deve ser instrumento de exploração da possibilidade de uma nova relação entre os assentamentos humanos e a natureza, em conseqüência deste novo modo de percebê-la como o "outro capital" ao qual devemos prestar contas – ou seja, não como o infinito que nos assedia, mas como um "finito" com o qual estabelecer uma nova aliança.

Enquanto o naturalismo romântico e contemplativo combatia a cidade como racionalidade organizada e buscava o infinito da natureza como forma de evasão da estrutura coletiva, como lugar do monólogo interior, hoje pode-se enxergar a natureza como algo do qual a sociedade faz parte, e cuja investigação em termos racionais é indispensável para que se possa conhecer – não de maneira ilusória – o sentido das ações humanas, sobretudo daquelas que resultam na sua transformação. "O artista é um ser humano – escreveu Paul Klee –, ele mesmo é natureza, fragmento da natureza no domínio da natureza." O diálogo com a natureza vem a ser, pois, reconhecido como condição de todo pensamento artístico. Mas em que medida nossa cultura foi influenciada por esta nova abordagem, segundo a qual a natureza se manifesta para além do mistério impenetrável da sua aparência tradicional, como algo "distinto de nós"? Há uma década, pelo menos, insiste-se cada vez mais na ecologia. Percebemos que se não recuperarmos o antigo equilíbrio ambiental que havia tornado possível – e não raro agradável – a vida do homem, dos animais e das plantas, corremos o risco de sermos arrastados por um desequilíbrio generalizado, um novo caos do qual nem mesmo a excepcional capacidade de adaptação demonstrada pela raça humana poderá defender-nos por muito tempo. Mas a questão da reconciliação com a natureza, de perceber que nosso desrespeito para com ela se volta contra nós, não é a única que devemos urgentemente enfrentar para assegurar nossa sobrevivência e um mínimo de continuidade em relação ao patrimônio de experiências materiais e espirituais acumuladas pelo *Homo sapiens*.

O ambiente em que o homem vive não é apenas natural, mas representa o somatório deste com o ambiente construído: a natureza transformada pela ação humana constitui uma segunda natureza, com seus equilíbrios e desequilíbrios. Se, paralelamente à ecologia dos equilíbrios ambientais da natureza, admitíssemos a existência de uma ecologia igualmente rigorosa dos equilíbrios ambientais artificiais, estaríamos em condições de dar uma resposta, não parcial, mas global, ao grande problema da sobrevivência. Tratar-se-ia então de construir, sobre as ruínas do urbanismo, da geografia urbana e territorial e da hipótese de separação entre arquitetura e planejamento territorial, uma nova ciência dos assentamentos.

4. A FORMA SEGUE O FIASCO

O ataque mais insidioso, porque menos previsível, à ortodoxia estagnante do Movimento Moderno deve-se a um de seus exegetas mais brilhantes: Peter Blake, ex-diretor da Architectural Forum e Architecture Plus, autor de um livro de sucesso publicado em 1960 e dedicado à santíssima trindade da arquitetura moderna: Le Corbusier, Mies e Frank Lloyd Wright. Blake havia abordado o tema da obsolescência das idéias arquitetônicas correntes numa série de artigos publicados a partir de 1974 na revista *Atlantic*, mas foi só em 1977, quando estes foram reunidos em livro, que tiveram o efeito bombástico sugerido por seu irônico título: *Form follows Fiasco*, "A forma segue o fiasco". Tratava-se de uma irônica reedição do célebre princípio "a forma segue a função", atribuído a Sullivan e universalmente considerado o primeiro mandamento do catecismo moderno.

O livro, escrito em linguagem simples e direta, portanto voltado também para os "não-iniciados", beneficiava-se do fato, sublinhado na conclusão, de Blake ter sido um dos propagandistas do velho credo, e possuir, ademais, tanto a experiência prática do construtor quanto aquela, igualmente importante, de usuário da "arquitetura moderna", já que havia vivido e trabalhado em espaços projetados por célebres arquitetos. Sua estrutura possui a clareza incisiva de um panfleto; dos doze capítulos que o compõem, onze são dedicados às "fantasias" típicas da arquitetura moderna, entendendo-se por "fantasias" as idéias-chave, ou melhor, os mitos que animaram o debate arquitetônico por cinqüenta anos.

O primeiro mito analisado é o da função. Depois de tantos anos de prática funcionalista, pergunta-se Blake, temos meios de saber se a aplicação dogmática de um princípio teve ou não êxito? Em outros termos, o fato de dispormos de espaços programados para determinadas funções garante a melhoria da qualidade de vida nestes espaços, e qualifica sua relação com o usuário? E o que acontece, em vez disso, quando as mesmas funções desenvolvem-se em edifícios concebidos para uma finalidade diferente? A resposta é paradoxal, mas contém uma forte carga de desmistificação no que diz respeito aos axiomas que alimentaram a cultura arquitetônica por tanto tempo. Muitas vezes a reciclagem de velhos edifícios para usos distintos do original corresponde não à sua depreciação estética mas, ao contrário, à repotencialização de seus espaços. Embora Blake, em seu pragmatismo, não o enfatize, poder-se-ia atribuir este efeito estimulante à liberação do imaginário decorrente da separação entre forma e função ou, em todo caso, à autonomia das escolhas formais – em oposição à previsibilidade e à contenção da imaginação determinadas pela correspondência dos espaços a um modelo funcional preestabelecido, que muitas vezes exerce ação autoritária sobre os usuários, considerados "objetos" a serem programados.

As conclusões de Blake estão implícitas nas constatações "históricas" que ele sugere como tema para reflexão: o fato de os estudantes terem incendiado a School of Art de Yale, obra de Rudolph originada da análise funcional, e exigido modificações que provocaram a descaracterização do seu espaço; de o melhor auditório para concertos na Grã-Bretanha ser uma "cervejaria" reciclada (hoje conhecida como Malting at Snape in Suffolk); de a melhor escola de arte em Baltimore ser uma estação de trem adaptada (a Mont Royal Station, atualmente Maryland Institute, College of Art); de a melhor biblioteca em Nova York ser um pátio, e o melhor teatro uma biblioteca, ambos reformados; que o mais gracioso *shopping center* (Ghirardelli Square) de S. Francisco tenha sido, noutros tempos, uma fábrica de chocolate.

Por um lado, Blake contesta o fato de que a forma da arquitetura moderna siga efetivamente a função, para além das boas intenções dos projetistas; por outro, constata a relativa autonomia e a permanência dos valores arquitetônicos com relação ao uso do espaço. Para ele, também a flexibilidade absoluta na distribuição espacial, propugnada pelos arquitetos modernos como solução para a contínua variação das exigências funcionais de um edifício complexo, é um mito estéril. Algo que possa ser adaptado para qualquer atividade, afirma o autor, corre o risco de tornar-se uma caixa amorfa. Além disso, a predisposição às mudanças de uso pressupõe, via de regra, estratégias técnicas bastante onerosas, de modo que construir, por exemplo, um "teatro total", adaptável a todo tipo de espetáculo e a um número de espectadores muito variável, acaba sendo mais custoso que construir uma série de salas separadas, ajustáveis segundo certos tipos de encenação, e que podem, inclusive, ter uso simultâneo.

A "fantasia" da planta aberta, ou "planta livre", é associada por Blake à arquitetura japonesa e criticada por sua abstração enquanto solução universal para os problemas espaciais e modelo para as exigências de representação e contemplação. Com efeito, as estupendas seqüências de espaços comunicantes e contínuos, separados apenas por diafragmas móveis, tão típicas das casas japonesas, pressupunham uma ordem social fundamentada na desigualdade, na qual era possível valer-se de uma numerosa criadagem e em que cabia a uma mulher submissa a tarefa de conservar a ordem imaculada destes espaços desprovidos de mobília, onde qualquer elemento fora do lugar constitui uma perturbação visual insuportável.

Blake parte desta observação para zombar das nefastas conseqüências da planta livre, desde a Unidade de Marselha até um sistema muito em voga nos escritórios modernos: o assim chamado *office landscape*. Para ele, a "unidade" de Marselha é uma "formidável escultura de concreto", mas, "como conjunto de unidades habitacionais correspondentes às necessidades da vida do século XX, é uma farsa – em planta, perspectiva e corte. Seus apartamentos carecem de todo requisito de *privacy*, os quartos das crianças são, na verdade, cubículos com 1,80 m de profundidade e porta de correr; não há espaço onde as crianças possam refugiar-se dos pais, e vice-versa". Obras-primas de virtuosismo volumétrico, os apartamentos de Le Corbusier aniquilam qualquer hipótese de vida familiar.

Quanto ao *office landscape* – espaço de trabalho caracterizado por alcovas abertas delimitadas por divisórias móveis e baixas, onde a luz e o ar naturais são substituídos por lâmpadas fluorescentes e ar-condicionado – Blake nota, além do desperdício de espaço e energia, seus resultados tragicamente frustrantes em conseqüência da funesta influência psicológica provocada pela promiscuidade inerente a tais ambientes. Como é possível, interroga-se, que os arquitetos que inventaram este absurdo sistema de organização espacial tenham continuado a viver e trabalhar quase sempre em ambientes tradicionais, protegidos por velhas paredes, iluminados por janelas tradicionais e zelosos da sua própria *privacy*?

O terceiro mito analisado é o da pureza, aspiração suprema não só da arquitetura como de grande parte da arte moderna. Este mito encontrou expressão mais evidente nas cartilagens brancas que encerravam os volumes das fábricas racionalistas dos anos 20, as quais recentemente voltaram à moda. Tais superfícies, rebocadas com sistemas absolutamente tradicionais, respondiam à aspiração intelectual por um novo material de construção absolutamente homogêneo e elástico, resistente às intempéries e aos movimentos de assentamento das estruturas. Infelizmente este material universal nunca foi descoberto nem inventado, e a eliminação dos elementos arquitetônicos tradicionais (caixilhos, beirais, pingadeiras), originados exatamente da necessidade de contrapor defesas já testadas às agressões da atmosfera, provocou a rápida deterioração da maior parte dos edifícios modernos, que já não podem ser salvos senão por meio de revestimentos caríssimos ou operações contínuas de manutenção. Para Blake, se a fragilidade e o consumo veloz são o preço da pureza – rapidamente contaminada pelas agressões da realidade –, não é menos grave o tributo pago pela arquitetura moderna ao mito da tecnologia e da industrialização; foi justamente isso que a levou a perseguir, por mais de um século, uma analogia não-natural entre a construção e a produção industrial, guiada menos por exigências racionais que por uma aliança entre a lógica do lucro e a religião da técnica. Os Estados Unidos, primeira potência industrial e o país tecnologicamente mais avançado do mundo – em cuja realidade produtiva o próprio Blake operou, projetando e executando edifícios ou analisando empreendimentos construtivos alheios –, experimentaram todos os sistemas possíveis de padronização e pré-fabricação e procuraram identificar o problema da casa com o do automóvel: os resultados, porém, foram no mínimo frustrantes.

Contra a possibilidade de homogeneização das exigências materiais, que tende a tornar lógica e vantajosa a produção em série de edifícios inteiros, mediante a incorporação de sistemas semelhantes aos industriais, erguem-se dificuldades intransponíveis, como a diversidade do clima e das regulamentações imobiliárias de região a região, o custo de transporte e o grau de especialização da mão-de-obra necessária. Por trinta anos procuramos sustentar a analogia entre o automóvel e a casa, fazendo desta uma "máquina de habitar"; ambos, contudo, parecem cada vez mais dotados de lógicas específicas, e seus métodos de fabricação estão em via de afastar-se definitivamente.

Ora, se ela não serve para gerar economia e melhoramentos quantitativos, se, pelo contrário, torna as construções mais onerosas e causa o desemprego, por que continuar a crer que a industrialização possa ser redentora, ou que seja o antídoto infalível contra todos os problemas da arquitetura? Só porque Mies van der Rohe estava convencido disso nos anos 20? Um exemplo típico dos erros que continuam a ser cometidos em nome dessa fé religiosa na indústria, que se vangloria apenas de milagres negativos, é o *habitat* de Montreal, aplaudido pelos "esteticistas" como modelo insuperável de estrutura residencial adaptado à produção industrial de casas populares. No caso, os custos da obra foram justificados pelos objetivos de uma exposição com fins de propaganda, mas, quando se tentou erguer uma réplica em Porto Rico, a construção teve de ser interrompida a meio-caminho em conseqüência de problemas insolúveis, de ordem econômica e produtiva; hoje, essa estrutura inacabada pode ser visitada como uma ruína da fuga para a tecnologia.

Também o arranha-céu, o produto mais prestigioso do mito tecnológico, foi acusado por Blake, com ironia sutil, por seus efeitos nocivos sobre a vida urbana e pela carga de irracionalidade manifestada em sua permanente metamorfose, de catedral gótica a pacote de celofane. O resultado? As viagens alienantes de elevador, a multidão enfileirada em determinadas horas e, à noite, o deserto; as ruas sem luz e as praças assoladas pelo vento que resvala sobre as fachadas (e sopra por baixo, embaraçando as senhoras); a insensatez dos panos de vidro produzindo um fluxo de luz exagerado, que beneficia apenas os fabricantes das cortinas e venezianas necessárias para filtrá-lo e dos custosos vidros antitérmicos que tentam, inutilmente, reduzir a permeabilidade térmica dessas torres.

Quatro das "fantasias" enumeradas por Blake para estigmatizar a obsolescência das teorias modernas são dedicadas à cidade tal como ela cresceu sob os nossos olhos nos últimos cinqüenta anos, em obediência aos princípios que a cultura urbanística defendeu com toda veemência, na ilusão de criar um *habitat* mais humano. A fantasia da "cidade ideal" é consagrada às grandes utopias contraditórias da *Ville radieuse* e da *Broadacre City*. Com o *Plan Voisin* e outros grandes projetos dos anos 20, Le Corbusier predicou a cidade vertical, feita de arranha-céus isolados em meio a grandes espaços verdes cortados por auto-estradas. Já Wright bateu-se por uma alternativa à cidade vertical onde cada família tivesse direito a um acre de terra para o cultivo; uma "não-cidade" feita de casas unifamiliares harmoniosamente dispostas sobre uma grelha ortogonal infinita. Nem a *Ville radieuse* nem a *Broadacre City*, contudo, foram construídas, e o *Plan Voisin*, que Le Corbusier queria construir sobre o bairro parisiense do Marais, felizmente não saiu do papel. Em todo caso, pelo menos no que se refere à hipótese de cidade da *Ville radieuse*, os que sustentam a impossibilidade de julgá-la, alegando que ela não tenha se concretizado, se esquecem que a terra está pontuada de inúmeros fragmentos desta mesma utopia, os quais são mais que suficientes para nos dar uma idéia do que poderia ter sido sua eventual generalização. Com relação à *Broadacre*, esta é o caso extremo do que já ocorre nos subúrbios das cidades americanas, onde as casas unifamiliares estendem-se ao infinito e o tecido social da cidade está completamente destruído pelas grandes distâncias.

Para demonstrar sua tese, Blake recorre ao exemplo de Zagabria, uma cidade dividida em duas partes irreconciliáveis: de um lado, a cidade antiga, cheia de vida, na qual a cena urbana é animada pela presença humana e obedece à sua escala; de outro, a cidade nova, feita de enormes casas isoladas no verde, onde as ruas são quase desertas e as pessoas não encontram espaços que convidem ao repouso e estimulem o encontro e o intercâmbio. A cidade radiosa tornou-se, de fato, a cidade geométrica, a cidade-caserna, na qual as pessoas não se reconhecem e com a qual não se identificam. A razão desta aversão é simples: o homem não deseja grandes espaços desertos, mas sim encontrar seus semelhantes, estar entre eles, e a primeira condição para sentir-se em companhia é perceber-se num recinto. Constatou-se que a rua-corredor, confinada entre duas paredes e rechaçada por Le Corbusier como o símbolo do mal urbanístico, é, ao contrário, o fator primário e insubstituível do efeito-cidade, a razão do fascínio da maior parte das cidades antigas e da sua influência estimulante sobre as relações sociais. Com a transformação da rua numa "auto-estrada", ou numa simples via de comunicação, da praça num alargamento indefinido, a cidade perdeu seu valor, e a continuidade da sua imagem salvou-se apenas através dos centros históricos, mesmo nos casos em que estes eram estruturas oitocentistas, como na América.

Os esforços dos arquitetos modernos por construir autênticos fragmentos de cidade capazes de competir com os ambientes históricos e seu efeito psicológico sobre os habitantes falharam. E as exceções devem ser buscadas não no âmbito da alta cultura mas na cultura popular e no kitsch: na Disneylândia, por exemplo, que com suas ruas estreitas, de inspiração medieval, seus castelos e pracinhas, é mais viva e real – afirma Blake – do que a nova Zagabria.

Blake detém-se nos aspectos mais típicos da cidade ideal moderna, que contribuem para a sua identificação: a mobilidade, o *zoning* e o *housing*. O mito segundo o qual todos os problemas urbanos podem ser resolvidos graças aos transportes e à sua velocidade está diretamente relacionado à implacável tendência analítica que, por decênios, forçou os urbanistas a dividir a cidade em zonas homogêneas, do ponto de vista funcional: numa parte as residências, isto é, os dormitórios; noutra os estabelecimentos comerciais, talvez reunidos nos *shopping centers*; noutra ainda os escritórios; noutra os espaços para espetáculos; e, no limiar do campo, as instalações esportivas e as estruturas produtivas. Ao desperdício de energia mecânica causado pela necessidade de deslocamento contínuo acrescenta-se o desperdício de energia humana: centenas de horas gastas à espera do sinal verde do semáforo, ou a percorrer lentamente as ruas empestadas de gás carbônico.

Se a cidade antiga era um *continuum* em que as funções mais diversas imbricavam-se e confundiam-se, gerando ininterruptamente estímulos psicológicos para seus habitantes e condições favoráveis a intercâmbios e encontros, a cidade moderna – em particular onde os arquitetos colocaram as mãos e aplicaram suas regras abstratas – tornou-se a imagem da esquizofrenia e a forma vivente do desperdício. De um lado, o centro de negócios, deserto à noite e nos finais de semana e convulsivamente superpopulado no horário comercial; de outro, a periferia, abandonada durante esse mesmo período e para onde refluem, em horas predeterminadas, hordas de pessoas que se aborrecem umas às outras. Tudo isto encontrou sua codificação e sublimação nas teorias urbanísticas, como se a divisão em guetos e a imposição de uma ordem rígida pudessem ajudar os homens a viver melhor.

O problema do *housing*, da habitação das massas, deu lugar às aplicações mais maciças e paradoxais do princípio da divisão da cidade em zonas monofuncionais homogêneas. As preocupações "higiênicas" alargaram as ruas até torná-las esquálidos espaços imensuráveis; distanciaram as casas e atribuíram abstratamente a função de verde público às áreas existentes entre um "imóvel-caserna" e outro; substituíram, enfim, o tecido contínuo da cidade pelo caos da periferia-dormitório, onde as casas são dispostas como peças de um jogo de damas sobre um tabuleiro, segundo uma lógica incompreensível para seus habitantes.

Depois da Revolução Industrial – afirma Blake – as grandes casernas das habitações de massa estiveram a serviço da especulação, do poder do Estado e da burocracia. E, pode-se acrescentar, continuam demonstrando o quanto a aliança entre os três poderes pode distanciar o homem de seus objetivos e desejos.

O último mito examinado por Blake refere-se ao *design* e suas conseqüências sobre o arranjo dos ambientes. Blake intitula esse capítulo "A fantasia da forma", e nele passa em revista, sempre com muito sarcasmo, as conquistas feitas neste campo pela cultura da vanguarda: poltronas como a *"red and blue"* de Rietveld, "das quais não se pode sair sem a ajuda de um ortopedista"; cadeiras como a "Berlin-chair", também de Rietveld, que para justificar sua forma assimétrica pressupõem profundas mutações genéticas da raça humana; peças de decoração, como os objetos desenhados por Le Corbusier, Mies van der Rohe, Breuer, que decerto correspondem perfeitamente à exigência de tornar fluido e transparente o espaço habitado, mas que em geral – com seus materiais repulsivos, suas formas esquadradas e sua correspondência absolutamente teórica aos movimentos do corpo – mal chegam a responder à sua função primária, e não passam de magníficas esculturas a serem admiradas. "Nós rejeitamos a tirania da forma", costumavam dizer os mestres modernos...

Adaptar ou "resolver os problemas": esse era o nome do jogo. É verdade. Mas o problema que o Movimento Moderno realmente gostaria de resolver, a julgar por suas *performances*, é a fastidiosa anatomia da raça humana: nada, de fato, pode funcionar – à maneira da Bauhaus – enquanto os homens não forem reprojetados em forma de cubo e as mulheres em forma de esfera; até então, cada coisa encontrará seu lugar com um grande e sonoro clique, e a solução se tornará ela mesma o problema.

As conclusões do livro de Blake adquirem o tom solene de um apelo – dirigido sobretudo aos arquitetos – de uma "moratória" para que eles abdiquem da pretensão de dar lições através de seus produtos e aceitem "servir" aos homens.

O mundo pós-moderno está diante de nós, quer isto nos agrade ou não. Não foi inventado por críticos revisionistas, mas gerado pelos próprios mestres modernos e por muitos dos seus fracassos. E agora, quais são as alternativas?

A primeira alternativa ao dogma moderno consiste numa moratória das construções em altura, um abandono do mito do superarranha-céu, cujas conseqüências negativas ao bom funcionamento da cidade já são tão evidentes, e podem tornar-se ainda mais dramáticas no futuro. A segunda moratória concerne à destruição dos edifícios existentes, quer tenham ou não algum interesse histórico. A política da destruição e da substituição de certas partes da cidade é um contra-senso num mundo que deve mobilizar todos os seus recursos para enfrentar o problema do crescimento demográfico e não pode mais encarar os problemas econômicos em termos setoriais, sob a égide da avareza e da cobiça.

A terceira alternativa ao dogma moderno consiste na interrupção da construção das grandes auto-estradas, as quais, nas nações já desenvolvidas, tiveram várias conseqüências sobre o organismo urbano e tornaram-se o símbolo de um gigantesco e inútil desperdício de combustível, cimento, metal, asfalto e tempo humano.

A quarta alternativa ao dogma moderno, para Blake, consiste numa reformulação da legislação acerca dos materiais de construção que responsabilize as empresas pelo rendimento de seus produtos. O uso de materiais que não tenham sido previamente testados, e que são impostos pela publicidade e tornados atraentes pelo dogma moderno da benevolência de tudo o que é novo, não só coloca em risco a solidez e a durabilidade dos edifícios que construímos, como ameaça a nossa segurança de maneira mais direta e dramática. Não faltam os casos de poluição relacionados ao uso generalizado de novas substâncias (Blake cita o caso de um isolante acústico aplicado na Faculdade de Arquitetura e Belas-Artes da Yale University, que se revelou altamente cancerígeno), enquanto o incêndio que destruiu em poucos minutos a gigantesca esfera realizada por Buckminster Fuller para a Feira Mundial de Montreal adquiriu um valor simbólico sinistro. O incêndio, felizmente ocorrido depois do fechamento da Feira, poderia ter matado milhares de pessoas sob uma corrente de acrílico incandescente.

Quinta alternativa, a moratória do *zoning* monofuncional que dividiu a cidade em guetos e destruiu o entrelaçamento vital entre atividades diferenciadas.

> Isfahan – escreve Blake –, a mais maravilhosa das cidades, nunca ouviu falar de *zoning*: seus habitantes trabalham onde moram, fazem suas compras onde trabalham, rezam onde jogam e se divertem onde trabalham. O *zoning* monofuncional – uma noção aventada muito seriamente pelos pioneiros do Movimento Moderno – significa simplesmente o fim da civilização urbana.

A nova abordagem, derivada do abandono da ótica totalizante do *zoning*, é identificada na sexta alternativa, que propõe o planejamento em escala humana, com objetivos modestos mas concretos e em termos compreensíveis e controláveis por todos, para possibilitar processos de participação; é a filosofia que Schumaker sintetizou no postulado "*small is beautiful*", este antídoto ao gigantismo totalitário e ao urbanismo ao estilo de Haussmann e Speer, que tantas vezes seduziu urbanistas e arquitetos modernos com seu charme perverso.

A sétima alternativa ao dogma moderno depende, para Blake, da transformação radical no ensino da arquitetura, atualmente orientado não para a criação de especialistas do projeto e da construção mas para a formação de "generalistas". A oitava e última alternativa é a moratória da própria arquitetura, e representa a renúncia a enriquecer o museu ideal das obras-primas que a arquitetura moderna contribuiu para preencher à custa do afastamento entre aquilo que os especialistas chamam de arquitetura e os desejos, necessidades e aspirações do homem.

O Movimento Moderno realmente representou, em mais de um aspecto, um período fantástico da história da arquitetura, conclui Blake. Afirmando sua fé na razão, foi o fato mais irracional depois da doce loucura de Luis da Baviera. Afirmando sua fé no homem comum e num mundo igualitário, impeliu as pessoas aos bairros mais distantes, construídos a serviço do capitalismo privado ou estatal. Afirmando total devoção à tecnologia, traiu métodos e materiais de construção com a inconseqüência de um palhaço. E, afirmando dedicação à cidade como única fonte e motor da civilização, tornou-a ingovernável e dispersou seus habitantes. Nenhum período da história da arquitetura foi mais criativo, mais destrutivo ou mais extenuante, quer para os arquitetos, quer para os inocentes espectadores.

As conclusões do livro não são nem otimistas nem catastróficas. Blake observa que a moratória da arquitetura moderna já está em curso, e que foram os próprios arquitetos que a suscitaram ao se dividirem em duas classes: de um lado, os autores de projetos de edifícios não realizáveis; de outro, os autores dos *buildable nonbuildings*, edifícios realizáveis, mas que não são edifícios no sentido arquitetônico.

5. OS PRIMITIVOS DE UMA NOVA SENSIBILIDADE

> Não faz sentido afastar-se do passado para pensar apenas no porvir. É uma ilusão perigosa imaginar que isto seja possível. A oposição entre o porvir e o passado é absurda. O futuro não nos traz nada, não nos dá nada; somos nós que, para construí-lo, devemos dar-lhe tudo, até mesmo a nossa vida. Mas, para dar, é preciso possuir, e nós não possuímos outra vida, outra linfa senão os tesouros herdados do passado e digeridos, assimilados, recriados por nós. Dentre todas as exigências da alma humana, nenhuma é mais vital que a do passado.
>
> SIMONE WEIL, *A primeira raiz*, 1949.

Como todos os movimentos e estilos que se sucederam ao longo do tempo, também o "moderno" – aquele repertório de formas que, após o período de germinação criativa das primeiras décadas deste século, tomou corpo na Europa e na América nos anos 30 e difundiu-se rapidamente por todo o mundo – tem em seu destino, além da aurora e do merídio, um inevitável ocaso. Charles Jencks (em *The Language of Post-Modern Architecture*, Academy, Londres, 1977), um brilhante estudioso anglo-saxão que analisou os acontecimentos mais recentes da arquitetura com os instrumentos da lingüística, entende que este ocaso já tenha se consumado, e até fixa, com perspicaz ironia, a data exata da morte da "arquitetura moderna": ela coincide – às 15h32 do dia 15 de julho de 1972 – com a implosão do conjunto habitacional Pruitt-Igoe, construído em 1951 de acordo com "os ideais mais progressistas do CIAM" (a organização internacional de arquitetos modernos criada por Le Corbusier em 1928 no castelo de La Sarraz), e à época premiado pelo Instituto dos Arquitetos Americanos.

Não obstante os espaços verdes, as ruas de pedestres, os serviços coletivos, o respeito aos padrões prescritos pela moderna ciência urbana, este conjunto havia se tornado – em virtude de seus edifícios-colméia de onze pavimentos, das seqüências intermináveis de janelas iguais, dos corredores sem fim, da sua estrutura espacial desmesurada e repetitiva – uma espécie de prisão para seus habitantes, o símbolo materializado da sua condição de explorados. Esta analogia entre a arquitetura e a qualidade da vida urbana provocara em seus habitantes – na maioria, negros – uma reação conflituosa, manifestada através de vários atos de violência e vandalismo.

A hipótese de restauração ou adaptação do conjunto foi afastada pelo juízo negativo dos psicólogos e sociólogos, que imputaram às escolhas arquitetônicas boa parte da responsabilidade por tal fenômeno patológico. Não é de surpreender, já que há muito se usa catalogar, entre as doenças sociais de desenvolvimento veloz, a "síndrome do poleiro", uma conseqüência nefasta do excesso de controle social determinado por certos tipos arquitetônicos que os arquitetos modernos continuam a considerar ótimos.

A maior crítica que Jencks faz à "arquitetura moderna" – aquilo que provocou sua rápida obsolescência – diz respeito a seu caráter intelectual e abstrato, ao fato de apoiar-se sobre axiomas jamais verificados ou confrontados com as exigências reais dos homens. Ela foi produzida como uma roupa sob medida para um *mítico homem moderno* que existiu apenas na cabeça dos arquitetos, e coincide cada vez menos com os cidadãos de carne e osso. A abordagem quantitativa e exageradamente analítica dos problemas do *habitat*, por exemplo, levou à desconsideração dos fenômenos negativos decorrentes da multiplicação descontrolada dos agrupamentos de coisas e pessoas; e, em conseqüência da perda total da capacidade de julgar *"how big is too big"*, surgiram as metrópoles, mas também os edifícios residenciais e administrativos que se tornaram tão grandes quanto as pirâmides (em Roma, por exemplo, está surgindo em Corviale uma "moradia popular" com um quilômetro de comprimento).

Outro problema crucial colocado por Jencks é a univalência da arquitetura moderna, isto é, sua referência invariável a um número limitado de temas cada vez mais improdutivos: a racionalidade da máquina e da produção industrial, a higiene ambiental e a pureza alçada a valor supremo. Tudo isto gerou algo semelhante ao que Pasolini chamava de "homologação": a transparência e o caráter repetitivo do edifício de escritórios, a alvura onipresente do hospital e a organização férrea da fábrica são as características dominantes na reprodução de uma cidade que se tornou ao mesmo tempo cidade-fábrica, cidade-burocrática, cidade-hospital, e produziu uma entediante equivalência entre o ambiente de trabalho e a residência, entre espaços públicos e coletivos.

O ideal que originalmente justificava e conferia conotação heróica à univalência da linguagem arquitetônica moderna era o mito da reforma social, a esperança de transformar a sociedade através da arquitetura, e assim evitar – segundo a teoria de Le Corbusier – a revolução política. Mas que sentido pode ter esta univalência, depois da derribada do mito e da esperança? Segundo Jencks, é hora de mudar de rota, ou melhor, é hora de perceber que os arquitetos à frente das novas investigações, aqueles que souberam compreender as exigências do nosso tempo antes e melhor que todos, já mudaram de rumo há quase vinte anos, e que sua luta prefigura as diretrizes de uma arquitetura diversa, tornada ao seio da história.

As características desta arquitetura pós-moderna residem sobretudo na sua diferença em relação à tradição do Movimento Moderno, mas também na sua analogia com a produção cultural de períodos historicamente semelhantes ao nosso, como o maneirismo e o Barroco. O Pós-Moderno é mais evolucionista que revolucionário; não nega a tradição moderna mas a interpreta de forma livre, a integra e revê criticamente seus erros e acertos. Contra os dogmas da univalência, da coerência estilística pessoal, do equilíbrio estático ou dinâmico, contra a pureza e a ausência de qualquer elemento "vulgar", a arquitetura pós-moderna revalida a ambigüidade e a ironia, a pluralidade dos estilos, o duplo código que lhe permite voltar-se ao mesmo tempo para o gosto popular, através da citação histórica ou vernácula, e para os especialistas, através da explicitação do método compositivo e do chamado "jogo de xadrez" da composição e decomposição do objeto arquitetônico.

Contra o dogmático e proibitivo afastamento das formas da história que privou a arquitetura moderna do principal instrumento de compreensão popular – a referência à memória coletiva –, as novas tendências sustentam a necessidade de um contágio entre a memória histórica e a tradição do novo e, em particular, a necessidade de "recontextualização" da arquitetura, isto é, a instauração de uma relação precisa, de natureza dialógica, entre os novos edifícios e o ambiente onde são construídos, quer este ambiente seja o da periferia ou o dos centros históricos.

À postura profética, severa e prescritiva dos mestres do Movimento Moderno, e sobretudo dos seus epígonos, seguiu-se uma atitude irônica, tolerante e de infinita curiosidade em relação ao existente. Robert Venturi, um dos primeiros a sustentar a nova orientação, e autor do que Jencks chama de primeiro antimonumento do Pós-Moderno, estudou o ambiente urbano de Las Vegas com o mesmo rigor filológico com que Letarouilly inventariou o Renascimento romano. Depois dele, vários arquitetos dedicaram-se à exploração dos vernáculos arquitetônicos remanescentes, principalmente daqueles surgidos nos últimos cinqüenta anos, e, a partir da observação das transformações feitas nas casas por seus inquilinos e proprietários, identificaram uma relação concreta e dinâmica entre os usuários da arquitetura e os produtos arquitetônicos nos quais vivem sua experiência cotidiana.

Desta atenção renovada pela arquitetura como produto coletivo nasceu uma compreensão bem mais profunda do fenômeno cidade e uma direção de pesquisa que, após um longuíssimo intervalo de silêncio, restituiu a palavra à arquitetura mediante a reapropriação da metáfora, do símbolo, da capacidade de plasmar-se não só sobre as idéias abstratas, mas sobre o gosto e a sensibilidade das pessoas, e não só para aceitar, obviamente, mas também para criticar e discordar, partindo sempre porém do conhecimento e da compreensão dos códigos mais difundidos.

Jencks identifica os expoentes do Pós-Moderno não como integrantes de um movimento organizado, mas como criadores de um novo clima e participantes de uma nova onda emergente, a despeito da diversidade das suas orientações pessoais. Ao lado de Venturi e Charles Moore, Robert Stern, Stanley Tigerman e Thomas Gordon Smith, Jencks coloca arquitetos como Lucien Kroll, Ralph Erskine, Peter Eisenman, Lluis Clotet e Oscar Tusquets, Andrew Derbyshire, Aldo van Eyck e Theo Bosch: um conjunto de arquitetos que atestam uma abertura de horizonte nada estreita. Suas obras são interpretadas como sintomas, primeiros indícios de uma transformação que terá como campo de ação os anos 80.

> Podemos imaginar a futura geração de arquitetos utilizando com maior confiança a nova linguagem eclética, escreve Jencks. Esta se assemelhará mais ao *Art Nouveau* que ao *International Style*, uma vez que incorporará, do primeiro, sua rica trama de referências heterogêneas, sua grande disponibilidade para a metáfora, seus signos escritos, sua "vulgaridade", seus símbolos e clichês, ou seja, toda a gama da expressão arquitetônica. Os arquitetos de hoje são os primitivos de uma nova sensibilidade.

6. O *STAR SYSTEM* E A CRISE DO ESTATUTO FUNCIONALISTA

Tão logo o "estatuto funcionalista" foi promulgado, no final dos anos 20, uma forte onda reacionária ameaçou suas conquistas, pelo menos em algumas partes onde ele havia sido concebido. Com efeito, o alastramento dos regimes fascistas na Europa nos anos 30, a crise política das democracias que se seguiu à crise econômica de 29, e a involução do regime soviético após a morte de Lênin, interromperam parcialmente o processo de generalização das conquistas da nova arquitetura e puseram fim à ilusão de um bom número de intelectuais: ver suas idéias adotadas oficialmente pela União Soviética, o único Estado moderno nascido da socialização dos meios de produção.

Não menos dramático foi o episódio da República de Weimar, cadinho das pesquisas mais avançadas e campo de experimentação da articulação entre a nova arquitetura e o reformismo socialdemocrata. Em seguida à tomada do poder pelos nazistas, a arquitetura moderna foi inscrita, em bloco, na categoria de *arte degenerada*, e o novo regime dela conservou apenas os aspectos considerados compatíveis com seu programa ideológico.

Também nos regimes democráticos ocidentais o estatuto funcionalista foi recebido com desconfiança, e sua aplicação limitada aos setores da construção pública e privada, carentes, por sua própria natureza, de exigências representativas e simbólicas.

Todavia, pode-se dizer que se tais dificuldades políticas – sobretudo a reação de rejeição por parte dos regimes mais reacionários –

retardaram a ascensão da arquitetura moderna, também beneficiaram a sua causa, ao fazê-la surgir, no mundo apenas saído do pesadelo da Segunda Guerra Mundial, como o símbolo do progresso paralelo da democracia, da tecnologia e da indústria, no qual se concentraram as esperanças dos homens.

Sem encontrar mais resistências à sua mensagem de austeridade, a arquitetura moderna foi então posta à prova pelos grandes problemas da reconstrução e da reorganização da produção, que permitiram que realizasse seus modelos ideais (mesmo que parcialmente e com grandes limitações do ponto de vista técnico e econômico) e, sobretudo, tomar o mundo como campo de experimentação, bem ao gosto da sua vocação internacionalista. Se havia desconfianças quanto à incapacidade da nova prática e da nova linguagem para assumir tarefas representativas e simbólicas, estas caíram por terra diante da derrocada dos mitos e dos símbolos do *Ancien Régime*. A ausência de símbolos de poder que não aqueles regidos por valores econômicos e de eficiência produtiva respondia perfeitamente à nova ideologia do Estado nos países industrialmente mais avançados, onde já não se impunha a necessidade de separar as esferas de ação do poder econômico e do poder político.

A ascensão irresistível do estatuto funcionalista ocorreu, portanto, no segundo pós-guerra, e perdurou até o final dos anos 60 num clima de euforia e de agressividade que perpassou o poder econômico e burocrático. E a arquitetura moderna – que na sua primeira fase, quando se exprimia no estilo 1930, havia assumido a elegância diáfana e a qualidade sem ostentação próprias do estilo de vida da alta burguesia mais refinada – foi forçada a revestir-se rapidamente dos hábitos vulgares e da prepotência insolente dos novos-ricos, dos protagonistas do *boom* econômico e da especulação selvagem, tanto fundiária quanto imobiliária.

A crise ideológica do Movimento Moderno, todavia, tivera início bem antes do enganoso triunfo do estatuto funcionalista. De 1880 a 1914, ao longo de uma infância difícil, em que manteve o caráter pluralista das várias propostas dissonantes, sem dispor de um objetivo preciso em termos de linguagem, a cultura do Movimento Moderno havia se configurado como uma cultura da crise: crise da burguesia diante da falência dos seus ideais subseqüente à sua conquista do poder e crise da sociedade civil como um todo – uma sociedade submetida pela generalização dos processos produtivos industriais a uma revolução radical e sem precedentes na história, e à qual os pioneiros do Movimento Moderno se referem como uma máquina enlouquecida, cujos mecanismos é preciso compreender, para retomar-lhe o controle.

É só depois do parêntese da Primeira Guerra Mundial e dos primeiros anos do pós-guerra, marcados pela utopia romântica dos expressionistas, que a cultura do Movimento Moderno torna-se triunfalista e assume uma função histórica palingenética e equilibradora. "Arquitetura ou revolução", afirma Le Corbusier; arquitetura para realizar a justiça e a igualdade, afirmam os racionalistas; arquitetura para exprimir e fazer triunfar o "espírito do tempo", o *Zeitgeist*.

Na acepção de Gropius, a nova arquitetura não representa um "estilo" moderno, mas a superação da própria idéia de estilo. Processo técnico e processo estético tendem, então, a identificar-se, livrando a pesquisa arquitetônica de qualquer desvio ou erro: a construção correta, o ato arquitetônico coerente com o sistema produtivo, adquire valor próprio e absoluto. Esta ideologia metafísica da arquitetura como "verdade" permite ao estatuto funcionalista firmar-se num dos momentos mais dramáticos da história mundial, enquanto a irracionalidade é desencadeada pela política autoritária das ditaduras fascistas e uma guerra de dimensões imprevisíveis pulveriza os precários equilíbrios políticos no mundo inteiro. A promessa de uma racionalidade absoluta, de uma conexão sólida e permanente com o desenvolvimento do sistema industrial, torna a alva arquitetura volumétrica dos mestres racionalistas a "substância das coisas desejadas": o símbolo de um apelo desesperado pela reconversão do mundo à razão e à fraternidade.

Na América, após o desastre econômico de 29, o Estilo Internacional suplanta o modernismo simbólico da escola nova-iorquina que havia oferecido à última etapa do capitalismo heróico uma linguagem de uma complexidade fascinante; e o suplanta tornando-se, uma vez mais contra as intenções de Gropius, um "estilo": um repertório de formas e significados prontamente adotados pela alta burguesia financeira e industrial por sua "nobre" promessa de austeridade – uma austeridade para todos, tão necessária para consagrar uma nova aliança com os trabalhadores, em nome do patriotismo industrial.

Este patrimônio de certezas reconfortantes – e suficientemente ambíguas para favorecer acordos e alianças baseadas no equívoco – é colocado em crise, antes da guerra, por dois mestres, Aalto e Wright, que reivindicam o "prazer da arquitetura" e a necessidade de arbítrio poético. Sua heresia, porém, é tolerada como um desvio marginal, de modo tal que todo o esforço dos historiadores consistirá em incluir no seu discurso também estas exceções que "confirmam a regra". No pós-guerra, a arquitetura moderna será apresentada em livros de grande repercussão tais como *Space, Time, Architecture*, de Giedion, e *Storia dell'architettura moderna*, de Zevi, como um verdadeiro *star system*, em que os mestres cumprem papéis bem definidos e, em todo caso, intercambiáveis, e oferecem repertórios lingüísticos a serem adotados ou embaralhados.

Durante anos, o dilema dos que produzem arquitetura, e não somente no nível menos erudito, será: "Wright ou Le Corbusier?", incluindo-se aí toda a carga de rivalidade induzida por ciúmes e disputas inúteis, típicas do fanatismo das torcidas de futebol.

Já no início dos anos 50, porém, as duas almas do Movimento Moderno, forçadas a um convívio provisório – a profética e fervorosa e a analítica e reflexiva – começam a afrontar-se, e surgem os primeiros sintomas de uma desagregação iminente. As primeiras testemunhas sensíveis a este descolamento são justamente os mestres, cansados de desempenhar um papel (a eles atribuído pelos historiadores) que os eleva a símbolos, alijando-os da natureza mutante da condição humana. Le Corbusier deixa seus discípulos atônitos quando ergue sobre uma colina dos Vosges a capela de Ronchamp, na qual parece querer livrar-se também do ideal de laicidade iluminista que se supunha indissociável da figura do homem; Wright escandaliza ao citar Sullivan na fachada de uma floricultura em São Francisco, e mais ainda, ao recuperar colunas e capitéis cúbicos no projeto para a grande Bagdad; Gropius projeta a embaixada americana em Atenas inspirando-se explicitamente nas ruínas do Partenon.

Nos anos 30, Jacobus Pieter Oud havia sido severamente repreendido por ter projetado um edifício "demasiadamente agradável" para a Shell, no qual se evidenciavam tímidas decorações – indicando um processo de desvio semelhante àquele celebrado, também naquele momento, em relação à ortodoxia marxista. Nos anos 50, o debate envereda por outros caminhos; torna-se mais flexível e menos rigoroso, muito embora não comporte ainda questionamentos relevantes acerca da continuidade de desenvolvimento do Movimento Moderno.

Passados vinte anos, ao rever a produção crítica, e especialmente a produção arquitetônica da época, parece certo dizer que o principal motivo da fissura e da fragmentação da ortodoxia do estatuto funcionalista reside na sua relação com a história e com a memória coletiva. Os mestres são os que têm menos escrúpulos em apegar-se ao fruto proibido e repropor um comércio com a memória que eles mesmos haviam conscientemente interrompido. No convento de La Tourette, Le Corbusier transcreve a estrutura espacial do convento de Thoronnet e evoca a magia dos seus contrastes luminosos; em Chandigarh, recupera a seqüência de grandes arcos das termas romanas e a conjugação de ordens arquitetônicas do *Campidoglio* de Michelangelo. Wright, por sua vez, diverte-se desmontando o seu próprio personagem, classificado pelos historiadores em períodos. Movendo-se livremente na sua biografia, ele recupera o seu estilo pessoal e as suas inspirações históricas, do Japão aos maias, e, mais ou menos conscientemente, reata com a pesquisa espacial barroca em algumas das obras que tomam por tema o círculo. Até a geração intermediária perde a timidez e busca fundamento no retorno à expressividade e ao simbolismo. Através de algumas obras exemplares, Saarinen e Tange remodelam as formas estruturais com certa nostalgia expressionista. Na capela do MIT em Cambridge, Massachusetts (1950-55), por exemplo, Eero Saarinen propõe um retorno à técnica da construção em alvenaria e instala um dispositivo de iluminação teatral e de materialização dos raios luminosos derivado da capela Cornaro de Bernini.

Um papel fundamental na aceleração do afastamento da ortodoxia modernista foi desempenhado por Philip Johnson, hoje unanimemente considerado o patriarca do Pós-Modernismo. Em 1932, Johnson cunhara, com Russell Hitchcock, a fórmula do *International Style*, reconhecendo a natureza estilística – e portanto, relativa e transitória – da linguagem dos mestres do funcionalismo na Europa. Como colaborador de Mies van der Rohe no projeto do Seagram Building, Johnson participara também da definição de uma das obras-primas indiscutíveis da arquitetura mais ortodoxa. Por tais circunstâncias, adquiriu particular relevância a sua corajosa declaração do início dos anos 60, quando decretou o "fim da arquitetura moderna".

Escrevendo a Jurgen Joedicke em 1961, depois de ter lido a sua *Storia dell'architettura moderna*, Johnson afirma:

> Só há uma coisa absoluta hoje: a mudança. Não existem regras nem certezas absolutas em nenhum dos domínios artísticos, apenas uma extraordinária sensação de liberdade, infinitas possibilidades e um passado ilimitado de grandes arquiteturas a serem exploradas.
>
> Não estou preocupado com um novo ecletismo. Mesmo Richardson, que se considerava um eclético, não o era de fato. Um bom arquiteto fará sempre uma obra original. Um mau arquiteto faria uma péssima obra "moderna", assim como faria uma péssima obra (ou seja, de imitação) com as formas históricas.
>
> Para mim, a honestidade estrutural é um daqueles pesadelos infantis dos quais precisamos nos livrar o mais rapidamente possível...
>
> Sou suficientemente velho para ter usufruído plenamente o estilo internacional e ter atuado no seu âmbito com a maior satisfação. Ainda acredito que Le Corbusier e Mies sejam os maiores arquitetos vivos. Mas hoje tudo muda tão depressa! Valores antigos estão sendo difundidos novamente, agora com uma velocidade tão vertiginosa quanto eletrizante. Longa vida à Mudança!
>
> O perigo que o senhor vê num ecletismo acadêmico estéril não existe. O perigo está, ao contrário, na esterilidade da sua Academia do movimento moderno.

São palavras proféticas, nas quais já se identifica o risco de um esgotamento, associado ao esforço de manter um *movimento* vivo artificialmente, transformando-o numa série de convenções estáticas. Na sua arquitetura, Johnson toma conhecimento da nova situação mas segue à distância, tal qual uma testemunha imparcial, desde as incertas experiências do historicismo amaneirado de Yamasaki, Stone e Johansen, até a grande parábola de Kahn e as pesquisas de seus alunos, de Venturi a Moore e do grupo New York Five. Cada um dos seus últimos arranha-céus é o ponto de chegada de uma oscilação contínua e dá testemunho da estratégia de quem refuta a idéia de "reentrar nos eixos", mesmo nos do Pós-Modernismo. Assumindo uma postura de "respeitável ancião", Johnson mostra-se pronto a defender as novas experiências anticonformistas, mas decidido a não se deixar envolver por novos mitos e ilusões.

7. A ITÁLIA EM RETIRADA

> A perda do passado, coletivo ou individual, é a grande tragédia humana; e o nosso passado, nós o desprezamos como um menino dilacera uma rosa.
>
> SIMONE WEIL, *A primeira raiz*, 1949.

A experiência que mais explicitamente se afastou da ortodoxia moderna ocorreu, surpreendentemente, no âmbito da cultura italiana. Em razão de seus antecedentes históricos, a arquitetura italiana transformou-se, no final dos anos 40, no alvo das atenções dos críticos. Entendia-se que a Itália, finalmente livre do fascismo que tanto condicionara o movimento racionalista, patrocinando-o primeiro e depois forçando-o ao compromisso e à rendição, teria se tornado o lugar ideal para o desenvolvimento disciplinado das hipóteses mais gerais do Movimento Moderno europeu. Foi nas páginas da *Architectural Review*, então a revista mais influente na Europa, que a cultura inglesa, em mais de uma ocasião, manifestou tal expectativa e esperança, acolhendo com curiosidade e satisfação os primeiros produtos da reconstrução italiana – iniciada com notável atraso entre 1947 e 1950, em razão das dificuldades políticas e econômicas que agitavam o país.

A desilusão, contudo, seria maior que o entusiasmo inicial, como demonstra o violento anátema lançado por Reyner Banham em 1957, num artigo publicado justamente na *Architectural Review*, no qual faz referência à "retirada da Itália do *front* do Movimento Moderno" e à "regressão infantil" da cultura arquitetônica italiana. Do ponto de vista histórico, o ataque provavelmente constitui um *unicum*, e resume o clima de intolerância e dogmatismo da crítica militante do Movimento Moderno. A condenação, enunciada com o rigor de um tribunal da Inquisição, acometeu a cultura de todo um país com base numa única acusação: a de ter-se afastado da verdade revelada pela tradição moderna.

Afinal, o que havia ocorrido de tão sintomático na Itália contraditória e plena de vitalidade do início dos anos 50? Um jovem estudioso que quisesse conhecer em detalhes os fatos e seus antecedentes teria que recorrer a jornais e revistas de época, consultar arquivos, ouvir e confrontar depoimentos, exatamente como se faz para elucidar um crime num livro de suspense. A nenhum dos historiadores da arquitetura contemporânea pareceu oportuno examinar cuidadosamente o caso cultural italiano, mesmo porque a perspectiva que teria ajudado a compreendê-lo, de "liberação do Movimento Moderno", ainda está por ser intentada. Ainda assim, o caso italiano comporta acontecimentos significativos, inclusive por conta dos conflitos desencadeados entre críticos e teóricos, de um lado, e arquitetos, de outro. E, como costuma ocorrer com freqüência, também neste caso a crítica mostrou-se atrasada em relação à prática da arquitetura; menos estimulante e incrivelmente enérgica na repressão às novas agitações e na instituição da ordem.

Uma vez que não é nosso objetivo reconstruir pormenorizadamente os acontecimentos, mas articulá-los numa visão de conjunto, limitar-nos-emos a evocar os episódios do caso italiano que nos parecem mais significativos. Para tanto, convém passar em revista as forças em campo, antes de estudar suas relações e movimentos e distinguir os dois centros culturais – Roma e Milão – que apresentam analogias apenas aparentes.

Comecemos por uma força passiva mas operante, sobretudo no plano profissional: a dos "acadêmicos", aquele grupo de arquitetos que durante o fascismo manteve uma posição dominante – quer nas universidades, quer na esfera do poder –, adaptando-se aos componentes políticos do gosto. Entre estes estão arquitetos de talento como Piacentini, Del Debbio, Foschini, em Roma; Muzio e Portaluppi, em Milão; todos, com exceção de Muzio, tornados agentes da construção a serviço do regime, à custa do sacrifício progressivo e inevitável das suas verdadeiras paixões culturais e das suas pesquisas pessoais.

Ao grupo dos acadêmicos contrapunha-se, primeiro frontalmente, depois de modo cada vez mais indireto, o grupo dos "racionalistas", liderado por Pagano, então diretor da revista *Casabella*. A morte de Pagano, que abrira os olhos para o fascismo somente durante a guerra, e a de Terragni, o mais talentoso e coerente dos jovens, deixaram o *front* dos racionalistas substancialmente acéfalo e atormentado por ter cedido à virada involutiva do "gosto fascista" – ocorrida em 1937 sob a influência das coordenadas nazistas e materializada nos mármores e travertinos do novo centro de Roma, o E 42 (mais tarde chamado de EUR), onde os arcos e as colunas voltaram à cena, sob a direção de Piacentini.

Abalado pelas perdas sofridas, mas fortalecido pelas novas gerações, o *front* dos racionalistas teve seu epicentro em Milão, e articulou-se, no pós-guerra, no chamado MSA*. Enquanto este grupo assumia a tarefa de preservar e levar adiante a herança das lutas pela renovação da arquitetura ocorridas nos anos 30, o grupo da Associação para a Arquitetura Orgânica tomava para si uma tarefa em larga medida alternativa. Nascido em Roma, o APAO era fruto da convergência de um pequeno grupo de arquitetos romanos que haviam batalhado pela arquitetura moderna e de alguns jovens – dentre os quais Bruno Zevi. Zevi estudara na Faculdade de Arquitetura de Roma nos anos sombrios anteriores à guerra e tornava à Itália, após o parêntese das perseguições raciais, para empenhar-se na luta clandestina, trazendo na bagagem a experiência de um período vivido nos Estados Unidos durante o qual, estudando com Gropius, havia sido iniciado no culto a Frank Lloyd Wright. Pois a APAO ergueu a bandeira wrightiana da arquitetura orgânica e recobriu-se, em mais de uma ocasião, da aura profética e otimista do pioneiro americano, a ponto de levar seus adeptos a subscrever uma espécie de juramento que, sob certos aspectos, remete à *Giovane Italia* de Mazzini.

A ação cultural de Zevi, inicialmente inscrita no projeto severamente analítico dos primeiros anos de *Metron*, foi sintetizada anos mais tarde num pequeno livro cujo título retoma a obra teórica mais conhecida de Le Corbusier, *Vers une architecture*. *Verso una architettura organica* (esboço da "História da arquitetura moderna" que Zevi escreverá alguns anos depois) apresenta-se como catalisador de uma tendência inspirada antes nas frágeis formulações teóri-

---

* Movimento Studi di Architettura (N. da T.)

cas de Wright do que na sua experiência concreta de arquiteto. Tal tendência é apontada mais como superação que como alternativa ao racionalismo carimbado com a marca derrisória das "esquadras racionalistas".

Nos primeiros quinze anos após a guerra, as relações entre as três forças em campo – representadas pelos acadêmicos, os racionalistas e os orgânicos – seguem movimentos calculados, tal como numa partida de xadrez; longe de chegar a um resultado conclusivo, porém, esses movimentos apenas demonstram a capacidade de cada uma das partes de neutralizar as demais. Os acadêmicos mantêm o poder na Universidade e nas instituições, embora aceitem como vencedoras as hipóteses do Movimento Moderno, em sua versão acrítica e pluralista; os racionalistas opõem-se à "americanização" da tendência orgânica, mas aos poucos absorvem as críticas e reivindicam para si a prioridade da autocrítica no interior do funcionalismo (autocrítica que levou à redescoberta da tradição camponesa por Pagano, na Trienal de 1936). Quanto aos orgânicos, sua *vis polemica* e sua coesão interna consomem-se rapidamente.

Agressiva e autoconfiante, a ação cultural de Zevi não se consubstancia em obras arquitetônicas capazes de instaurar uma prática nova. As primeiras experiências concretas do seu grupo reproduzem, sem grandes novidades, a morfologia anódina da construção corrente, nascida da corrupção da linguagem racionalista: uma ou outra superfície inclinada, alguns ângulos agudos ou obtusos. Zevi havia se colocado em guarda contra a imitação da linguagem tão pessoal e única de Wright; todavia, a tradução de fórmulas verbais em arquitetura sempre foi uma operação difícil, e, diante dos produtos da tendência orgânica tomados como exemplos na sua "História da arquitetura moderna", de 1953 – um restaurante em Sabaudia, edifícios medíocres que hoje dificilmente se distinguem da esqualidez das periferias –, salta aos olhos uma certa sensação de fracasso.

Com a dissolução da APAO e a crise do MSA, mingua a proposta de reunir os grupos culturalmente mais ativos numa única vertente dominante. Tem início então uma série de experimentações práticas, em que sobressaem as personalidades de alguns arquitetos: Albini, Gardella, o grupo BBPR, Michelucci, Ridolfi, Scarpa. De modo autônomo, cada um desses arquitetos oferece uma contribuição fundamental à definição de uma "linha italiana", cujo valor e significado talvez só possam ser reconhecidos hoje, quando contrapostos às tendências pós-modernas. Uma geração de arquitetos recém-formados promoveria esta linha de pesquisa, sobretudo na região padana*, chegando a delinear uma tendência programática – o Neo-Liberty –, destinada a ser liquidada por um processo de intolerância sumária.

O tema da memória emerge na arquitetura dos mestres italianos nos anos iniciais da reconstrução, e seus primeiros sinais podem ser encontrados na paixão, cultivada por Pagano, pelos modelos da cultura camponesa. A casa para um viticultor, de Gardella (1945), as feitorias de Ridolfi (1946) e a igreja na Colina de Michelucci (1946) constituem ecos distintos da arquitetura que a experiência racionalista tornou possível. São três obras convergentes nascidas de três biografias distintas: Gardella, criticando a abstração racionalista do seu interior, segue a mesma orientação estritamente pessoal que lhe havia permitido inserir em elegantes estruturas geométricas uma trama de materiais ao mesmo tempo singelos e eloqüentes, indissociáveis da tradição artesanal; Ridolfi, após um período de aprendizado acadêmico, atravessado por um arroubo metafísico e neobarroco do qual reemergiram valores expressionistas (colhidos durante uma significativa viagem de estudos à Alemanha), havia construído em Roma, às vésperas da guerra, um pequeno edifício de rigor loosiano. Já Michelucci, com a estação ferroviária de Florença, tinha realizado, no período anterior à guerra, o exemplar mais válido e apreciado da arquitetura monumental dos anos negros do fascismo; e tinha-o feito numa linguagem em tudo estranha ao repertório asséptico da linguagem internacional, recorrendo a um material novo, o vidro, em termos expressivos e simbólicos muito mais próximos da cultura alemã dos anos 10 – do pavilhão de Taut àquele de Gropius – que dos panos de vidro de Le Corbusier. Em Michelucci, a adesão ao regionalismo havia sido filtrada tanto por sua fortíssima ligação com a Toscana e seu universo de experiências arquitetônicas quanto por sua relação mais direta e, por conta da sua geração, compromissada, com o grupo dos acadêmicos; relação essa que o havia conduzido, justamente durante a guerra, a uma série de experimentações de tom provinciano.

* Região do vale do rio Pó, no Norte da Itália.(N. da T.)

A convergência desses três personagens tão diversos com relação à questão da memória, nos primeiros anos do pós-guerra, demonstra a existência de uma vertente cultural bastante compreensível num país em declínio, que passou da falsa soberba e dos projetos megalômanos, dignos de um imperialismo provinciano e retardatário, à luta dramática pela sobrevivência. É fácil reconhecer nestas imagens o mesmo impulso que havia conduzido ao "Neo-Realismo" cineastas como Rossellini, De Sica e Visconti. De resto, as datas confirmam o paralelismo entre a evolução da arquitetura e do cinema; coincidem até mesmo seus períodos de incubação, marcados pela elaboração de obras inovadoras, antes da guerra.

A tese segundo a qual tais obras seriam decorrentes de uma certa inclinação pela posição dos acadêmicos, e conseqüência direta, portanto, da polêmica antimoderna – tese esta que toma corpo no final dos anos 30, sob influência do Neoclassicismo hitleriano – não tem consistência crítica nem é condizente com os dados factuais. Na verdade, os acadêmicos, em geral pouco sensíveis ao vernacular, haviam propugnado um internacionalismo tão dissociado das realidades ambientais quanto o próprio Estilo Internacional. Em função de uma espécie de complexo de culpa, tal orientação havia se transfigurado, no pós-guerra, na aceitação acrítica da prática profissional mais neutra.

Aqueles que, como eu, freqüentaram a universidade justamente nesse momento, e tiveram como professores os velhos protagonistas da cultura acadêmica, são testemunhas da desconfiança com que o recurso à memória, tal como proposto por Ridolfi, Gardella e Albini, era visto no meio dos acadêmicos, e quase sempre interpretado como um atraso ou uma revanche por parte de alunos rebeldes. No concurso para a estação ferroviária de Roma, por exemplo, um dos membros do júri – autor de alguns edifícios no mais puro estilo "mussoliniano" – contribuiu decisivamente para evitar a vitória da equipe Ridolfi-Quaroni ao afirmar que seu projeto inspirava-se formalmente na cobertura abobadada das Termas de Diocleciano, localizadas nas imediações. Para quem havia mantido uma relação mecânica e redutiva com a história, fundada na simplificação e na "estilização" de modelos derivados do século XIX, o recurso à memória, feito de alusões sutis entrelaçadas em "filigrana", com o objetivo de despertar etimologias e estruturas familiares no âmbito da memória coletiva, parecia um intelectualismo tão incompreensível quanto havia sido o racionalismo, dez anos antes.

Pode-se compreender a incomunicabilidade entre os dois *fronts* quando se considera que os acadêmicos haviam se aferrado às suas evocações imperiais com o mesmo espírito com o qual se renderam, após a queda do fascismo, ao tecnicismo neutro do Estilo Internacional. Em ambos os casos, a escolha havia recaído sobre uma arquitetura do consenso, ao passo que os arquitetos mais sensíveis, esforçando-se por localizar raízes na história e no ambiente, reiteravam sua discordância com relação ao suposto triunfo – já então gratuito e improdutivo – da ortodoxia modernista.

Até que ponto os esforços convergentes dos representantes daquilo que podemos chamar de "escola italiana" anteciparam e prefiguraram os caminhos de saída do Movimento Moderno que, mais de vinte anos depois, permitiriam a identificação de uma cultura arquitetônica pós-moderna? Charles Jencks, o primeiro historiador a enfrentar este argumento de modo sistemático, conforme já dissemos, reconhece o papel precursor das pesquisas italianas, mas não deixa de agrupá-las, na sua *Evolutionary tree*, sob o rótulo do Neo-Liberty. Entretanto, antes ainda que tal tendência surgisse, incitada pelas novas gerações, já existia uma orientação concorde, fato que pode ser comprovado fazendo justamente uso de algumas das categorias propostas por Jencks: *contextualism*, retorno à decoração e historicismo eclético.

Com relação ao *contextualism*, obras como a Bolsa de Valores de Michelucci, em sua primeira versão, a casa de Zattere, em Veneza, de Gardella, e o projeto para a estação ferroviária de Roma, de Ridolfi e Quaroni, são experiências sintomáticas; nelas, o reflexo de certos fatores ambientais traduz-se na contaminação consciente dos elementos do léxico tradicional pelos métodos e elementos típicos da linguagem moderna. O objetivo, nestes casos, não é o *pastiche* ou o *revival*, mas a consonância velada: a ambientação.

A contextualização e, portanto, a busca do diálogo entre diversos e de uma relação de consonância-dissonância com o ambiente tendem subitamente a expandir-se, para além da aproximação material entre arquitetura nova e ambiente antigo, através da recuperação de uma certa presença "histórica". Dão testemunho deste processo obras como a Casa Veritti de Scarpa, impregnada de lembranças venezianas; o conjunto Mangiagalli em Milão, de Gardella e Albini; os conjuntos habitacionais Ina-Casa de Ridolfi, em Cerignola e Treviso. Do mesmo modo, experiências neovernaculares de grande maturidade unem-se à recuperação de memórias primordiais na busca de uma "aura" renovada, tal como no Tesouro de S. Lourenço de Albini, inspirado na morfologia dos *nuraghi**, em que a motivação funcionalista é subvertida pelo potencial fortemente evocativo das formas.

A atitude eclética manifesta-se igualmente no abandono da unidade autobiográfica das obras e da coerência do estilo pessoal, aspirações do *star-system* nos anos 30. Noutras palavras, as diversas experiências relacionam-se mais aos lugares que ao desenvolvimento de hipóteses pessoais.

Não menos significativa é a contribuição italiana à redescoberta do ornamento. Os edifícios da avenida Etiópia de Ridolfi, obra-prima do neo-realismo arquitetônico, reintroduzem motivos decorativos inspirados nos tapetes expostos nas janelas das casas durante as tradicionais cerimônias civis e religiosas (Ridolfi declarou tê-los deduzido de uma casa setecentista de Marino, onde os drapeados da decoração provisória pareciam "congelados" no estuque). Luigi Moretti, outro expoente da cultura da "evocação da memória", recorreu, no pequeno edifício de Girasole, em Roma, ao claro-escuro da bossagem para dar sentido à matéria ainda virgem, aproximada por contraste aos volumes puros de herança racionalista. E, numa casa em S. Marinella, recuperou o valor da modenatura nos sulcos horizontais que emergem sob o revestimento do volume cilíndrico. A Moretti deve-se também a proposta teórica em favor de uma leitura provocativa e instigante dos monumentos antigos, baseada na transformação dos espaços internos em volumes; proposta essa que foi responsável pelo abandono dos significados e valores lingüísticos "literais" e, por conseguinte, pela utilização autônoma das estruturas formais do passado – que, como tal, será importante também para Louis Kahn.

Já fizemos notar que a produção da escola italiana, tal qual se delineia através destas considerações, nunca foi sustentada por uma crítica própria. Bruno Zevi, que havia contribuído decisivamente

---

* Construções pré-históricas, em forma cônica, características da Sardenha. (N. da T.)

para enfatizar a obsolescência dos dogmas funcionalistas, passou da prudência à hostilidade em relação aos resultados "neo-realistas" da pesquisa de Mario Ridolfi; este, duramente criticado tanto por suas "tentações" vernaculares quanto pelos componentes políticos (a teoria gramsciana da cultura nacional-popular, contraposta à vanguarda) que haviam amparado as suas escolhas metodológicas. Nesta, como em outras ocasiões, Zevi rejeitou os produtos mais corajosos e fecundos da sua própria doutrina. Que outra coisa poderia resultar do fato de erigir como norma suprema o exemplo wrightiano, senão o esforço de refazer todo um percurso criativo a partir da natureza e da tradição dos lugares? Na realidade, a ótica wrightiana só é aceita por Zevi através do preconceito funcionalista da "partenogênese", ou seja, da idéia de uma arquitetura renascida do esforço fundador da vanguarda histórica e condenada a não olhar para trás, sob pena de transmutar-se na alegoria bíblica da estátua de sal. De fato, o drama verdadeiramente bíblico de Zevi está na impossibilidade de conciliar esta certeza com o exercício cotidiano – e platônico – da história.

Se Zevi tolerou, ainda que com reservas, a arquitetura à qual nos referimos, fazendo algumas concessões à qualidade intrínseca de certas obras, ele recusou por completo as manifestações do Neo-Liberty que assinalaram a entrada em campo de uma nova geração: a dos arquitetos nascidos entre 1925 e 1932 e formados no ambiente do pós-guerra, para quem a luta pela arquitetura moderna e suas "vicissitudes políticas" eram vagas recordações de infância; noções adquiridas, não sem alguma desconfiança, através dos relatos de seus irmãos mais velhos. Uma geração "nascida com a caneta na mão", ansiosa por reescrever a história, por rediscutir e dessacralizar a perspectiva unitária e conciliatória do Movimento Moderno, abonada pelos historiadores e feita de contínuas superações e de conquistas definitivas e inquestionáveis.

A clamorosa explosão do Neo-Liberty, que logo tornou-se um "caso" internacional, deve-se a uma edição da revista *Casabella*, então dirigida por Rogers. No número 215 da revista foram publicadas, pela primeira vez, as obras de um grupo de arquitetos turineses – Roberto Gabetti, Aimaro Oreglia d'Isola e Giorgio Raineri –, dentre as quais a célebre *Bottega di Erasmo*, um edifício escondido numa rua de Turim, ao pé da "*mole antonelliana*", onde, num contexto vagamente ligado à cultura construtiva do Piemonte, surgiam citações e ecos explícitos da escola de Amsterdam, em particular de De Klerk. A revista incluía um comentário lúcido e intimista de Gabetti e Isola, um posicionamento distante de Vittorio Gregotti e um discurso enfático e paternalista de Rogers, que tornavam bastante evidentes as diferentes visões das duas gerações. Os turinenses não se reportavam à sua obra em tom de manifesto ou como uma tendência, mas como o retorno à arquitetura como instrumento de compreensão e autoconhecimento – em última instância, como uma escolha deliberada e pessoal.

A despeito de sua atitude esquiva e desprovida de retórica, os turinenses não conseguiam esconder a importância e o significado do seu gesto, no sentido de romper com a cultura do Movimento Moderno, já então na defensiva. Explorando o patrimônio dos pioneiros do Movimento Moderno, a *Bottega di Erasmo* e o conjunto de experiências e pesquisas que a acompanharam – no qual ocuparam lugar importante arquitetos como Guido Canella, Vittorio Gregotti, Francesco Tentori e, em posição independente, o próprio Aldo Rossi – ampliaram em muito a esfera de ação da "escola italiana", livrando-a do equívoco de um diálogo virtual com a história, a partir do interior da ortodoxia modernista. Visto que o Movimento Moderno se arrogara a imagem de uma estrutura orientada, passível de crescimento graças à sobreposição de experiências, a reciclagem das suas experiências iniciais passou a significar uma ameaça à sua própria estrutura piramidal, fazendo desmoronar, ou melhor, constatando o desmoronamento da sua frágil constituição teórica. Através de ações isoladas e aparentemente incoerentes, mas relacionáveis *a posteriori* a um projeto consumado, ocorria ao mesmo tempo em todo o mundo, graças à contribuição de várias gerações, dos grandes mestres aos jovens, uma virada decisiva: a arquitetura moderna, que a utopia construtivista havia afastado de toda raiz natural, era restituída à história como uma fase de um processo dialético infinito e irrefreável. Na gênese desta operação, além dos mestres, teve papel determinante a cultura italiana; contrariamente ao que supunha Banham, ela ainda não sofria de "regressão infantil", mas era movida por uma intuição e uma inquietação profundas.

A descoberta do bacilo do Neo-Liberty desencadeou uma série de reações antagônicas. Entre os mestres provocou, num primeiro momento, a aceleração e a intensificação da experiência historicista, depois um desligamento prudente e progressivo (que não era estranho ao duríssimo julgamento e à condenação inapelável pronunciada pela crítica oficial). Obras como a Torre Velasca, de Rogers, a Rinascente de Albini, a igreja de Gardella em Baranzate, o edifício na rua Circo, de Figini e Pollini, tiveram efeito estimulante e, em certa medida, libertador.

A passagem do primeiro projeto da Torre Velasca, que previa dois volumes monolíticos grotescamente sobrepostos, à solução definitiva, na qual a transição entre os volumes é resolvida pela estrutura extrudida, pelos contrafortes inclinados e pela solução plástica da grande cobertura, demonstra o novo clima cultural criado em torno da revista *Casabella* a partir de 1954, em que a troca de experiências e a influência recíproca entre Rogers e seus discípulos foram bastante intensas e produtivas.

Também a modificação no projeto de Albini para o edifício da Rinascente de Roma, embora não tão radical nem significativa, demonstra a predominância das preocupações ambientais sobre as questões estruturais e tecnológicas. Em sua versão final, o invólucro externo torna-se uma transcrição da ordem clássica, um capcioso e elegantíssimo comentário à estrutura trilítica e às virtualidades do claro-escuro decorrentes do processo de separação dos elementos estruturais. Albini observa a arquitetura da cidade, dela extrai seus elementos invariantes e os repropõe num texto novo, sempre atento a não abrir mão da justificativa tecnológica – mesmo se ao final a justificativa para os frisos verticais da fachada, semelhantes a uma colunata cega que encobre os dutos de ar-condicionado, adquira o significado de um álibi, uma manobra diplomática para neutralizar as críticas feitas em nome da ortodoxia.

O Neo-Liberty, fenômeno limitado à região padana (se bem que tenha tido ecos significativos, mais tarde, também em Nápoles, Florença e Palermo), não se assumiu como uma tendência, e tampouco teve à sua disposição uma revista. A própria *Casabella* deu ao violento ataque de Banham e da *L'architecture d'aujourd'hui* uma resposta evasiva e tímida, assinada por seu diretor, sem oferecer aos jovens protagonistas a possibilidade de manifestar-se em primeira pessoa. Quando, nos anos 60, os jovens milaneses e turinenses organizaram uma exposição de móveis que ainda podiam ser inscritos na poética do Neo-Liberty, sua intervenção já continha um tom defensivo e justificador, e o salto de escala da arquitetura à decoração era significativo: tornava patente sua recusa por constituir-se como uma tendência e seu receio de ter tomado um caminho "perverso", justificado, no dizer de Guido Canella, por "sentimentos de inquietação".

O que parece faltar ao espetáculo da arquitetura – escrevia Vittorio Gregotti no catálogo da exposição *Nuovi disegni per il mobile italiano* – [...] não é tanto o esplendor da luz quanto a incerteza da sombra. Um sorriso forçadamente otimista (quando não é o sorriso profissional do vendedor) parece apontar para a falsa clareza do objeto como única via de expressão possível, mas, no fundo, oculta sua incapacidade para a representação do erro e da incerteza que tangenciam a nossa troca cotidiana com nossos semelhantes.

Quem poderá se lamentar, quando recostado a uma de minhas cadeiras? Produzir uma peça de mobiliário tornou-se tão difícil quanto fazer um quadro para decorar uma sala; é impossível, em todo caso, fazê-lo com espírito cândido, sem sentir-se envergonhado. Na decoração de uma casa, ou trabalha-se com os elementos dados (a poltrona, a mesa, o espelho, a cama, a televisão) ou procura-se representar um fato. E se a representação termina numa farsa, não esqueçamos que os bufões sempre desempenharam o papel de mediadores entre os mortais e as forças do destino.

À pureza da cadeira em tubo metálico cromado (que representa, ao mesmo tempo, o ato criativo e sua solução técnica definitiva) sobrepõe-se o desejo absurdo de uma imagem incessantemente renovada, que subestima a utilização do objeto e seu envelhecimento, enfatizando mais sua gênese que a possibilidade de dotá-lo de sentido e significado, quando atravessado pelo tempo e pelos acontecimentos.

Mais ou menos ao mesmo tempo que se desenrolava a polêmica sobre o Neo-Liberty, outros movimentos significativos podiam ser registrados no jogo entre as três forças em campo. Prestes a atingir o limite de idade na carreira universitária, os acadêmicos preparavam-se para deixar o campo e preocupavam-se com seu legado. Em Roma, a cátedra de Composição, disciplina-chave na conclusão do *iter* formativo, permanecia vaga, à espera de um sucessor para Foschini. Este, porém, não era um personagem facilmente substituível; apelidado de "o Cardeal" devido ao ar protetor e ao distanciamento que caracterizavam suas relações com os colegas e alunos, era conhecido por demonstrar equilíbrio e tolerância, e por orientar-se, na prática profissional, muito mais para a qualidade que para a quantidade, sem afastar-se da *aurea mediocritas*.

Depois de muita hesitação entre Adalberto Libera e Saverio Muratori, o segundo foi designado sucessor de Foschini. Embora fosse muito diferente do mestre, ele era considerado "mais nosso" pela sensibilidade dos acadêmicos. Libera, membro do "Grupo 8", era reconhecido como um dos pais do "racionalismo italiano"; ele havia sacrificado à causa seu gosto estritamente pessoal por uma arquitetura metafísica, feita de mágicas presenças de objetos, e no pós-guerra, enveredara por um experimentalismo que o havia levado a cultivar, na condição de docente, o recurso à utopia tecnológica. Já Muratori iniciara a carreira de arquiteto trabalhando com Ludovico Quaroni e Francesco Fariello e, após uma série de experiências um tanto significativas no âmbito racionalista, participara com seu grupo da grande rendição do EUR, tomando para si, com Luigi Moretti, o projeto da praça central: um exercício fora de escala, em que a referência ao neoclassicismo escandinavo não redime sua substancial incapacidade de dominar o tema.

De todo modo, em 1954, ao assumir a cátedra, Muratori está "fora do circuito" da cultura oficial. E, de fato, a maioria dos seus projetos não saiu do papel. Em Pisa, ele construiu uma igreja que permaneceu incompleta, na qual os temas do românico local foram transcritos com insólita sutileza para um espaço elementar e rarefeito que lembra as obras tão originais de Plechnick; em Bolonha, está construindo um edifício que se aproxima, na sua linguagem evocativa, das obras da "escola italiana". Todavia, ninguém, nem mesmo seus prudentes eleitores, espera que Muratori inaugure, a partir da sua cátedra, uma atitude de rejeição à tradição do Movimento Moderno, e faça do seu curso não apenas uma denúncia teórica da crise da arquitetura, mas também uma proposta de refundação *ab imis* da teoria e da prática arquitetônica, embasada numa ambiciosa teoria "científica" do desenvolvimento urbano como desenvolvimento tipológico.

Os primeiros cursos de composição propostos por Muratori guardam o fascínio da heresia. Do seu sistema fechado e vinculatório – diametralmente oposto à didática tolerante e pluralista de seu predecessor – poder-se-ia recusar os métodos, as premissas, as conseqüências; mas não negar que exprimisse, na sua profundidade de análise e na sua imponência arcaica, a crise de uma cultura que havia falhado em quase todos os seus objetivos.

Por seu caráter elementar, os exercícios de composição propostos por Muratori logo foram rejeitados pelos alunos. De um lado, estes eram instados a projetar um edifício de planta central com a técnica arcaica da alvenaria, a fim de livrar-se da equívoca "liberdade" estrutural permitida pelas técnicas modernas; de outro, estudavam pequenas unidades residenciais ou "recosimentos" de áreas urbanas adulteradas no período moderno, com base na restauração tipológica – método que teria êxito, vinte anos mais tarde, no centro histórico de Bolonha. Todo o esforço de Muratori consistia em substituir uma didática ancorada na originalidade e na invenção por um método objetivo e verificável, fundado na história. A resposta dos alunos, inicialmente expressa na proposta de um debate aberto, produziu mais tarde uma fratura implacável entre aqueles que aceitavam e os que refutavam um sistema no qual as discussões eram inadmissíveis.

Pois foi no curso de Muratori, inflamado pela contestação, que experimentou-se pela primeira vez o desdobramento de um curso de composição. E foram os acadêmicos, ainda no poder, que impuseram a Muratori a renúncia à hegemonia cultural, colocando a seu lado primeiro Adalberto Libera, depois Saul Greco, os quais contrapuseram à corajosa e arrogante hipótese de refundação a fuga para a utopia tecnológica. Restrita aos limites da sala de aula, sem encontrar oportunidade de aprofundamento nem contar com uma revista como porta-voz, ou com o apoio de um debate externo que não fosse em tom de escárnio, a mensagem de Muratori encontrou uma série de obstáculos à sua difusão e desenvolvimento e acabou sendo identificada com o infeliz resultado das pesquisas arquitetônicas do mestre, simbolizadas pelo edifício-sede do Partido da Democracia Cristã, no EUR.

O projeto, fruto de um longo percurso autocrítico (mais de treze soluções foram estudadas e traduzidas em maquetes), ressente-se do afã do autor por desfrutar uma oportunidade profissional que ele mesmo, em seu afastamento das contingências, reconhecia como um "retrato do poder" sem qualquer atributo histórico. Obra inegavelmente caricatural e irresoluta, demonstração de uma vocação arquitetônica puramente mental, fantasma de um projeto que nunca se tornou arquitetura, o edifício da Democracia Cristã permanece como o produto desventurado de uma sofrida reflexão sobre a crise da civilização. Atesta uma "herança muratoriana", livre da ambição de apresentar-se como um resultado concludente e definitivo, como superação da crise, e é reconhecido como uma mensagem interrompida, por isso mesmo ambígua e difícil, mas significativa e interrogativa. Parte desta herança, notadamente o esforço de refundar a disciplina da arquitetura sobre a cultura dos lugares e sobre algumas noções e operações elementares de composição, merece ser colocada no mesmo plano da obra didática e arquitetônica de um mestre autêntico, Louis Kahn, cuja capacidade instintiva de construtor, associada a um contexto cultural distinto e menos sectário, tornou possível uma experiência bem mais frutífera, que marca de maneira decisiva a cultura arquitetônica dos anos 60.

31. Louis I. Kahn, Hospital Nacional Ayub em Dacca, Bangladesh, 1963.

32 (*página seguinte*). Louis I. Kahn, Indian Institute of Management em Ahmedabad, 1962 (foto J. Nicolais).

A ITÁLIA EM RETIRADA 85

33-34. Saverio Muratori, escritórios ENPAS em Bolonha, 1957-60; Pier Luigi Nervi, sala no Vaticano, 1970.

35. Gianfranco Caniggia, ampliação de um hospital em Isola-Liri, 1960.

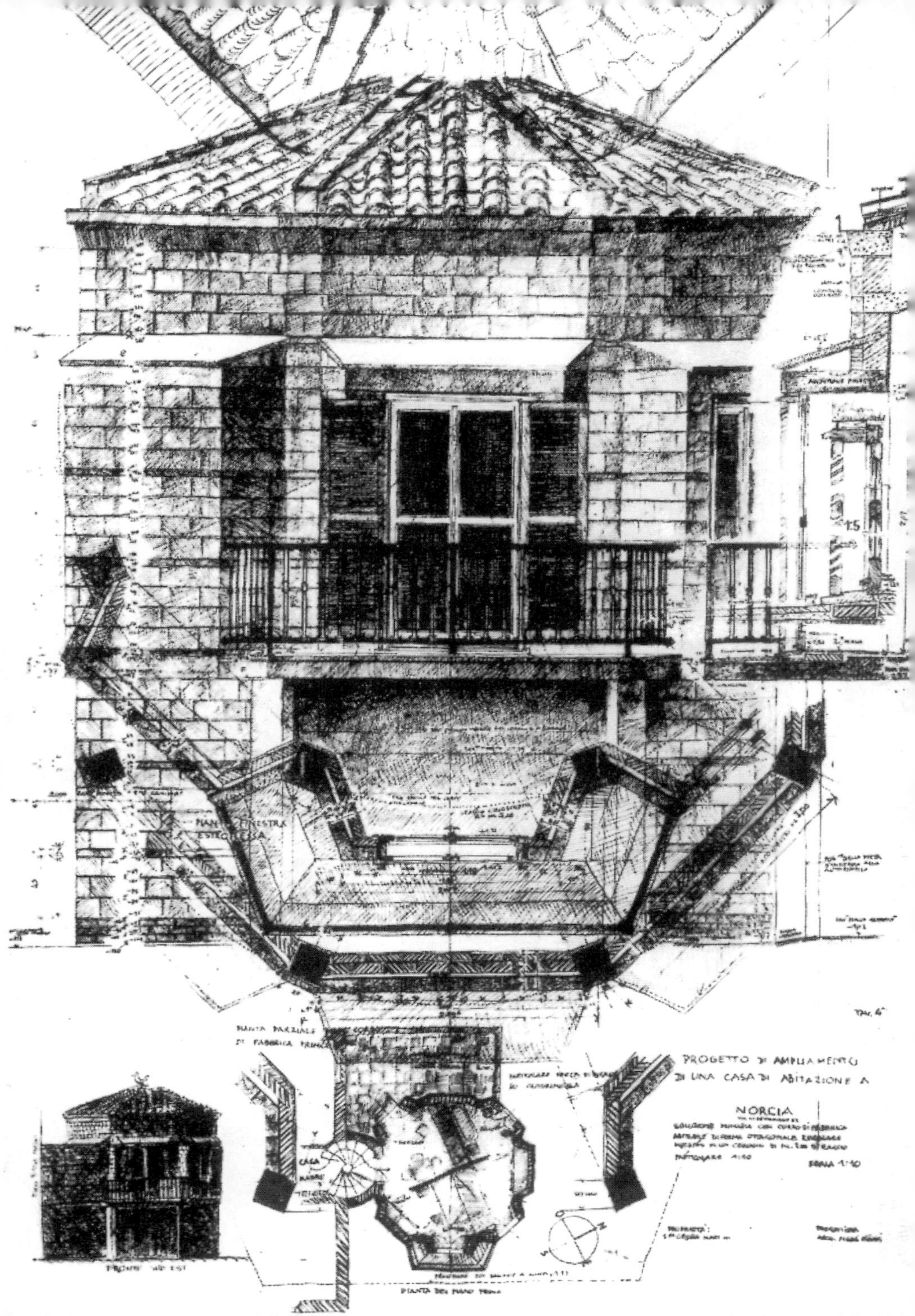

PROGETTO DI AMPLIAMENTO
DI UNA CASA DI ABITAZIONE A
NORCIA

37. Mario Ridolfi, projeto para o Motel Agip em Settebagni (Roma), 1968.

36 (*página anterior*). Mario Ridolfi, projeto de ampliação da casa Ottaviani em Norcia (Perugia), 1976-77.

90 DEPOIS DA ARQUITETURA MODERNA

A ITÁLIA EM RETIRADA **91**

39. Ricardo Porro, escola de dança em Havana, 1962.

38 (*página anterior*). Gottfried Böhm, torre da prefeitura de Bensberg, 1963.

40-41. Ricardo Porro, escola de artes plásticas em Havana, 1960.

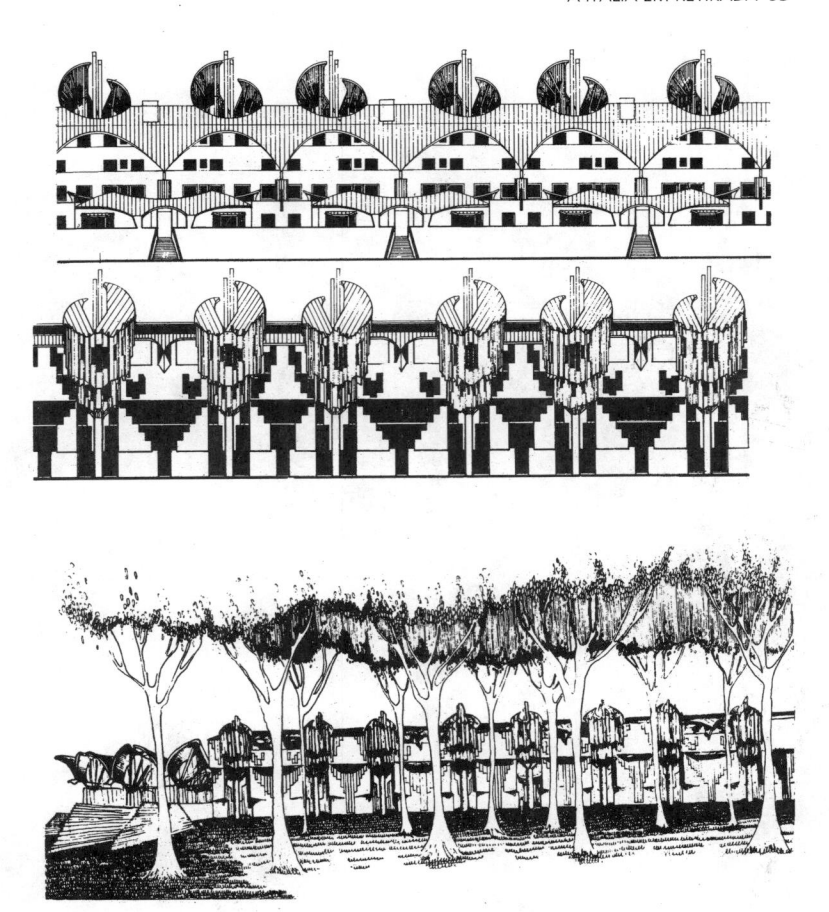

42. Ricardo Porro, Jean Robein, Jean-François Dechoux e Mohammed Rabbas, projeto de concurso para um conjunto habitacional em Cergy-Puiseux.

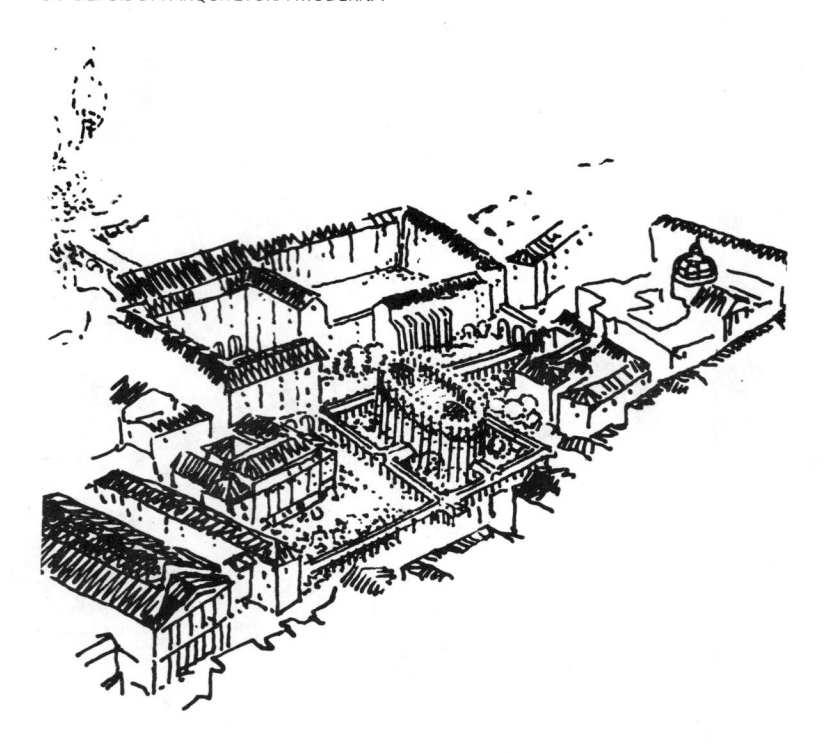

43. Roberto Gabetti e Aimaro Isola, projeto de concurso para o Teatro Paganini em Parma, 1965.

A ITÁLIA EM RETIRADA **95**

44-45. Roberto Gabetti e Aimaro Isola, projeto para um convento em Chieti, 1956 (perspectiva e maquete).

46. Roberto Gabetti e Aimaro Isola, croqui para o concurso do Teatro Paganini em Parma, 1965.

A ITÁLIA EM RETIRADA **97**

47-48. Roberto Gabetti, Aimaro Isola e Luciano Re, exterior de uma casa em Pino Torinese, 1966-68.

49. Hassan Fatty, desenho para Nova Gourna.

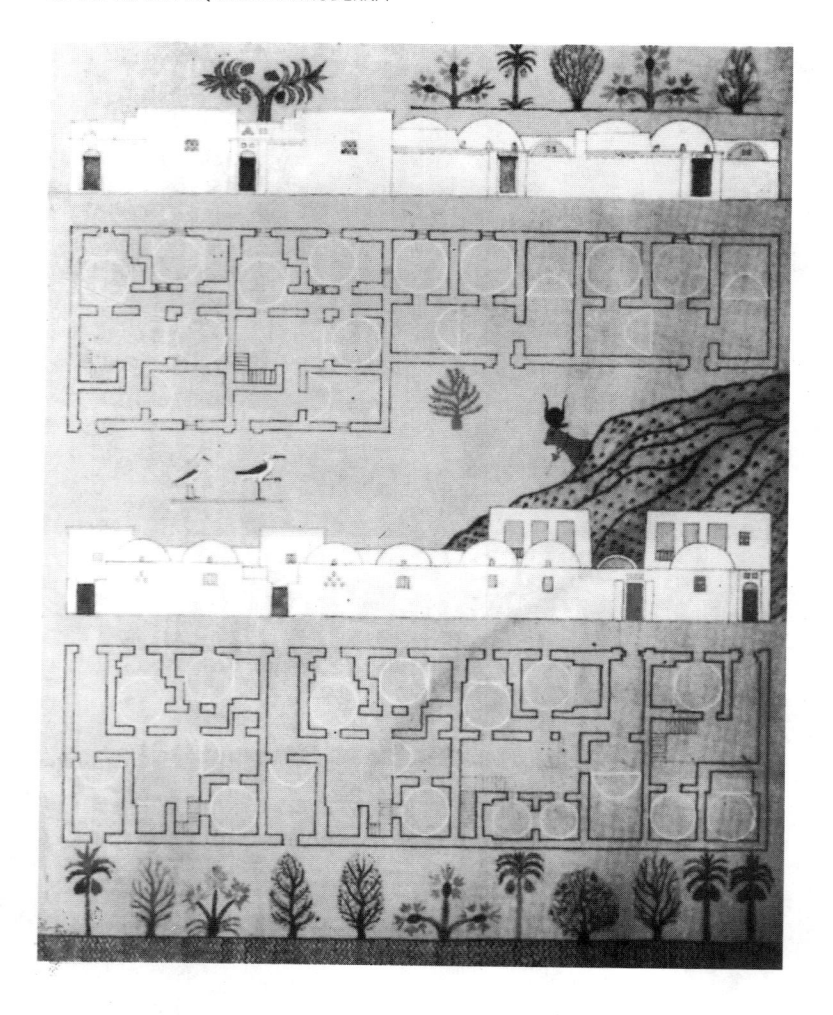

A ITÁLIA EM RETIRADA **99**

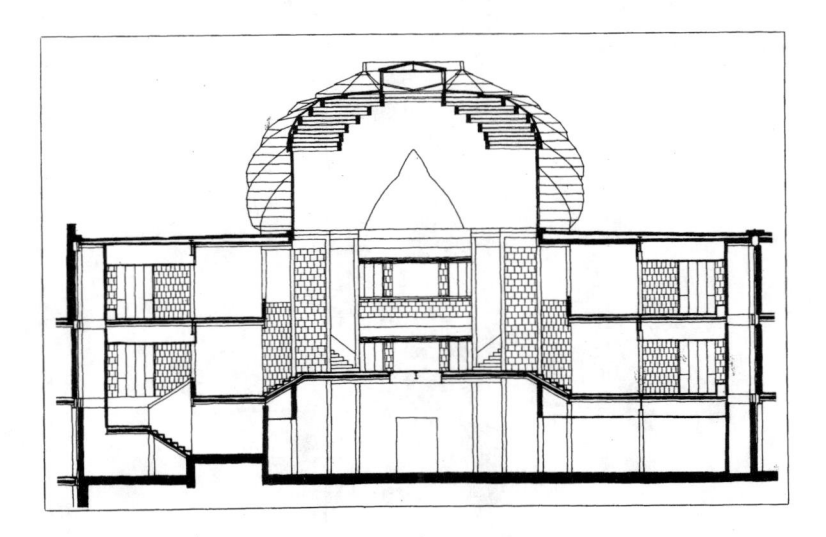

50-51. Hassan Fathy, projeto para Instituto cultural em Luxor; The Mandala Collaborative e Georges Candilis, corte transversal do espaço central do projeto para a Universidade Bu Ali Sina em Hamadan.

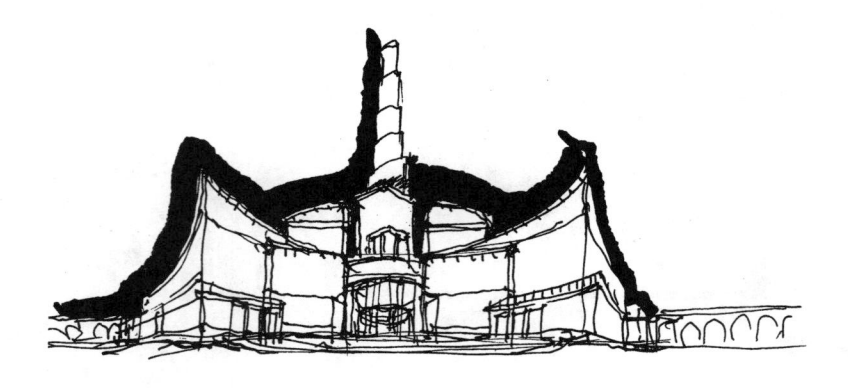

52-53. Paolo Portoghesi, croqui do centro comercial de Vallo di Diano, 1980.

54. Paolo Portoghesi, casa Baldi em Roma, 1959.

8. O EVENTO AMERICANO

> Refletir sobre o grande acontecimento da arquitetura, quando as paredes se abriram e apareceram as colunas.
>
> Louis Kahn

É preciso distinguir três etapas na produção de Louis Kahn: a primeira, que coincide com um longo período de incubação, e vai até a metade dos anos 50; a segunda, entre 55 a 61, que representa o período explosivo, riquíssimo e contraditório da sua emergência no cenário arquitetônico americano, com os projetos para Filadélfia e os laboratórios Richards; e a terceira, da formulação teórica e da produção arquitetônica mais homogênea e programática, na qual Kahn se consagra como o expoente máximo da cultura arquitetônica americana e assume o mítico papel de "poeta das instituições".

Ao segundo período da produção kahniana correspondem duas conquistas essenciais, destinadas a renovar profundamente a cultura arquitetônica. A primeira diz respeito à maneira de abordar a cidade moderna, vista de modo dramático como um organismo dialético, em que o caos só pode ser dominado através da identificação de suas contradições emergentes, e da separação, por assim dizer, de seus fatores. O projeto de Filadélfia sugere a reapropriação da cidade por seus habitantes com base numa barreira de contenção do tráfico de veículos que repropõe, em termos simbólicos, a imagem das antigas cidades muradas, circundadas por torres. A segunda descoberta criativa desse período, a qual não chegou a ter desenvolvimento ulterior, corresponde à experimentação de uma espacialidade helicoidal, de complexidade e ambigüidade piranesianas, levada a termo no projeto da torre tetraédrica da *Tomorrow's City Hall*, de 1957.

A última fase, equivalente ao período mais maduro da pesquisa kahniana, é aquela que chamamos de "fundamentalista". Nos seus grandes projetos em escala urbana e nas composições volumétricas concebidas em função das instituições públicas, Kahn promove uma nítida separação entre os espaços protagonistas – "servidos" – e os espaços acessórios – "serventes" – e, ao polarizá-los, compõe agregações de elementos que contam com a aparência e a clareza da cristalografia. O segredo desta qualidade elementar e absoluta, que remete à *concinnitas* albertiana, reside no caráter quase ritualístico atribuído por Kahn à operação de composição das partes num todo. A partir de cada uma das suas grandes composições volumétricas desse período seria possível traçar a própria história da composição em termos "bíblicos": "No princípio era o quadrado e o cubo...e o cubo foi dividido em quatro partes, segundo as suas leis de simetria ortogonais e diagonais...e os cilindros aproximaram-se do cubo, salientando os seus ângulos..." Como um exército em ação no campo de batalha, os volumes kahnianos parecem ter atingido uma posição estratégica ótima após uma série de "operações" de deslocamento, as quais podem ser reconstituídas mentalmente, como se tivessem deixado atrás de si um "vestígio", um traço latente.

Os escritos de Kahn são um documento poético, mais que teórico, de tal metodologia – que inverte a relação forma-função, atribuindo à forma a tarefa de "evocar" a função e acrescentar-lhe uma qualidade capaz de modificá-la substancialmente. Neles emergem conceitos, procedimentos, técnicas projetuais que apelam, acima de tudo, para uma "fé", uma convicção que desafia as circunstâncias do presente e repropõe uma relação original, ingênua e de caráter formativo entre o homem e os seus produtos, entre o homem e a natureza. A arquitetura é aquilo que a natureza não pode realizar, o indício de uma ordem mental baseada na distinção, de um pensamento reificado. O processo que se realiza da inspiração à instituição humana a um espaço concreto equivale ao próprio percurso da arquitetura, o qual, embora se faça por meio de um ato de criação individual, permanece profundamente arraigado nos valores subjetivos da sociedade.

Em nós
Inspiração para aprender
Inspiração para interrogar
Inspiração para viver
Inspiração para exprimir
São elas que dão ao homem as suas instituições.
O arquiteto é aquele que cria espaços.
A mente, o corpo, as artes iluminam estas inspirações.

A mente – cérebro e psique – é o instrumento revelador do universo e da eternidade e, no prazer da pesquisa, coloca-se a pergunta: "Por que cada coisa?"...

As instituições são o abrigo da inspiração. Escolas, bibliotecas, laboratórios, ginásios. Antes de acatar aquilo que é ditado pelo espaço, o arquiteto considera a inspiração. Ele se interroga sobre a sua natureza, sobre o que distingue uma inspiração da outra. Quando percebe tal diferença, então ele entra em contato com a sua forma correspondente. A forma inspira o projeto.

Uma obra de arte é criação de uma vida. O arquiteto seleciona e compõe para traduzir as instituições do homem em ambientes e relações espaciais. Faz arte se responde ao desejo e à beleza da instituição.

Além das instituições, que traduzem em termos espaciais as diferentes atividades do homem e os diversos momentos da sua vida, o ato projetual procede dos arquétipos que constituem o eterno presente. Kahn sabe falar desses arquétipos com uma eloqüência singela, como se explicasse seu ofício a uma criança, narrando-lhe uma fábula que lhe permitisse compreender facilmente algo que, de outro modo, soaria difícil e confuso. Bastam alguns exemplos para entender o quanto o debate posterior da arquitetura deve a este profeta desarmado, parcialmente renegado por seus sucessores. Basta reler as páginas dedicadas à coluna, à parede e ao recinto, em que, como em tantos outros momentos da história cultural mais recente, a inspiração hebraica torna-se o instrumento insubstituível de exploração do profundo.

Refletir sobre o grande acontecimento da arquitetura, quando as paredes se abriram e apareceram as colunas.

Foi um acontecimento tão feliz, tão intelectualmente maravilhoso, que dele deriva quase toda a nossa vida arquitetônica.

O arco, a abóbada e a cúpula marcam épocas igualmente instigantes, em que, sabendo como fazer, sabia-se o que fazer; e sabendo o que fazer, sabia-se fazê-lo.

Estes fenômenos de forma e espaço são tão válidos hoje quanto o foram ontem, e o serão sempre, pois demonstraram corresponder às demandas, e ao fim revelaram sua beleza inata...

Uma coluna, quando utilizada, deveria ainda ser tratada como um grande evento na criação do espaço. Muitas vezes ela aparece apenas como um pilar ou um apoio...

A parede circundou-nos por muito tempo, até que o homem fechado em seu abrigo, pressentindo uma nova liberdade, quis olhar para fora. Ele trabalhou muito para fazer uma abertura. A parede lamentou-se: "Te protegi." E o homem respondeu: "Aprecio a tua fidelidade, mas sinto que os tempos mudaram."

A parede estava triste, mas o homem fez algo de bom. Realizou a abertura em forma graciosamente arqueada, enaltecendo, assim, a parede. A parede ficou muito contente com o seu arco e, cuidadosamente, se fez pilastra. A abertura tornou-se parte da ordem da parede...

A arquitetura cria a sensação de um mundo dentro de outro – sensação que ela confere ao recinto. Procurem pensar no mundo exterior quando estiverem num belo recinto, em boa companhia. Todas as sensações do exterior os abandonam. Recordo uma bela poesia de Rumi, poeta persa do início do século XIII, sobre uma sacerdotisa que passeia num jardim. É primavera. A sacerdotisa detém-se na entrada da casa e permanece ali, perplexa. A criada vem ao seu encontro emocionada, exclamando: "Olhe para fora, olhe para fora, sacerdotisa, veja os milagres que Deus fez." E a sacerdotisa respondeu: "Olhe para dentro, e verás Deus." É maravilhoso compreender como chegamos a criar um recinto. O que o homem faz, a natureza não pode fazer, ainda que o homem, para fazê-lo, empregue todas as leis da natureza. Aquilo que preside a criação – o desejo de fazer – não existe na natureza.

A partir do conceito de "recinto", ou seja, da recuperação das conotações positivas da idéia de "fechamento" (que inverte a tendência à exaltação da fragmentação e da decomposição, até eclipsar a distinção entre interior e exterior), Kahn procede pela reapropriação das noções de espaço urbano e de rua, até superar, nas suas formulações verbais, as próprias conquistas da sua arquitetura projetada ou realizada.

A rua é um recinto que exprime um pacto. Cada proprietário de uma casa oferece a rua à cidade, em troca de serviços públicos. Nas cidades de hoje, as ruas sem saída conservam ainda o caráter de recinto. Com o advento do automóvel, as vias de circulação perderam completamente esta qualidade. Acredito que o urbanismo possa começar tomando consciência desta perda e esforçando-se por reintegrar a rua, em seu papel de recinto comunitário onde as pessoas vivem, aprendem, fazem compras e trabalham.

Além da composição fundamentalista, em que a qualidade está associada ao caráter elementar, à clareza e à evidência da relação entre as partes, e em que a complexidade pode sempre ser reduzida a uma série de relações elementares, instituídas entre as formas primárias concretas e as leis de agregação virtuais (a simetria axial, a translação, a rotação etc.), a didática kahniana alimenta-se do seu caráter dual e contraditório, em função de suas raízes duplas, tão antitéticas quanto complementares: de um lado, a educação *Beaux-Arts* recebida em Paris nos anos decisivos da sua formação*, de outro, a sua própria experiência do estatuto funcionalista. O ensino de Kahn, iniciado em Yale em 1949, envolve direta ou indiretamente muitos dos protagonistas americanos da nova arquitetura, desde Robert Venturi (que estudou em Princeton de 1947 a 1950, e depois trabalhou com Kahn até 1958) a Charles Moore (que também em Princeton se doutorou e lecionou, de 1955 a 1960), Tim Vreeland e Romaldo Giurgola (que esteve ao lado do mestre por muitos anos).

A influência de Kahn difundiu-se rapidamente a partir de Princeton, de Yale e da Pensilvânia, onde foi professor, por quase todas as universidades do leste americano. Certamente seu ensino não restringiu-se à prática de ateliê, em termos tradicionais. Seus alunos são unânimes em mencionar o aspecto metodológico da sua didática, para além da visão arquitetônica expressa em seus projetos.

---

* Trata-se muito provavelmente de um lapso do autor, pois não há indícios de que Kahn tenha estudado em Paris, embora tenha sido formado, na Filadélfia, na tradição da Escola de Belas-Artes francesa. (N.da T.)

Uma das diretrizes deste método – a "deformação" – dá a medida tanto do caráter de ruptura quanto da vasta influência da didática de Kahn. Seus alunos costumam lembrar sua clara distinção entre "forma" e *design*: para ele, a forma deriva da consideração atenta das atividades humanas que se desenvolvem no edifício e das demais exigências de ordem funcional, ao passo que o *design* é uma espécie de reconsideração imaginativa ligada à forma, mas em larga medida independente desta. O ato primário da escolha arquitetônica corresponde a uma idéia simples – uma *strong idea* – a partir da qual se chega à uma "forma", consultando o repertório da memória e da geometria elementar. Tal forma inicial é repensada em função das atividades humanas que deverão desenvolver-se em relação com ela, e desta reflexão renasce a um só tempo "deformada", adaptada e tornada concreta. Somente se esta deformação for compatível com as leis da forma e as exigências humanas, o processo de projetação pode continuar. Se não, é preciso escolher outra forma e recomeçar.

Em relação à metodologia do estatuto funcionalista, tal princípio equivale a uma revolução copernicana, por introduzir um duplo movimento dialético no procedimento linear corroborado pelo Movimento Moderno. Segundo este princípio, a forma não resulta da análise e da "listagem" das funções; ela é um ato de vontade arquitetônica, uma decisão inerente à disciplina e à sua técnica de pensamento. A questão das funções, ou melhor, das "atividades", vem em seguida, como instrumento de verificação do ato intuitivo da "escolha da forma", em que se utiliza um procedimento próprio do pensamento arquitetônico: a prefiguração mental de um problema através da representação evolutiva de uma forma. Deste modo, a função não é mais instada a gerar a forma; mas a forma, selecionada do repertório da disciplina, é solicitada a satisfazer criativamente a função, acrescentando-lhe algo mais (uma redundância, uma tensão) que representa justamente o indício do caráter arquitetônico da solução – e, neste sentido, oferece aos usuários a possibilidade de uma apropriação pela imaginação, na qual mente e corpo se identificam.

Neste processo da forma à função, e da função à forma, há uma oscilação que tende progressivamente a extinguir-se ou estabilizarse, num equilíbrio estático ou dinâmico. Tal visão dialética restitui à pesquisa arquitetônica uma amplitude de campo que o estatuto funcionalista lhe havia negado, uma liberdade gerada pela tensão intelectual inerente à disciplina, não da arbitrariedade implícita na mitologia do novo pelo novo. Neste sentido, Kahn restitui a arquitetura a si mesma e, logo, à sua história. Ele a resgata do abraço mortal da tecnologia, bem como da arriscada identificação do seu repertório figurativo com a geometria elementar e a pintura abstrata.

Louis Kahn atravessou como um meteoro o céu da arquitetura. Nos quinze anos que correspondem à sua trajetória, o mundo passou por mudanças profundas, que atingiram também o papel do arquiteto, suas condições de trabalho e sua relação com a sociedade. Ante essas mudanças, a mensagem poética, plena de fé e esperança, deste frágil profeta pode parecer inadequada; contudo, por tratar-se não de uma mensagem fechada e unilateral ou de um bloco de certezas irrevogáveis, mas de um método, um questionamento profundo voltado para a refundação do próprio ofício do arquiteto, ela continuou a desenvolver-se após sua morte, assumindo, através da produção e da negação dialética dos seus alunos, características diversas e imprevisíveis, e revelando-se o único grande elemento propulsor do debate arquitetônico das duas últimas décadas.

Através da produção dos herdeiros de Kahn, particularmente de Venturi e Moore, constrói-se lentamente uma tradição e uma prática que apontam para diversas saídas definitivas da ortodoxia do Movimento Moderno.

Robert Venturi, personagem amável e defensor da fecundidade da dúvida, de juízo certeiro e mordaz, tornou-se o irônico patriarca de uma geração que está transformando radicalmente o panorama arquitetônico dos Estados Unidos. Ainda que ele não goste de ser incluído em movimentos, e tampouco aprecie a companhia de seus epígonos, seria fácil desenhar uma frondosa árvore genealógica que se ramifica a partir dos seus ensinamentos e das suas experiências.

Já em 1959, com seu projeto para uma "casa de praia", desenhada sob a influência de Kahn, Venturi demonstra uma grande criatividade e um controle já maduro do "recurso à memória". Conforme assinalou Scully, o antecedente direto deste projeto é a Low House de Mc Kim, Mead & White, um dos exemplos paradigmáticos do *Shingle Style*. Venturi, porém, introduz uma série de "deformações" neste esquema, que acabam por alterar seu significado. A unidade e a compacidade do volume original são negadas por um conjunto de operações de fragmentação do espaço, pela agregação absolutamente inovadora de estruturas prismáticas de base retangular a outras de base triangular, e pela contraposição da composição axial da lareira, realçada pela gigantesca chaminé, ao imprevisto dos espaços "serventes". Neste caso, como em muitos outros, Venturi parece disposto a manter um diálogo com seus modelos, incumbindo sua arquitetura de assinalar a diferença entre os temas e os tempos. Cada uma de suas obras, que parecem partir de uma certa nostalgia, torna-se, assim, ocasião para falar do presente, e apontar "sutilmente" suas diferenças com relação à época remota do modelo estudado. É uma espécie de diálogo com o pai, que poderia ser facilmente dramatizado, tanto as decisões projetuais parecem coerentes e "lógicas". No projeto da casa na praia, o elemento dominante é a lareira, à qual se articula a grande cobertura em duas águas, reminiscência da Low House. Para que este espaço sagrado, que representa o coração da casa, não pareça distanciado da vida contemporânea, é preciso não isolá-lo dos demais espaços, e conectá-lo diretamente às exigências da vida cotidiana: daí o espaço útil da cozinha ter sido acomodado atrás da lareira, configurando uma espécie de coroa, livre de obstáculos visuais. Ao mesmo tempo, toda tentação de retórica parece ser anulada pelas incisões diagonais, que induzem à recuperação de espaços "mortos".

Será preciso esperar ainda um decênio até que Venturi revele uma visão arquitetônica madura por meio de um projeto executado. Com efeito, o *Headquarters Building* da North Penn Visiting Nurses Association, definido por Charles Jencks como "o primeiro antimonumento do Pós-Modernismo", data de 1960. Neste edifício, os meios expressivos que tornarão mais explícito seu propósito de introduzir os conceitos de "complexidade e contradição" na arquitetura surgem de modo paradigmático, sobretudo mediante a introdução de signos extraídos da memória coletiva, livres dos tabus da ortodoxia moderna. O arco sem espessura, como se recortado num pedaço de cartão, permanece sobre a porta de entrada como um sinal evocativo que as traves inclinadas situadas ao fundo realçam e contradizem. É como se a própria dúvida inerente à opção por uma ou outra solução passasse a integrar a arquitetura, exatamente como Giulio Romano faz no *Palazzo del Thè*, onde um tríglifo da arquitrave é subtraído para ressaltar a regra compositiva do todo. A dualidade e a multiplicidade emergem também em planta, tanto na descontinuidade entre os dois volumes monolíticos justapostos de modo conflitante quanto na diversidade do tratamento das superfícies. A impressão que se tem é que Venturi quer demonstrar, de modo ainda experimental, que o único modo de afastar-se da falsidade do ritual obsoleto da ortodoxia modernista seja colocando em crise sua eficiência, sua aparência agradável, sua aptidão para obter uma "beleza" superficial e gratuita, através da coerência e da organicidade – organicidade que, dada a elementaridade dos meios empregados, revela-se mera tautologia. Para que a arquitetura volte a falar – parecem dizer os *Headquarters* – é preciso, antes de tudo, que ela renuncie à beleza estúpida e inexpressiva e descubra a inteligência da feiúra, o caráter provocador e o potencial comunicativo da transgressão. Desse modo, tudo se torna diferente do que era previsível e dado como certo, tudo é "conquistado" através da modificação. Até as célebres janelas baixas emolduradas, que parecem saídas de um palácio quinhentista, fazem parte do jogo do imprevisível e da contaminação: tornam-se mesmo seu símbolo.

Em 66, em *Complexity and Contradiction in Architecture*, Venturi expõe, com muita franqueza e transparência, seu gosto e suas teorias arquitetônicas. O livro é rapidamente difundido em todo o mundo anglo-saxão, e chega a ser comparado a *Vers une architecture* de Le Corbusier, por promover uma nova sensibilidade e indicar aos arquitetos – como também Le Corbusier o fizera – uma reserva de experiências e valores a serem descobertos e desfrutados. Contudo, enquanto o mestre suíço localizara esta reserva nos produtos espontâneos da tecnologia, tal como os hangares, os transatlânticos e os silos portuários, Venturi a identifica com aquilo que a vida moderna e a cultura de massa produziram no interior da cidade americana: o conjunto de mensagens e sinais que transformaram o ambiente urbano e correspondem às necessidades primárias de uma civilização ancorada na informação e na comunicação.

A contribuição teórica de Venturi é em tudo distinta daquela dos mestres do Movimento Moderno, e também da de Louis Kahn. Não consiste numa indicação sistemática daquilo que um arquiteto deva fazer, ou na afirmação poética de princípios universais a serem seguidos, mas em oferecer uma chave de leitura para os textos arquitetônicos a serem extraídos sem preconceitos do repertório da arquitetura, no seu sentido mais amplo – compreendendo desde a civilização grega à atual, da obra autônoma aos contextos mais complexos em que arquiteturas diversas se entrelaçam, tecendo um resultado estético único.

Além de chaves interpretativas, Venturi oferece ao leitor, com uma candura admirável, seu juízo pessoal de "gosto". Não recorre a motivações universais para justificar sua escolha, mas apóia-se sobretudo no contágio e na empatia, ou seja, na hipótese de que suas observações e juízos encontrem eco espontâneo no leitor, visto que nascem de um sentimento coletivo e da reação a uma cultura que, na sua pretensão universalista, produziu efeitos nefastos justamente por ter perdido o contato direto com o mundo. Sob tal ponto de vista, a reconquista do "limite" representa a última esperança de escapar da perda total da identidade cultural. Não se pode dizer que esta confiança no contágio e numa nova percepção da realidade tenha sido um erro de cálculo. No mundo anglo-saxão, em particular, os livros de Venturi geraram várias "modas", e suas indicações de releitura de páginas pouco freqüentadas da história da arquitetura produziram clamorosos *revivals* e verdadeiras epidemias.

Complexity and Contradiction, justamente apresentada por Scully como uma "obra incômoda", tem início com um "suave manifesto" em favor de uma arquitetura equívoca.

> Gosto de complexidade e contradição em arquitetura – afirma o autor, desembaraçando-se de qualquer intuito de autojustificativa. – Não gosto da incoerência ou arbitrariedade da arquitetura incompetente nem das afetadas complexidades do pitoresco ou do expressionismo. Prefiro falar de uma arquitetura complexa e contraditória baseada na riqueza e na ambigüidade da experiência moderna, incluindo aquela experiência que é inerente à arte.

À justificativa para a correspondência entre complexidade e "espírito do tempo", Venturi acrescenta o valor estético da ambigüidade – característica praticamente constante na obra de arte, valorizada por suscitar múltiplos níveis de leitura. É a teoria literária dos "sete tipos de ambigüidade", exposta por William Empson, a fornecer várias das analogias utilizadas com grande astúcia pelo autor. As categorias introduzidas a cada capítulo são instrumentos interpretativos e declarações de poética, modos de afirmação do próprio gosto, da própria personalidade criativa e, ao mesmo tempo, de exame dos precedentes que autorizam ou reforçam uma convicção instintiva.

A propósito dos níveis de contradição, Venturi distingue o fenômeno *both-and* daquilo que chama de elemento de dupla funcionalidade. O primeiro diz respeito ao caso em que, deliberadamente, características diversas são introduzidas simultaneamente na arquitetura. Por exemplo, a igreja de S. Carlino de Borromini tem um espaço ao mesmo tempo central e direcional; em vez de fazer uma escolha clara e inequívoca, Borromini optou por uma duplicidade sintética, à qual se deve o extraordinário fascínio da obra.

> Fomos disciplinados na tradição "ou... ou" – escreve Venturi –, e falta-nos agilidade mental – para não falar de maturidade – para apreciar as distinções mais delicadas e as reservas mais sutis tornadas possíveis pela tradição "de tanto... como". A tradição "ou... ou" caracterizou a arquitetura moderna ortodoxa: um *brise-soleil* não é, paradoxalmente, mais do que isso; um suporte raramente possui espaço interno [...] Tais manifestações de articulação e clareza são estranhas a uma arquitetura de complexidade e contradição, a qual tende mais a incluir "tanto... como" que a excluir "ou... ou".

É a poética "inclusiva", contraposta àquela exclusiva, que repropõe uma relação dinâmica com a cultura do maneirismo e do barroco. Se a inclusão gera maiores dificuldades de interpretação, ela pode ser válida quando corresponde à complexidade dos conteúdos e dos significados. "A percepção simultânea de uma multiplicidade de níveis envolve lutas e hesitações para o observador e torna mais vívida sua percepção."

Se o objetivo de uma arquitetura complexa, a rigor, é comunicar através dos mais variados níveis de significação, então é fundamental que o arquiteto conheça as convenções de domínio comum que podem constituir a base do sistema de comunicação. "Na sua compulsão visionária para inventar novas técnicas, os arquitetos de hoje negligenciaram a obrigação de serem especialistas nas convenções existentes." O arquiteto deve utilizar as convenções e dotá-las de vitalidade; sua mensagem tem mais possibilidades de ser recebida quando os elementos incorporados à obra são "conhecidos" dos usuários, e capazes de evocar uma série de elementos análogos. A força da ordem arquitetônica clássica residia justamente no seu alto grau de convencionalismo, na sua apresentação como um conjunto de regras que podem ser aceitas ou contestadas.

> A principal tarefa do arquiteto é a organização de um todo único, a partir de elementos convencionais e da introdução criteriosa de elementos novos, quando os antigos se revelarem impróprios. [...] Se ele faz uso das convenções de modo não-convencional, se organiza objetos familiares de modo não-familiar, ele altera seus respectivos contextos, e pode até lançar mão de clichês para obter um efeito novo. Objetos familiares, vistos num contexto não-familiar, são percebidos mais como objetos novos do que como objetos antigos.

Tal exploração dos mecanismos de comunicação tradicionais da arquitetura serve para Venturi enfatizar o empobrecimento causado pelo desprezo do Modenismo ortodoxo quanto à bagagem de convenções que constituíam o léxico tradicional, cuja reedição pode resultar no retorno a um repertório de formas que pertencem à experiência visual mais corriqueira, sem distinção de épocas e estilos. Neste sentido, o exemplo da *Pop Art* é útil para demonstrar a importância do objeto banal, a possibilidade de reintroduzi-lo numa operação conscientemente artística.

Ao contrário dos arquitetos e urbanistas modernos, que querem inventar e impor um ambiente completamente novo e frustram-se por "desejar o impossível", Venturi propõe um objetivo diferente, menos ambicioso e mais realista: retocar levemente os elementos convencionais da paisagem urbana e modificar de forma profunda o contexto, obtendo o máximo de resultado com o mínimo de esforço. É um reformismo sem ilusões mas lúcido, diametralmente oposto às veleidades revolucionárias que reduziram a disciplina da arquitetura a um deserto de boas intenções não cumpridas.

Complexity and Contradiction termina com uma defesa do *difficult whole*, o todo difícil:

> Uma arquitetura de complexidade e acomodação não abandona o todo. De fato, referi-me a um compromisso especial em relação ao todo porque o todo é difícil de realizar. E enfatizei mais a meta de unidade do que a de simplificação numa arte "cuja...verdade [está] em sua totalidade". É a difícil unidade através da inclusão, em vez da fácil unidade através da exclusão.

A partir desta "unidade difícil", entendida como resultado de um processo, o livro interroga as diferentes modalidades de contradição: a contradição adaptada, a contradição justaposta, a contradição entre a forma exterior e a forma interior, a inflexão das partes que sofrem influências mútuas em relação ao todo. O discurso aborda diretamente o problema do ambiente e da cidade; constituindo-se como uma unidade autônoma, o edifício, em todo caso, é ao mesmo tempo fragmento de uma unidade maior, que deve ser levada em consideração na elaboração do projeto. A nova abordagem teórica, que parecia resultante de um experimento de laboratório, da exploração do espaço especializado e restrito da disciplina, conclui-se assim com uma esperança limitada mas intensa: a de ter encontrado um modo mais eficaz de intervenção na realidade, segundo as finalidades intrínsecas àquela parte do trabalho humano que constitui a arquitetura: "E talvez seja da paisagem cotidiana, vulgar e menosprezada, que possamos extrair a ordem complexa e contraditória que é válida e vital para nossa arquitetura como um todo urbanístico", conclui Venturi.

Nas suas obras mais recentes, Venturi oscila entre a recuperação de um vínculo com a tradição regional americana e um uso discreto e bastante controlado do vocabulário moderno, condicionando sempre as escolhas lingüísticas ao contexto ambiental e às demandas dos clientes, que podem considerar-se retratados com razoável fidelidade em algumas de suas casas. A casa Brant-Johnson (1976-77) representa, particularmente, o coroamento de uma pesquisa, e possui todas as características de uma obra-prima. A tensão resultante da exploração da complexidade e da recuperação do cotidiano e do banal confere a seus espaços uma qualidade rara e convincente.

A partir de meados dos anos 60, torna-se cada vez mais explícita, na linguagem de Venturi, a reciclagem sem preconceitos das formas da tradição histórica; não apenas por meio da "citação" descontextualizada, mas também através da adoção integral de elementos compositivos tradicionais, como a bossagem e a seqüência de colunas ou pilares. Poder-se-ia dizer, parafraseando um texto seu, que depois de ter percorrido o caminho de Roma (onde passou um período crucial da sua formação cultural, nos anos 40) a Las Vegas, Venturi caminha em direção oposta, de Las Vegas a Roma, ou seja, rumo à "reincorporação" dos elementos clássicos. A opção pelo modelo da *decorated shed*, o galpão decorado, contraposta ao modelo de edifício que Venturi chama de "pato" (expressão usada para designar o edifício-escultura, em que os sistemas arquitetônicos do espaço, da estrutura e da distribuição são absorvidos e distorcidos por uma forma simbólica global), operada no célebre livro *Learning from Las Vegas* – escrito em colaboração com Denise Scott Brown e Steven Izenour –, o leva a abandonar todas as reservas com relação ao fruto proibido da história e superar uma linha divisória claríssima mesmo para Kahn e para os mestres do Movimento Moderno. Com efeito, Venturi renuncia à reelaboração plástica das formas históricas e à sua atualização, obtida por meio da simplificação ou transformação de modelos, e limita-se a reproduzi-los – referindo-se, porém, não à sua definição áulica e livresca, mas à sua imagem distorcida pela fantasia popular. É um modo de atingir a memória coletiva recorrendo à caricatura, à fala dialetal e infantil, à história em quadrinhos; enfim, de voltar-se para Roma, contando com a cumplicidade de Las Vegas. Neste processo, é inegável a influência, de resto declarada, da cultura figurativa *Pop*; a pesquisa de Venturi, contudo, vai mais longe ao propor dois movimentos opostos: um, em direção à banalidade, que identifica ocasiões de contemplação na vulgaridade do cotidiano; outro, em direção à recuperação de um determinado código que desencadeia o mecanismo proustiano da "memória involuntária".

A força do realismo de Venturi reside no fato de não apresentar-se como uma operação populista, e de recorrer o tempo todo a dois níveis comunicativos – o culto e o popular – que se confrontam e se fundem na ironia, ou melhor, na "argúcia".

Se desejamos penetrar no laboratório conceitual venturiano devemos recorrer não apenas às perspicazes observações de Charles Jencks, mas também ao conceitualismo de Gracián ou ao *Cannocchiale aristotelico* de Tesauro, dois textos que realçam os processos metafóricos e o problema da comunicação "popular". Para Gracián, a argúcia baseia-se na tensão e na discordância entre os dois extremos de um conceito, ou seja, entre a idéia e os objetos que se colocam como seus equivalentes. Tesauro, por sua vez, nota que "toda a arte dos pregadores evangélicos consiste em mesclar o fácil e o difícil, de modo que, num povo composto de dotados e idiotas, nem os dotados se aborreçam por saber demais, nem os idiotas por não saber; tal fusão constitui o fundamento da verdadeira persuasão popular".

Tomemos como exemplo o projeto para o Clube de Jazz de Houston, de 1976. Inicialmente Venturi pensou numa fachada clássica com tímpano central, um verdadeiro "museu" que, pelo contraste entre dois extremos – uma tradição musical recente e ainda viva, e o museu como templo da memória – já indicava o desencadeamento da operação *wit*; já no projeto definitivo, entra em cena uma vela içada sobre a cobertura, visível à distância, enquanto a fachada é simplificada, assemelhando-se mais a um armazém portuário, com seu grande portão com tratamento de rusticação e os anéis desproporcionados que aludem a um metafórico embarcadouro. A passagem da metáfora puramente conceitual à metáfora-signo indica a intenção de projetar o edifício no ambiente e aumentar seu potencial comunicativo através da imprevisibilidade e da mudança de escala dos objetos (o navio, os anéis). A imagem histórica (completada, no interior, pelas projeções de pinturas antigas e pela alusão ao teatro de corte) é destronizada, aproximada, no limite, ao consumo acrítico, e ao final resgatada justamente por meio da argúcia.

No projeto para uma casa em Absecon, a ordem arquitetônica, redesenhada de modo deliberadamente infantil e sumário, confere ao volume "transcurável" um caráter e uma identidade que não são produtos automáticos da decoração, mas do contraste entre esta e a disposição das janelas: um procedimento maneirista e barroco recuperado com capciosa ironia.

Ao lado de Venturi, a personalidade de maior relevo entre os expoentes americanos da nova arquitetura é Charles Moore. A motivação profunda e a fonte de desenvolvimento da sua arquitetura residem no conceito de lugar; lugar entendido não como resultado de uma simples operação aritmética – um espaço determinado ao qual se acrescenta a presença ativa do homem – mas como conclusão de um processo de apropriação ao qual a arquitetura confere o valor de um rito.

Algumas das primeiras casas construídas por Moore têm um "coração", no sentido descrito por Alberti no *De re aedificatoria*, materializado numa edícula, ou melhor, num baldaquim, separável do resto da estrutura e sustentado por quatro colunas de madeira. Negativo do *compluvium* da casa clássica, este representa a determinação concreta de um ou mais núcleos significativos da casa que substituem, com maior aderência à vida moderna, o arcaico centro contemplativo da lareira.

Em torno deste arquétipo elementar, Moore desenvolve uma série de variações do espaço envolvente que se dilata em altura e em profundidade, pulsando continuamente; um espaço de circulação condicionado pelos movimentos do corpo humano e, por vezes, organizado à semelhança de um conjunto urbano. A arquitetura envolve o corpo; pensada como pano de fundo de uma ação complexa, torna-se, assim, cenário não de acidentais ações heróicas, mas da vida cotidiana.

A partir da descoberta do centro vital do espaço habitável e da função das paredes internas como diafragmas desenhados pela luz, Moore chega, por experiências sucessivas, a definir o que pode ser considerado seu elemento compositivo mais específico: a parede perfurada, matriz seja do espaço interior, seja do exterior; elemento fundamental que propicia a recuperação, para além de qualquer evocação naturalista, do espaço da rua e da praça, realizada de maneira magistral no Kresge College. Tal como uma rua de uma cidade medieval, o espaço, neste caso, é definido por uma série de panos de cena com angulações diversas; cada um dos quais, num dado ponto do percurso, torna-se pano de fundo em relação aos demais. Em cada pano de cena, dois ritmos superpostos desenvolvem-se em contraponto: o ritmo dado pelo recorte das janelas, ao fundo, e o ritmo dos rasgos feitos nas membranas dos pórticos que articulam os dois planos. O resultado – em função da consonância dos elementos arquitetônicos verticais, recorrentes em séries variáveis, com os troncos altíssimos das árvores que definem a paisagem – está entre os mais válidos e ricos em potência de desenvolvimento de toda a produção arquitetônica nascida do abandono da ortodoxia do Movimento Moderno.

A contribuição teórica de Moore centra-se igualmente no tema da casa, do corpo e da memória, e destaca-se, por seu tom empírico e por sua confiança no próprio ofício, dos escritos dos demais arquitetos da sua geração. O objetivo de Moore é restituir a palavra à arquitetura, emudecida pela subserviência a fatores externos, de ordem moral ou tecnológica; e para fazê-la falar, ele parece disposto a qualquer risco, a qualquer contaminação.

Ao expor os princípios que definem o lugar de uma casa (em seu livro *The Place of Houses*, de 1974, escrito com Gerald Allen e Donlyn Lyndon), Moore introduz, paralelamente à *ordem dos recintos* e à *ordem das máquinas*, que partem de premissas kahnianas, a *ordem dos sonhos*, à qual dedica um capítulo bem-humorado.

> A ordenação dos cômodos pode oferecer um contexto para a atividade cotidiana – escreve Moore – e, através da disposição ordenada das instalações, atividades específicas podem ser enobrecidas. Mas para construir uma casa de boa qualidade é preciso considerar também um outro aspecto: os sonhos, que acompanham todas as ações humanas e devem nutrir-se dos lugares em que se vive.

Para Moore, a maneira mais simples e natural de exprimir a "ordem dos sonhos" é utilizando os elementos "memoráveis" de outros tempos e lugares; em outras palavras, o recurso à memória, mas também à transformação e à miniaturização do modelo evocado. Sua arquitetura, deliberadamente figurativa, busca referências externas no gosto pessoal do cliente, nas suas viagens e desejos. Um exemplo típico deste diálogo com as coisas e as instituições arquitetônicas é a Piazza d'Italia em Nova Orleans, espaço multifuncional destinado à comunidade italiana local. Protagonizado por uma fonte, espécie de decomposição onírica da Fontana di Trevi, o espaço da praça reproduz, em seu centro, o perfil geográfico da Itália, e tem ao fundo um grande nicho e uma colunada representando as cinco ordens arquitetônicas, em formas e materiais que reforçam o tom da paródia. O uso bem-humorado e transparente dos símbolos chega ao privilégio concedido à "Sicília": seu mapa coincide com o centro da praça e é usado como púlpito, como se quisesse lembrar que a maioria da comunidade italiana em Nova Orleans é composta por sicilianos.

Esta opção por uma linguagem direta, beirando o ridículo, mas resgatada em sua carga onírica, indica possibilidades inéditas para a reciclagem e a conjugação "irreverente" e transgressora das formas históricas. Abre-se assim um caminho inédito para uma extraordinária fusão de métodos narrativos, e a arquitetura torna-se, finalmente, permeável a certos mecanismos da vanguarda histórica, como a citação e o *ready-made*, até então excluídos ou censurados pelo purismo moralista.

Paralelamente a esta obra experimental, Moore esboça outras alternativas corajosas para a linguagem pessoal nos seus projetos para a sede da Italian-American Federation, em Nova Orleans, e para o Hotel Eola, em Natuaez, onde os volumes compactos são tão adjetivados que geram uma ambigüidade infinita na leitura das partes e do todo. Não são menos significativos seus projetos urbanísticos, como o projeto para a orla do rio Dayton, onde, ao criar espaços de lazer que provocam a imaginação e a fantasia, Moore revela sua veia inesgotável de produtor de espetáculos.

Aqui também Moore continua a confiar em seus princípios, de resto largamente propalados:

> Os meus princípios derivam da convicção de que o ato de habitar seja uma experiência primária do homem, tanto quanto a alimentação e o sexo, e de que tal exigência só possa ser satisfeita por esforços conjuntos do usuário e do projetista. Isto significa dizer que o papel do arquiteto consiste precisamente em colocar em cena uma série de ambientes familiares que dêem ao habitante a possibilidade de conectar-se com tudo aquilo que o circunda, mediante uma série de surpresas que o tornem ainda mais consciente do lugar onde se encontra.
>
> Acredito que os arquitetos deste século basearam-se demasiadamente no fascínio da surpresa e do estranhamento, e desconsideraram o efeito tranqüilizador das coisas que nos são familiares. Conseqüente-

mente, se o ato de habitar deve ser facilitado, e não limitado, é necessário que as casas possam falar aos habitantes. É preciso, portanto, que haja plena liberdade de linguagem para permitir a transmissão de todo tipo de mensagens, divertidas ou engajadas, sérias ou irônicas, frívolas ou importantes. Visto que a maioria dos arquitetos não partilha de tal princípio, encarreguei-me (talvez excessivamente) de procurar o "estranho" e o "insólito" (nos limites tranqüilizadores daquilo que é familiar).

Outro princípio básico para mim é de que o corpo humano (e não apenas o olho) constitui o elemento primordial que nos ajuda a encontrar nosso lugar no espaço; as noções de acima/abaixo, direita/esquerda, frente/trás/centro são muito mais fundantes para a existência humana que as abstrações das coordenadas cartesianas. No campo imagético, cada arquiteto tem as suas preferências, as quais, se não podem ser justificadas como princípios, podem ser suficientemente fortes para dar forma ao seu trabalho. As minhas preferências compreendem a forma geodésica, o ovo de Páscoa russo, a surpresa de um cristal contido numa casca rugosa, e a falsa "fachada", que costumo perfurar, de modo que através dela possam ser entrevistos fragmentos do corpo contido no interior.

Uma alternativa aparente às linhas de pesquisa de Venturi e Moore parece ser, no limiar dos anos 70, a experiência do grupo New York Five. Em 1969, num encontro organizado pelo Museum of Modern Art, Kenneth Frampton apresenta como um fenômeno homogêneo a produção de Peter Eisenman, Michael Graves, John Hejduk, Charles Gwathmey e Richard Meier. O grupo é oficializado em 1972, com a publicação de um livro em que Arthur Drexler identifica como denominador comum de suas pesquisas a negação ao brutalismo e à superioridade do conteúdo sobre a forma, bem como o retorno à "especificidade semântica da arquitetura".

A produção do grupo rapidamente difunde-se e ganha renome, encontrando alguma ressonância no Neo-Racionalismo europeu. Contudo, ainda que a operação que os une – a reciclagem da linguagem racionalista de Le Corbusier e Terragni – permita o florescimento de resultados vistosos, ela não resiste à rápida obsolescência e, com o tempo, resume-se à edição redutiva da pesquisa empreendida pelos primeiros discípulos de Kahn. É verdade que o uso da linguagem racionalista, tal como proposto pelo grupo Five, é neutro e a-semântico; ele não sugere um *revival*, senão uma releitura, *a posteriori* e do exterior, das conquistas do Movimento Moderno. Mas também é certo que, uma vez que se decida revisitar o racionalismo como passado, não há por que confiar na rígida delimitação maniqueísta e não aceitar, segundo o exemplo de Kahn, restituir a arquitetura moderna ao seio da história. Falta a esta operação de abandono da ortodoxia moderna o fator dinâmico e positivo da *contaminação*, o qual se vale da diferença de potencial entre o antigo e o moderno para desencadear o processo de adequação à nova realidade sociocultural. E não é por acaso que esta via de atualização, ainda carregada de embaraços e receios, seja patrocinada com entusiasmo pelos sacerdotes do pensamento negativo. A longa agonia do Movimento Moderno toma, assim, a forma de um delírio em que surgem, velados e enrijecidos como num quadro hiper-realista, os sonhos de uma infância feliz.

A operação aparentemente inovadora revela-se, com o tempo, estéril e oportunista; garante a criação e o sucesso de uma moda, mas não sua evolução. Substituir uma semântica por uma retórica, a escassez de referências pelo silêncio absoluto, utilizar as mesmas formas que haviam simbolizado a esperança de transformar o mundo para demonstrar que ele não pode ser transformado, foram estratégias para tornar à qualidade e exprimir uma divergência em relação ao pluralismo dispersivo dominante, mas que provaram também que as hesitações e inibições não haviam sido superadas. Assim demonstra-o a diáspora dos "Cinco" com relação aos dogmas que inicialmente os unia. Enquanto Eisenman dedica-se com obstinação à investigação sobre o vazio, movendo-se como um condenado entre as sombras de Le Corbusier, Rietveld e Terragni, os demais perderam sua força ou optaram pela via da divulgação profissional, ou ainda, como Graves e Hejduk, seguiram, com grande independência de espírito, rumo a portos mais arriscados mas menos improdutivos.

Graves, em particular, ao abandonar o novo dogmatismo, abandonou uma identidade velada e ambígua e revelou-se uma das personalidades mais ricas e problemáticas do panorama americano atual. Sua pesquisa conjuga a revisão dos arquétipos do Classicismo com o método da decomposição volumétrica e, no afã de estabelecer um diálogo com o usuário, exalta a frontalidade e a representação tridimensional do espaço. Seus desenhos, destinados a fixar o caráter essencial do jogo volumétrico com a clareza ingênua das construções infantis, dão o melhor testemunho do processo de recodificação da linguagem arquitetônica ancorada na memória coletiva.

Outra figura igualmente decisiva para o abandono da orientação neo-racionalista na América é Robert Stern. Partindo da platafoma do *New Shingle Style*, Stern funde a eloqüência visual do grupo Five com a liberdade e radicalidade do uso da memória e das raízes americanas. Os princípios que informam seu trabalho são enunciados com clareza pragmática e revelam uma atitude projetual desprovida de qualquer componente ideológico:

1. A decoração não é um crime.
2. Os edifícios que se inspiram em outros edifícios da história da arquitetura são mais significativos do que os que neles não se inspiram (a isso chamou-se, outrora, de "ecletismo").
3. Os edifícios que se relacionam com edifícios circunstantes têm mais força do que os que com eles não se relacionam (é o que se chamou de *common courtesy*, mas poderia também ser chamado de "integração contextual").
4. Os edifícios que se ligam a idéias sobre fatos específicos que os produziram são mais significativos do que aqueles que com estes não se ligam.

Disto deriva o fato de que não só é legítima a procura de imagens específicas para comunicar idéias através dos edifícios, mas também que é possível e lógico projetar simultaneamente dois edifícios, e que um resulte diferente do outro.

5. A arquitetura é uma "narrativa", aliás, uma arte comunicativa. Nossas fachadas não são véus transparentes nem a afirmação de segredos estruturais profundos. Elas funcionam como mediadores entre o edifício enquanto construção "real" e as ilusões e percepções necessárias para relacioná-lo aos lugares onde é construído, às convicções e aos sonhos dos arquitetos que o conceberam, aos clientes que arcaram com seus custos e à cultura que permitiu que fosse construído.

Acreditamos que a projetação arquitetônica seja, em parte, um processo de assimilação cultural, mas também uma tentativa de sugerir que os problemas reais não consistem em colocar em discussão os paradigmas funcionais e tecnológicos estabelecidos pela grande maioria das situações, mas sim os paradigmas formais que continuam a perseguir-nos depois do fim do Movimento Moderno. E isso não pode ser decorrência apenas do talento individual de um arquiteto: a história, o estado da arte arquitetônica num dado momento, as aspirações dos clientes, tudo deve desempenhar um papel no processo de projetação arquitetônica. É preciso reiterar que cada edifício, não importa o quanto diste de outras obras de arquitetura, é parte de um contexto cultural e físico, e nós, como arquitetos, somos forçados a reconhecer estas conexões na nossa teoria e na combinação de formas que estabelecemos naquilo que casualmente chamamos de *design*.

Nossa atitude em relação à forma, que se baseia no amor pela história e no seu conhecimento, não implica uma reprodução acurada. Ela é eclética e serve-se da colagem e da justaposição como meios técnicos para dar às formas conhecidas um novo significado e propor um novo caminho. Confiamos no poder da memória (história) combinada com a ação das pessoas (uso) para instilar riqueza e significado na projetação arquitetônica. Para que a arquitetura tenha êxito em seu esforço de participar criativamente do presente, é preciso que supere a iconoclastia do movimento moderno dos últimos cinquenta anos, ou o formalismo limitado de tantas obras recentes, e que reconquiste uma base cultural e uma leitura, tão completa quanto possível, do seu próprio passado.

Seguindo tais premissas, que condenam o esnobismo intelectualista, Stern e seus colaboradores realizaram algumas residências absolutamente fascinantes, em que a sábia organização cenográfica une-se à invenção continuamente renovada do espaço e da luz, e a um rigoroso controle gramatical.

O panorama americano atual, no começo dos anos 80, é mais aberto e promissor. A orientação dos jovens distingue-se cada vez mais das desgastadas reelaborações profissionais do *International Style* e dos mitos da tecnologia como um fim em si. Um grupo de personalidades de expressão colocou à disposição das universidades métodos didáticos e alternativas que se unem no reconhecimento da necessidade de fundar, sobre as cinzas do Movimento Moderno, uma cultura capaz de responder às novas demandas de uma sociedade profundamente transformada.

Para concluir nosso estudo, que decerto não tem a pretensão de inventariar os desdobramentos de uma orientação em estado nascente, não podemos deixar de citar Agrest-Gandelsonas, o grupo Taft, Stanley Tigerman (que, de modo autônomo, enriquece o panorama com sua veia irônica e sua sólida habilidade para a figuração) e o grupo Machado-Silvetti, autor do sugestivo projeto da Casa Fonte, uma das aplicações mais criativas do tema da metáfora. Thomas Gordon Smith, por fim, que mal completou trinta anos, é provavelmente quem, com maior audácia e convicção, faz uso criativo da memória. Suas imagens, que fazem reviver as inquietações e a argúcia do maneirismo de Giulio Romano, conjugando-as à reelaborações de modelos espaciais barrocos e expressionistas, estão entre os testemunhos mais eloqüentes da liberdade resultante da derrocada das últimas inibições que sustentavam o prestígio da ortodoxia autoritária.

55. Philip Johnson e John Burgee, projeto da sede social das indústrias PPG em Pittsburgh, Pensilvânia.

56. Philip Johnson e John Burgee, projeto da sede social da AT&T em Nova York.

128 DEPOIS DA ARQUITETURA MODERNA

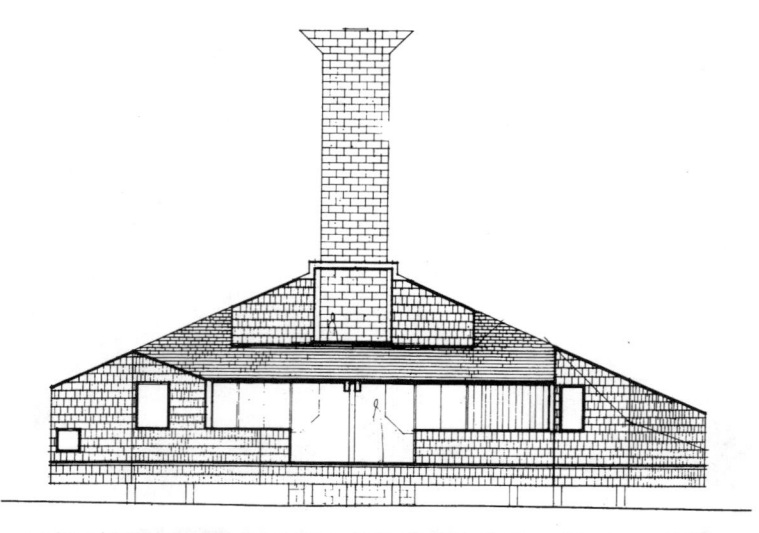

57-58. Robert Venturi, projeto de uma casa na praia, 1959; Robert Venturi e John Rauch, casas Trubek e Wislocki em Nantucket, Massachusetts, 1971-72.

59-60 (*página seguinte*). Robert Venturi e Short, detalhe e planta da sede da Associação das Enfermeiras da Pensilvânia do Norte, 1960.

O EVENTO AMERICANO **129**

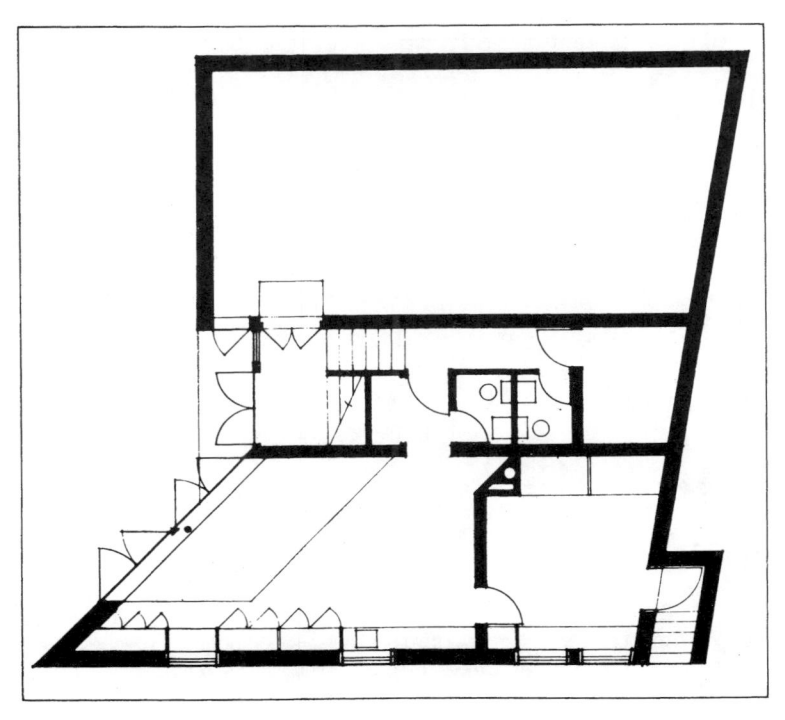

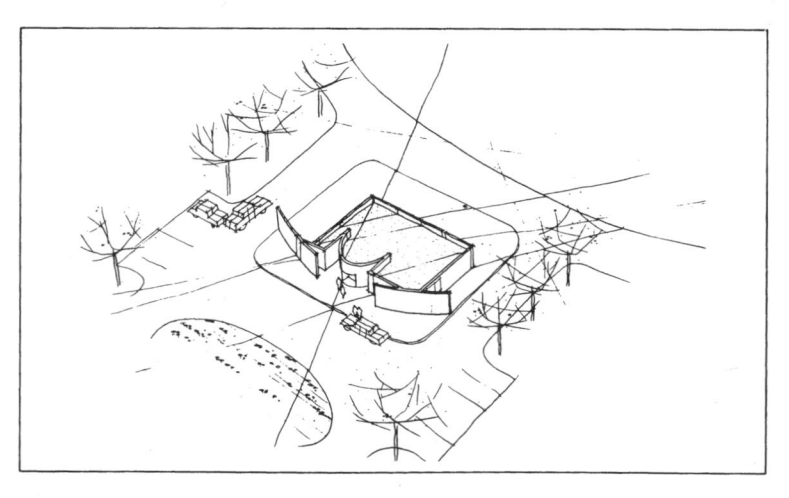

61-62. Robert Venturi e Short, casa em Chestnut Hill, Pensilvânia, 1962-64; Robert Venturi e John Rauch, com R. J. Cripps, projeto de um edifício no Princeton Memorial Park, Highstone, New Jersey, 1966.

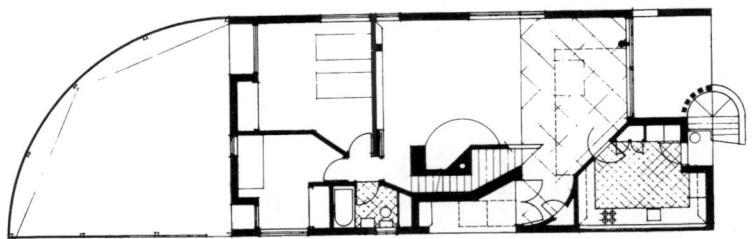

63-64. Robert Venturi e John Rauch, fachadas de uma casa em Absecon, New Jersey, 1977; Robert Venturi e Short, planta da casa em Chestnut Hill, Pensilvânia, 1962-64.

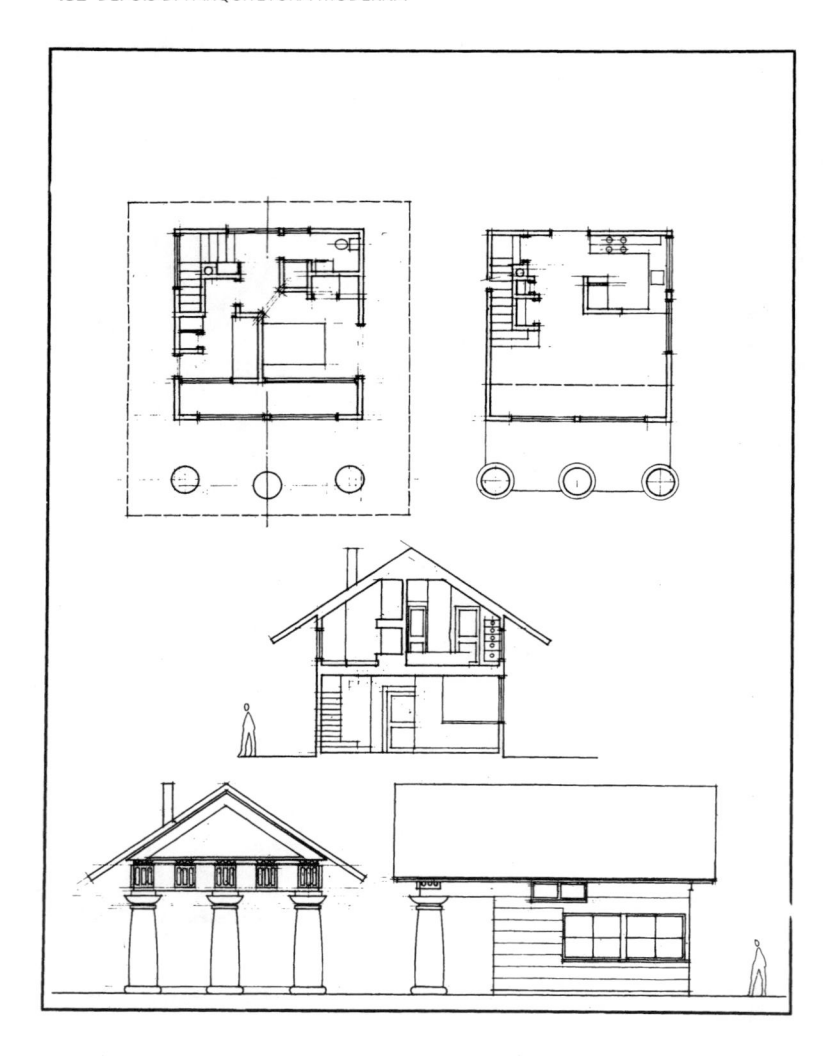

65. Robert Venturi e John Rauch, projeto de uma casa de veraneio, 1977.

66 (*página seguinte*). Robert Venturi e John Rauch, fachada de um clube de *jazz* em Houston, 1976.

O EVENTO AMERICANO **133**

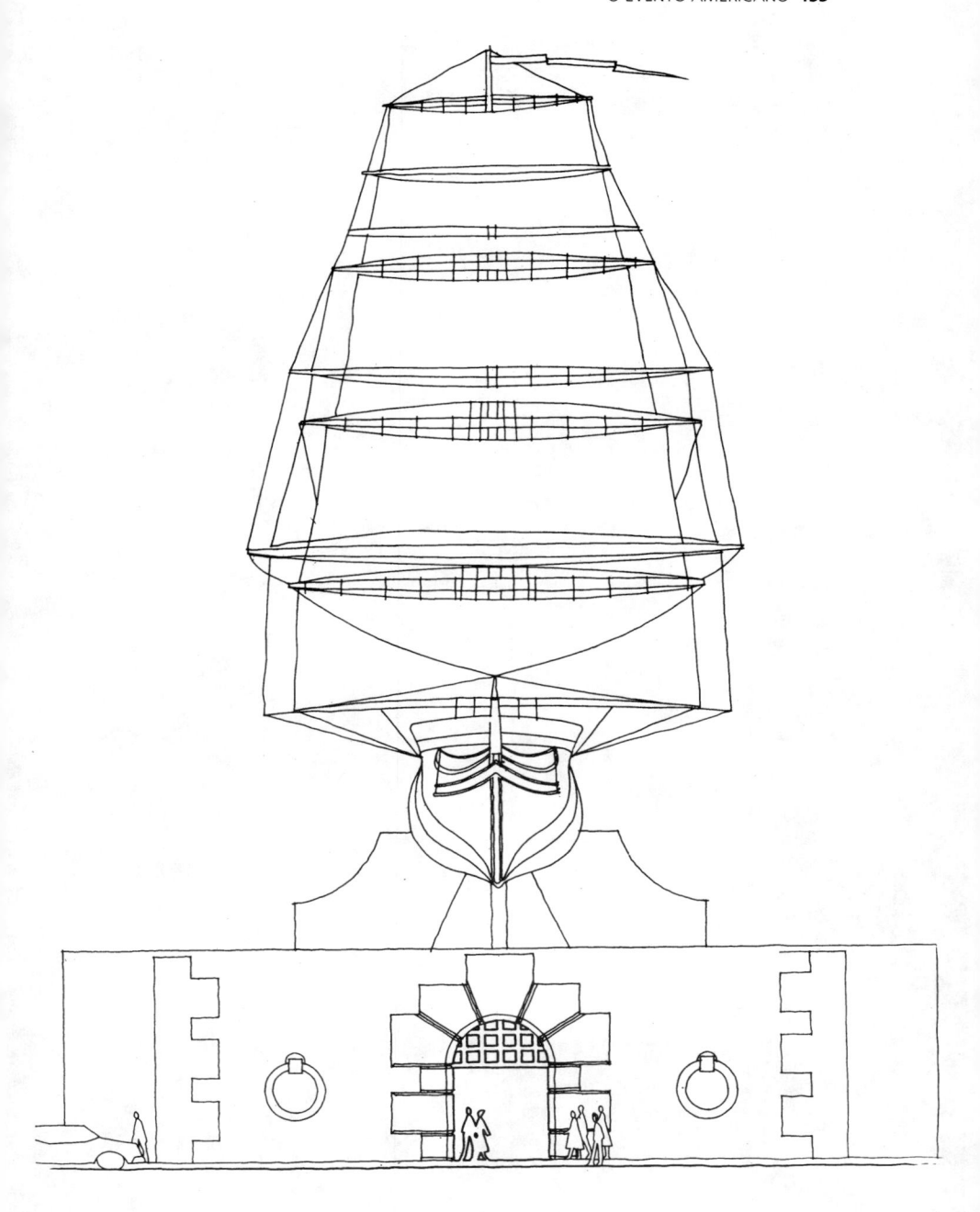

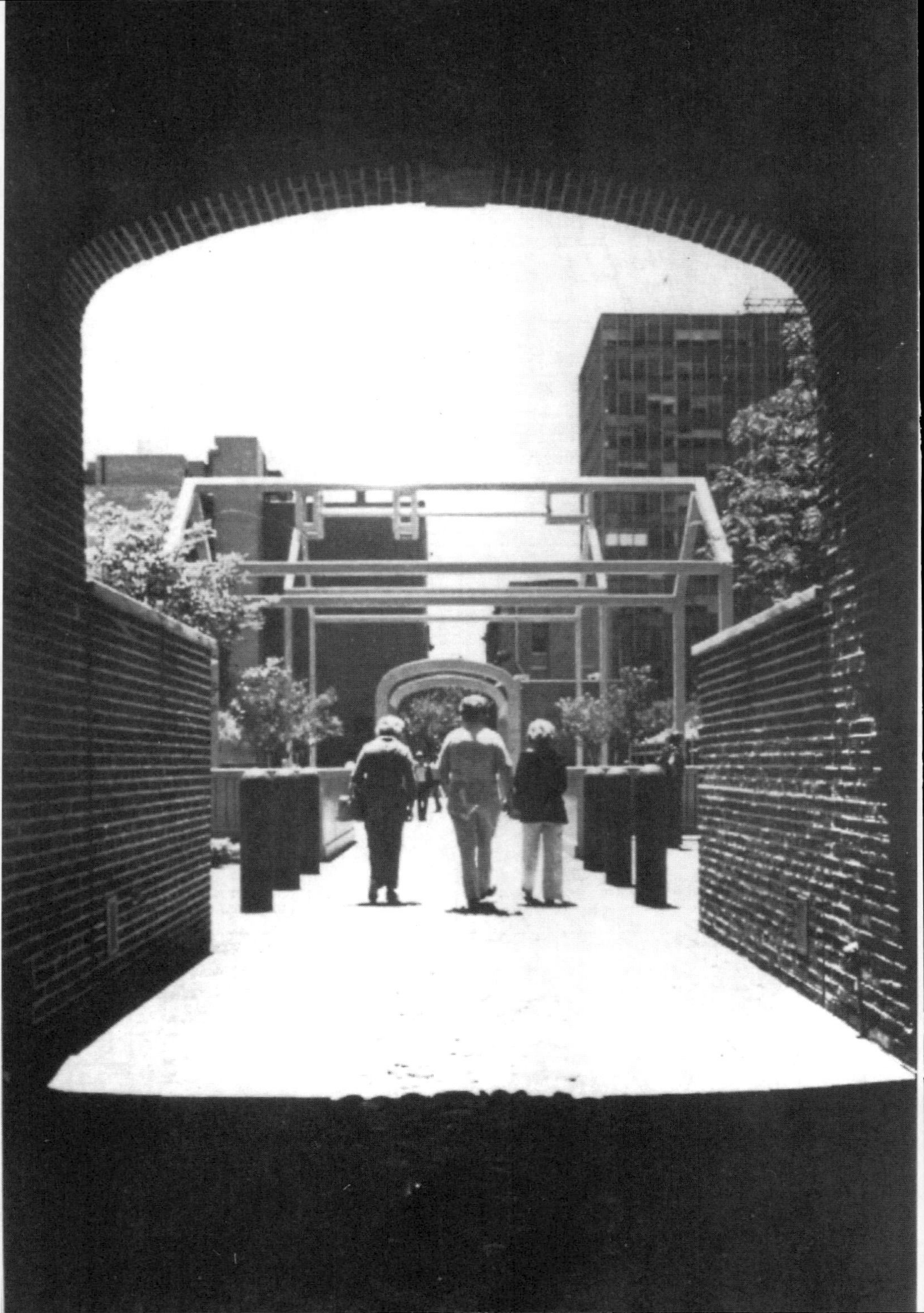

O EVENTO AMERICANO **135**

67-69 (*nesta página e na página anterior*). Estúdio Venturi-Rauch, três vistas da Franklin Court em Filadélfia, Pensilvânia, 1972.

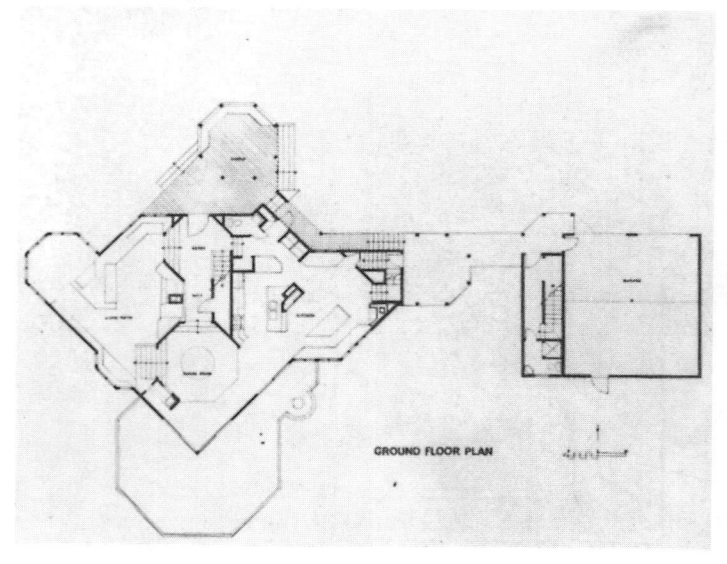

70-71. Charles Moore e equipe, vista e planta da casa Klotz em Westerly, Rhode Island, 1969.

72. Charles Moore e equipe, Faculty Club da Universidade da Califórnia em S. Bárbara, 1968.

73-74. Robert Venturi, interior da casa Tucker em Nova York, 1975; Robert Venturi e Short, casa em Chestnut Hill, 1962-64.

O EVENTO AMERICANO **139**

75. Robert Venturi, coluna "jônica" na Johnson Gallery, Allen Memorial Art Museum em Oberlin, Ohio, 1973-76.

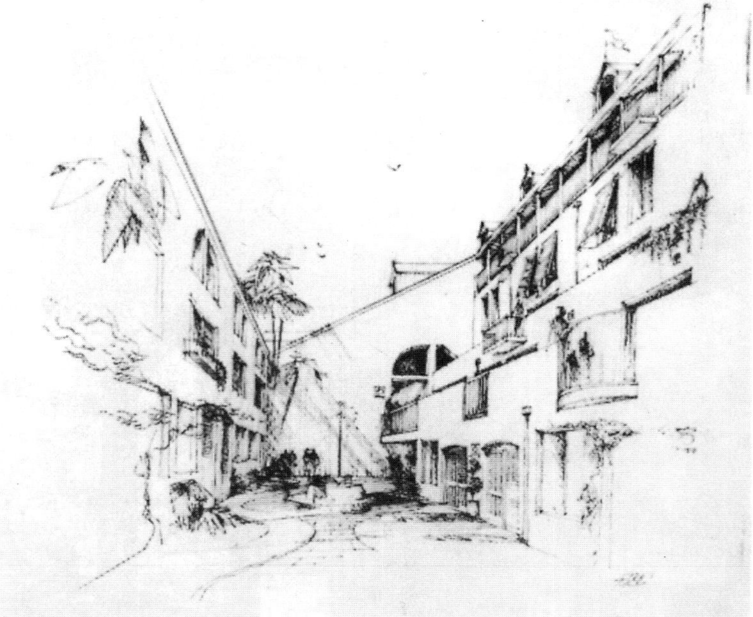

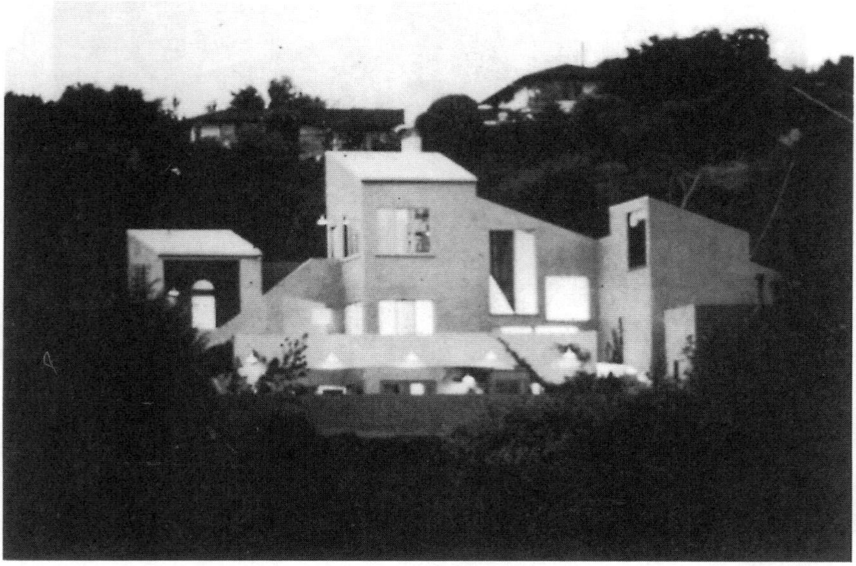

O EVENTO AMERICANO **141**

76-77 (*página anterior*). Charles Moore, projeto de um albergue em St. Simons Island, Geórgia; Charles Moore com Richard Chylinski, casa Burns em Santa Mônica, Califórnia, 1974.

78-79. Charles Moore e equipe, Gold Spring Harbor Guest House em Essex, Connecticut, 1979; Charles Moore com Urban Innovations Group, projeto da *Piazza d'Italia* em Nova Orleans, Louisiana, 1977-79.

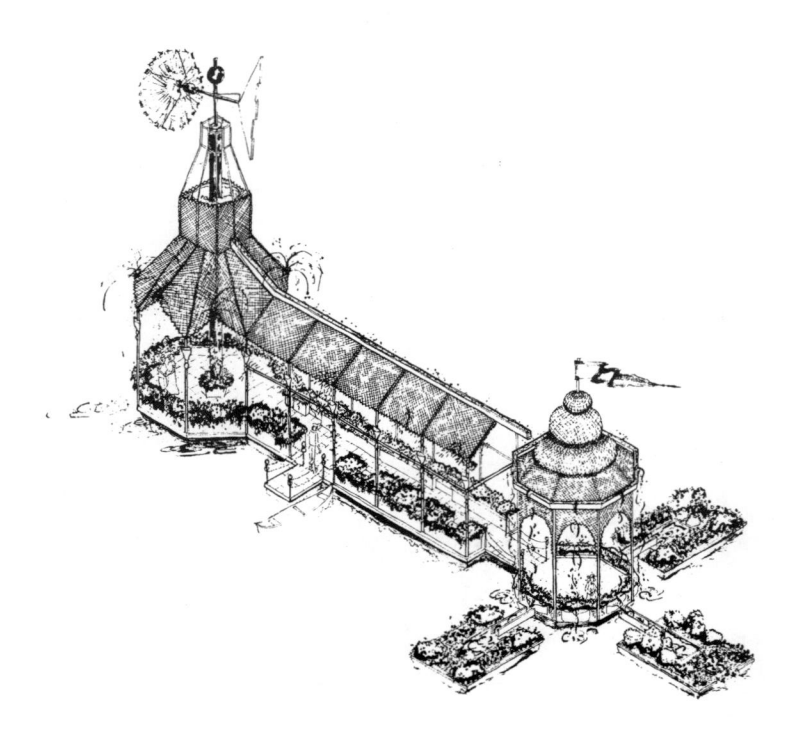

80-81. Charles Moore e equipe, dois desenhos do projeto para a orla do rio Dayton, Ohio, 1976.

82 (*página seguinte*). Charles Moore e equipe, Kresge College, Universidade da Califórnia em Santa Cruz, 1974.

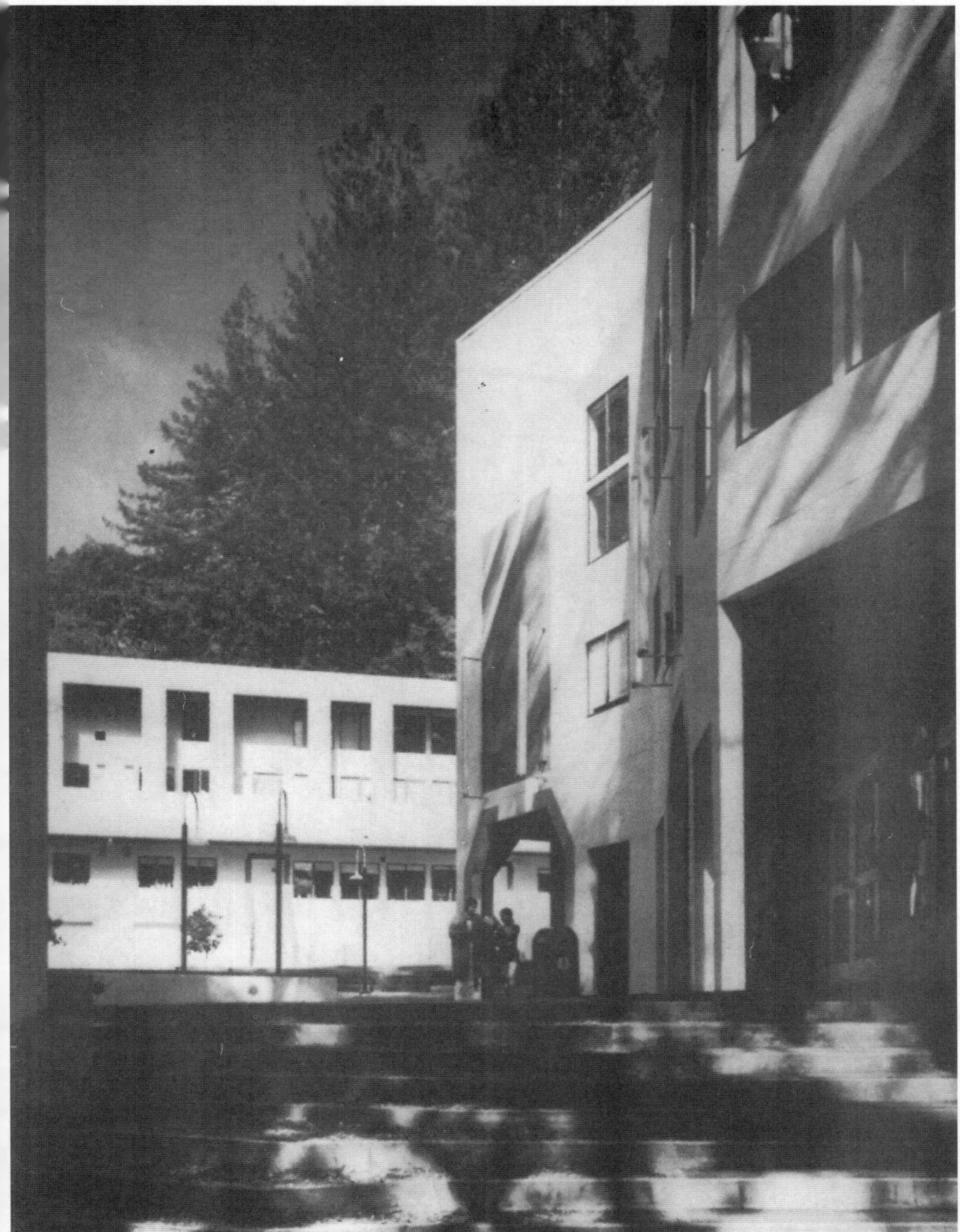

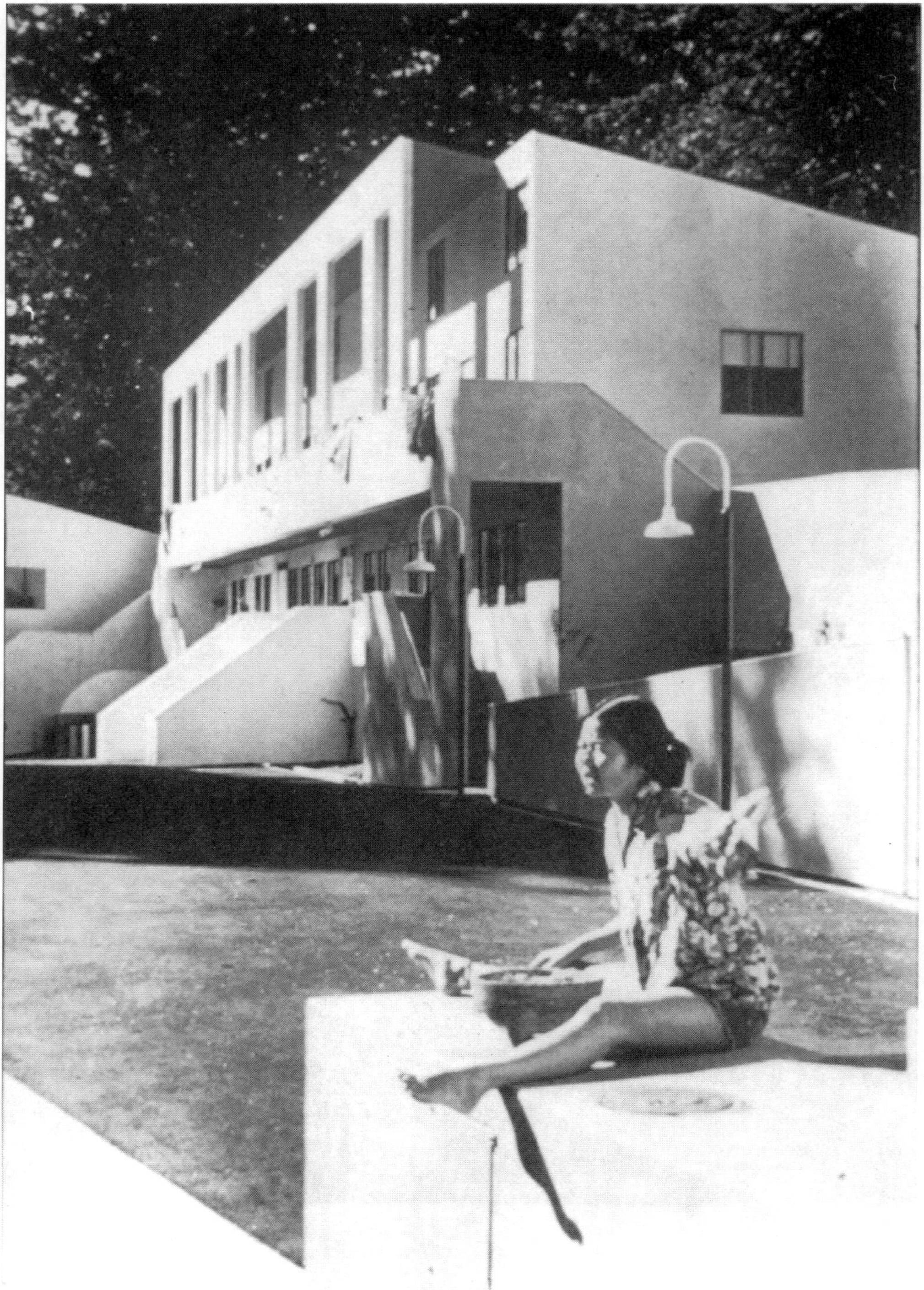

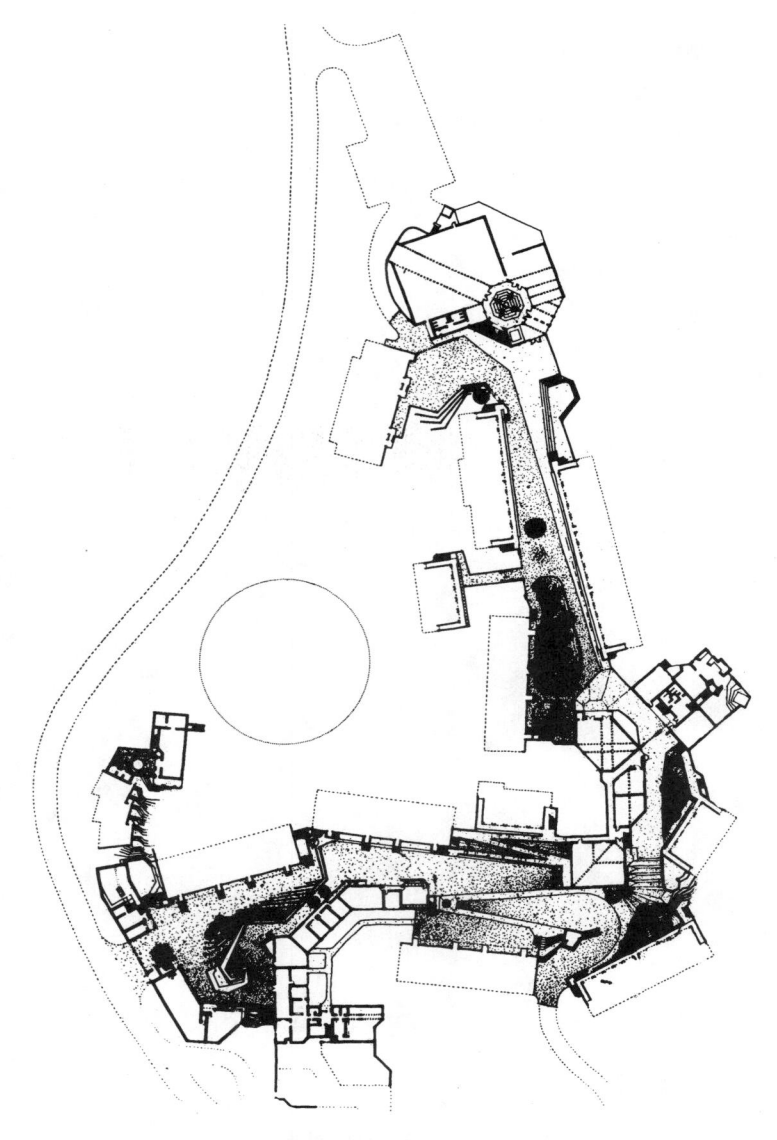

O EVENTO AMERICANO **145**

83-84 (*página anterior e acima*). Charles Moore e equipe, vista e planta do Kresge College, Universidade da Califórnia em Santa Cruz, 1974.

85 (*nas duas páginas seguintes*). Charles Moore com Saputo e Rowe, projeto da sede da Italian-American Federation em Nova Orleans, 1979.

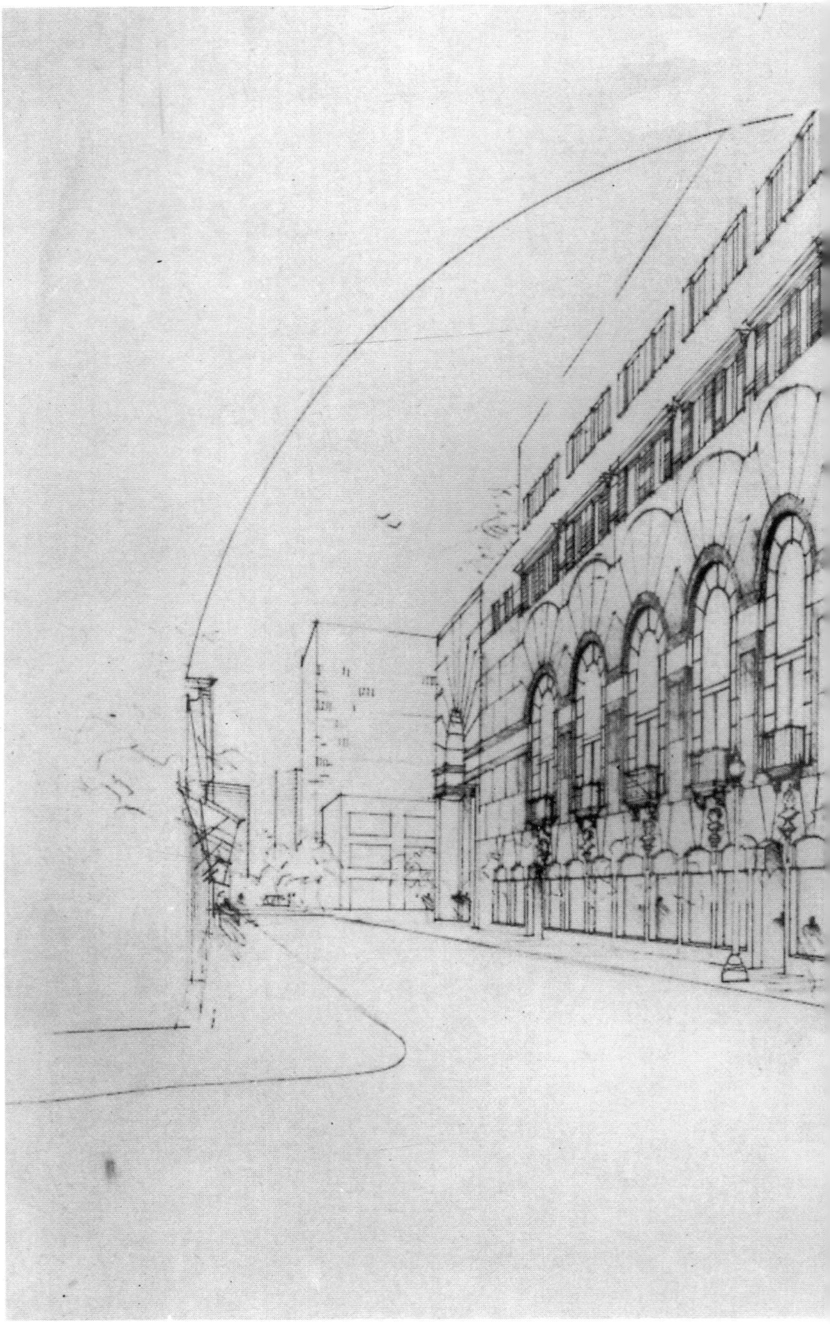

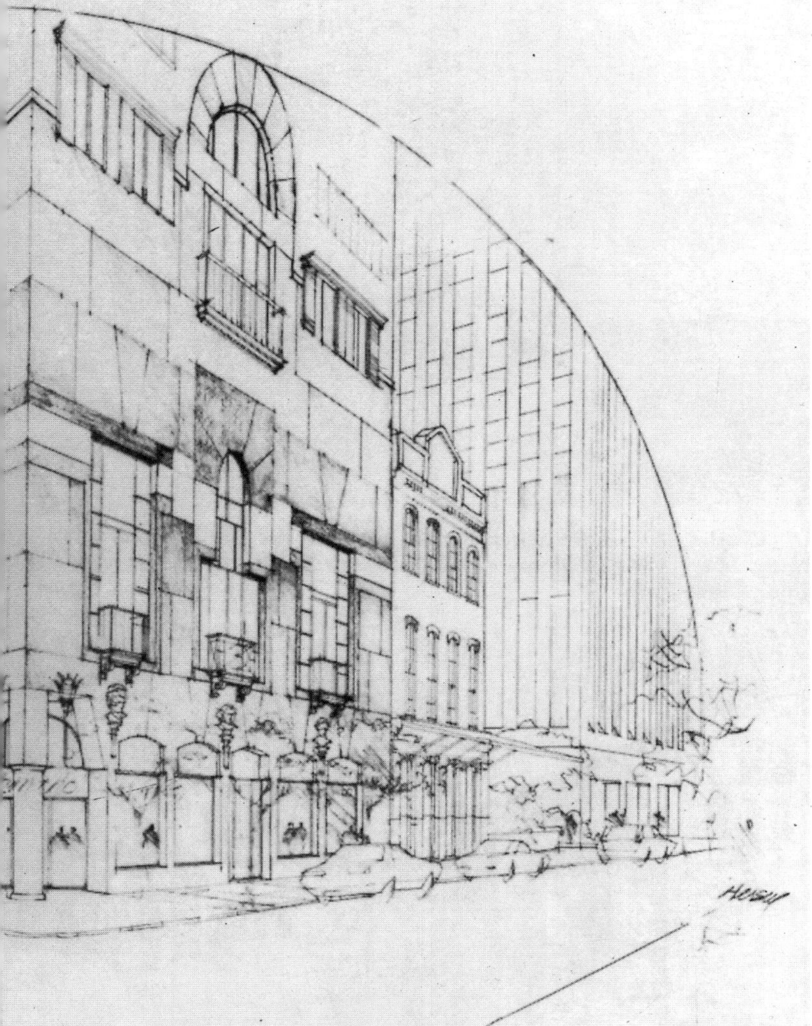

148 DEPOIS DA ARQUITETURA MODERNA

86-87. Charles Moore com Perez e equipe, projeto do Hotel Eola em Natuaez, Miss.; Charles Moore e equipe, projeto para a orla do rio Dayton, Ohio, 1976.

88-89. Charles Moore com Saputo e Rowe, desenho do interior da sede da Italian-American Federation em Nova Orleans, 1979; Charles Moore e equipe, projeto para a orla do rio Dayton, Ohio, 1976.

South

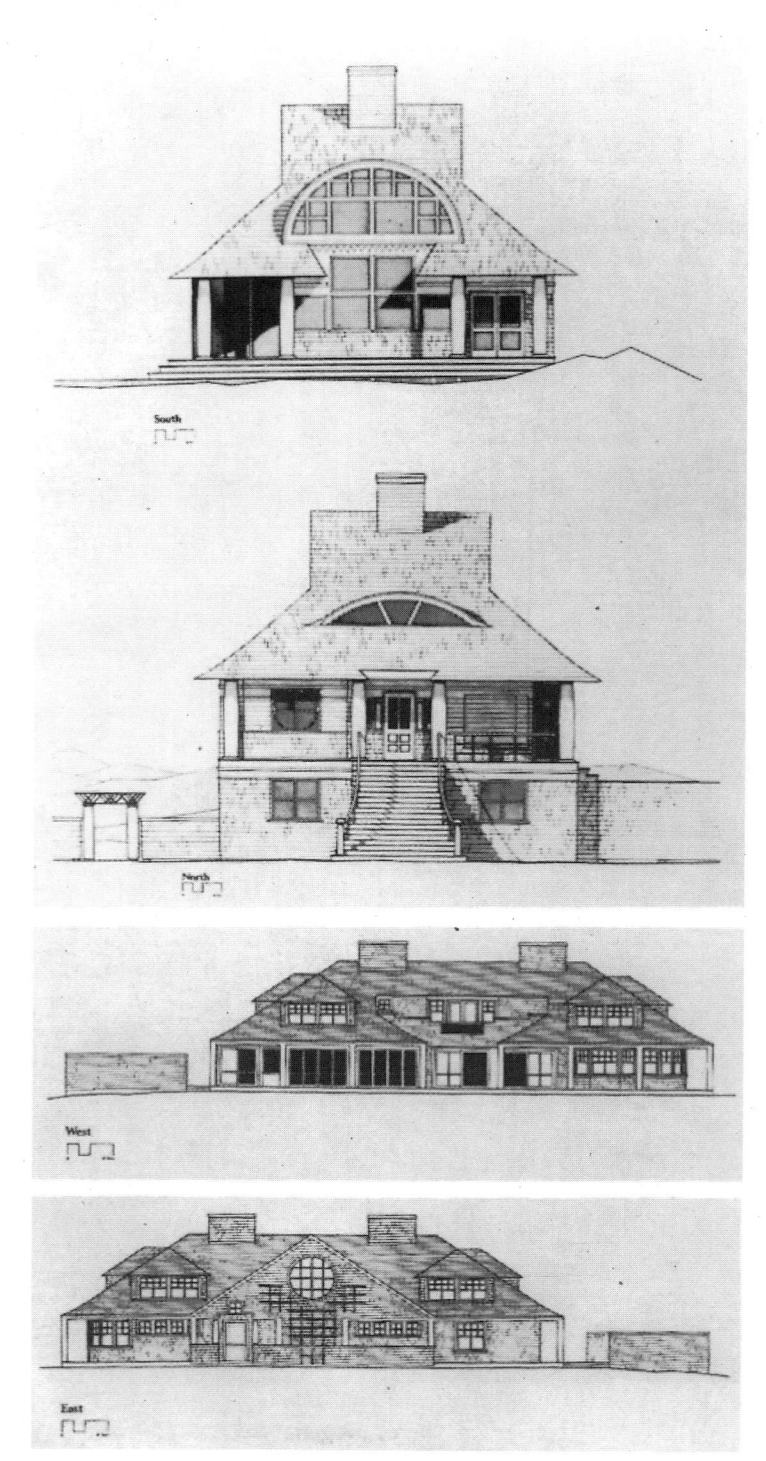

North

West

East

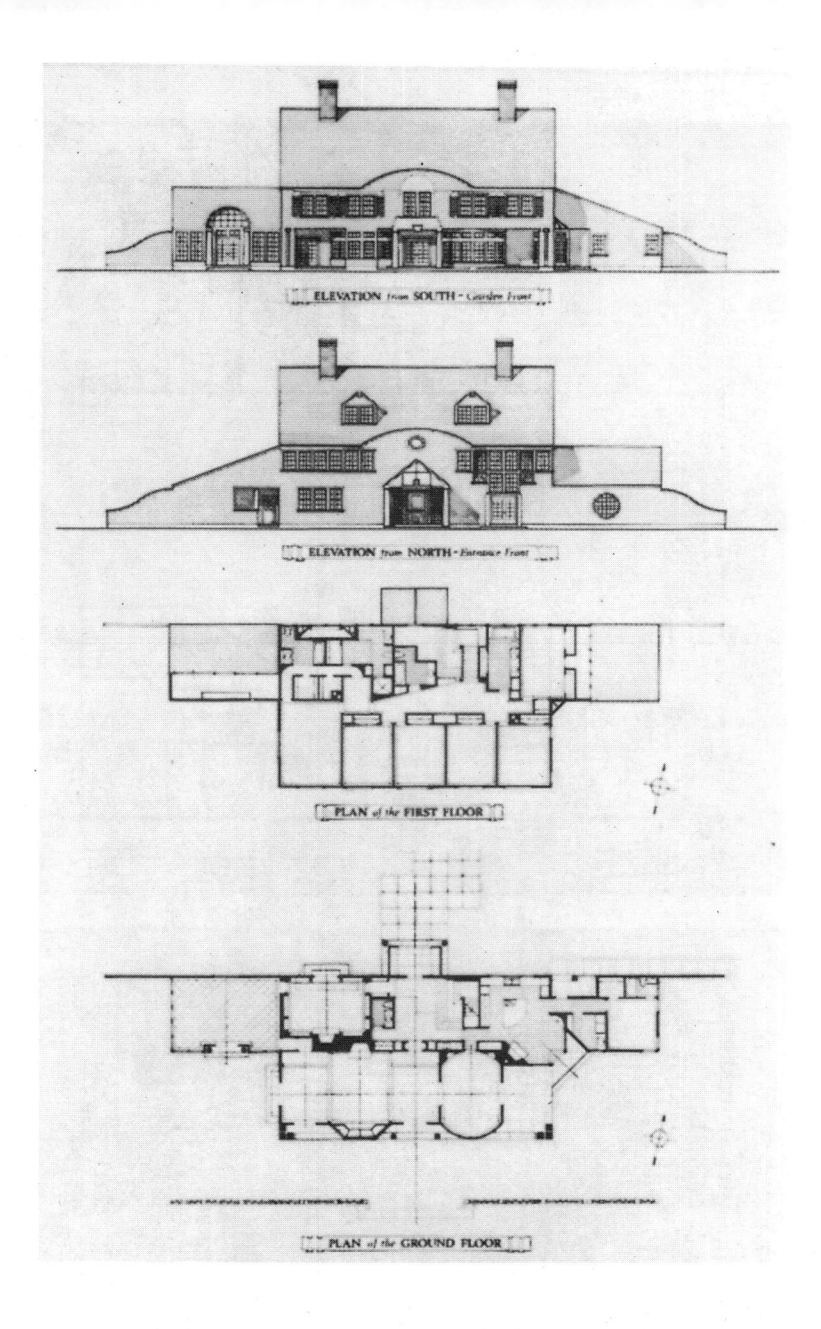

90-91 (*página anterior*). Robert A. M. Stern, fachadas da casa Lawson em East Qougue, LINY, 1979 (*acima*) e fachadas da casa Martha Chilmark em Vineyard, Ma., 1979 (*abaixo*).

92 (*nesta página, acima*). Robert A. M. Stern, projeto da casa Brooks em East Hampton, 1979.

152 DEPOIS DA ARQUITETURA MODERNA

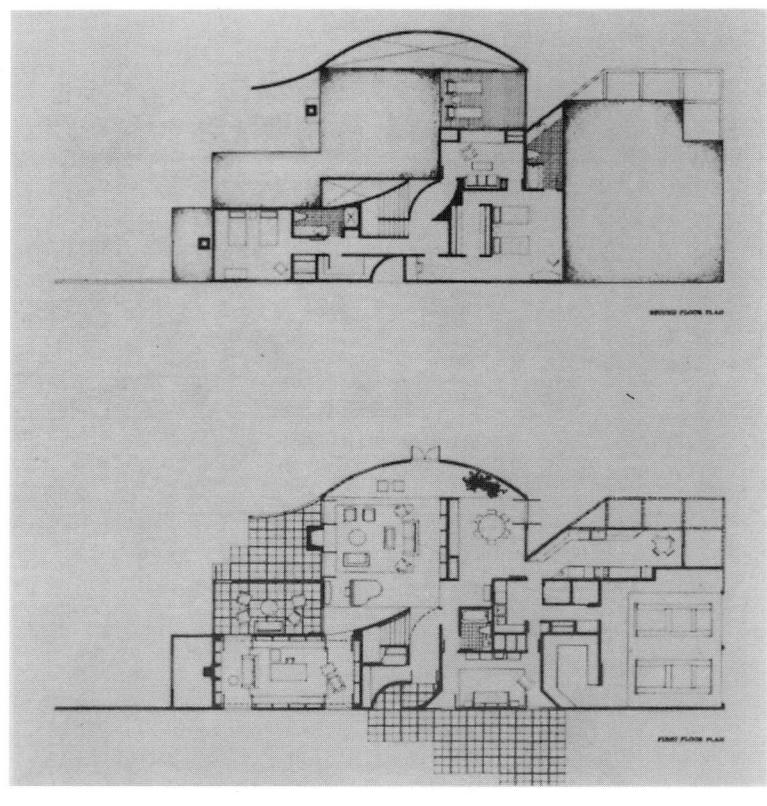

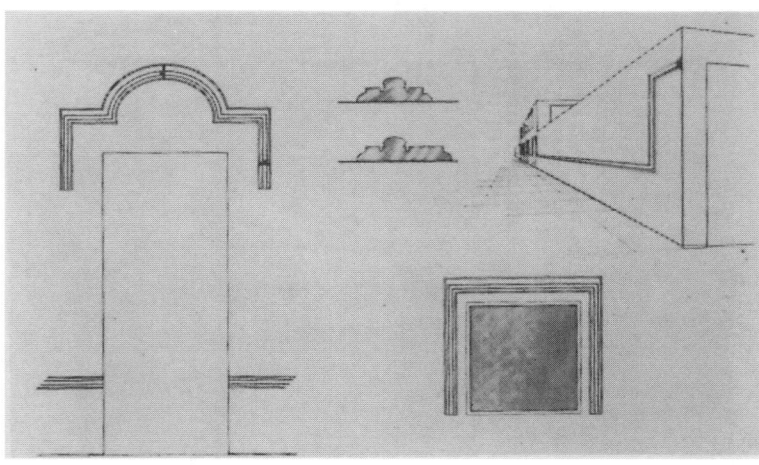

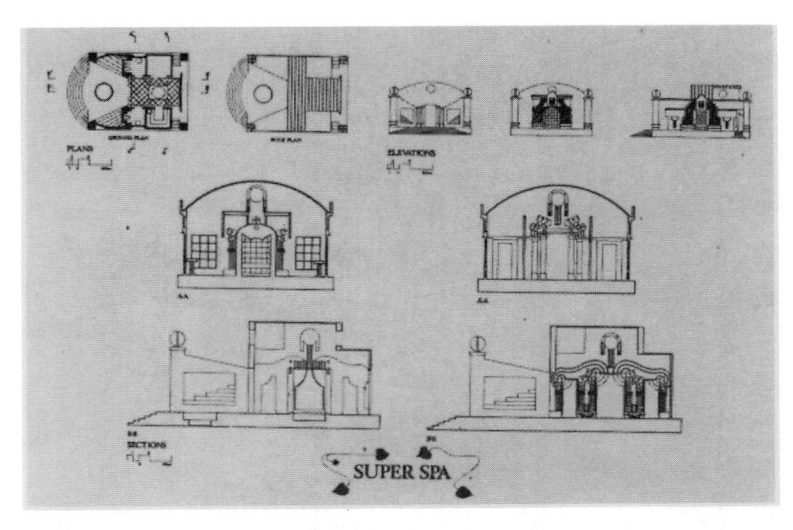

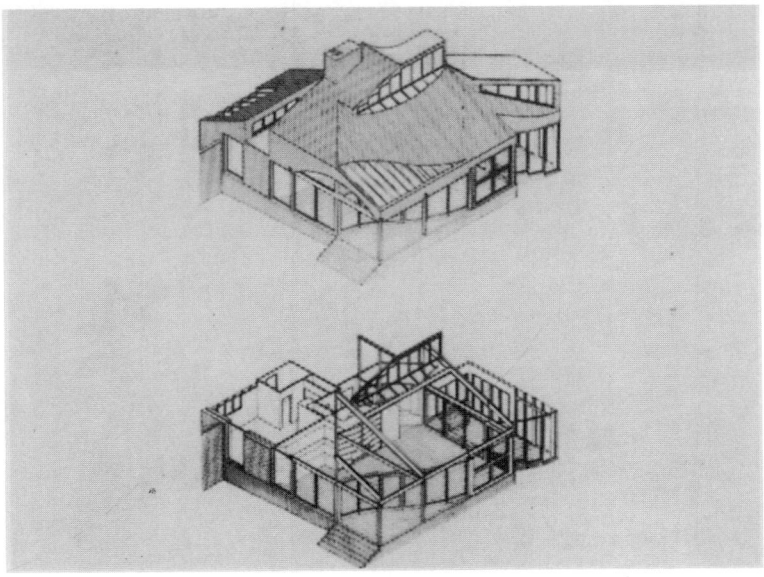

93-94 (*página anterior*). Robert A. M. Stern, plantas e detalhes externos da casa Lang em Washington, 1973-74.

95-96. Robert A. M. Stern, Projeto para Super SPA, 1979, e axonométrica da casa Pool em Greenwich, Connecticut, 1973-74.

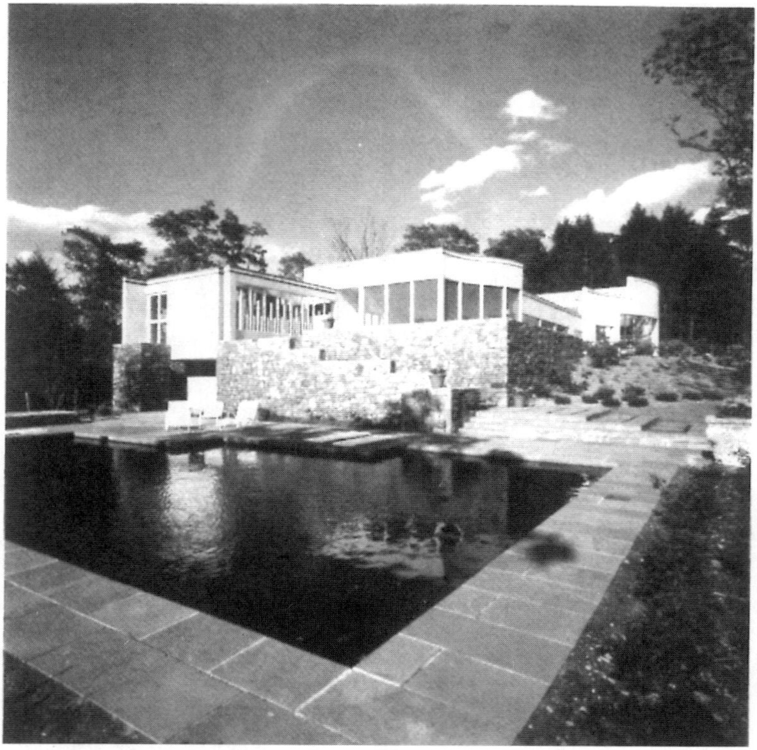

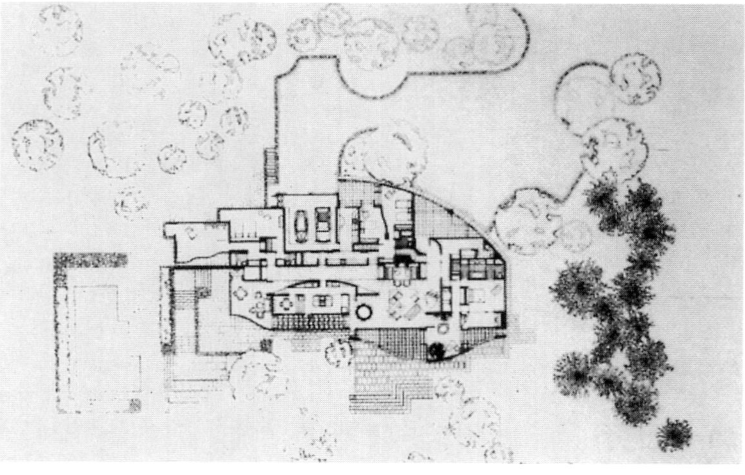

O EVENTO AMERICANO **155**

99. Robert A. M. Stern, detalhe do interior do Jerome Greene Hall na Columbia School of Law.

97-98 (*página anterior*). Robert A. M. Stern e John Hagmann, vista e planta da casa Westchester em Armonk, N.Y., 1974-76.

156 DEPOIS DA ARQUITETURA MODERNA

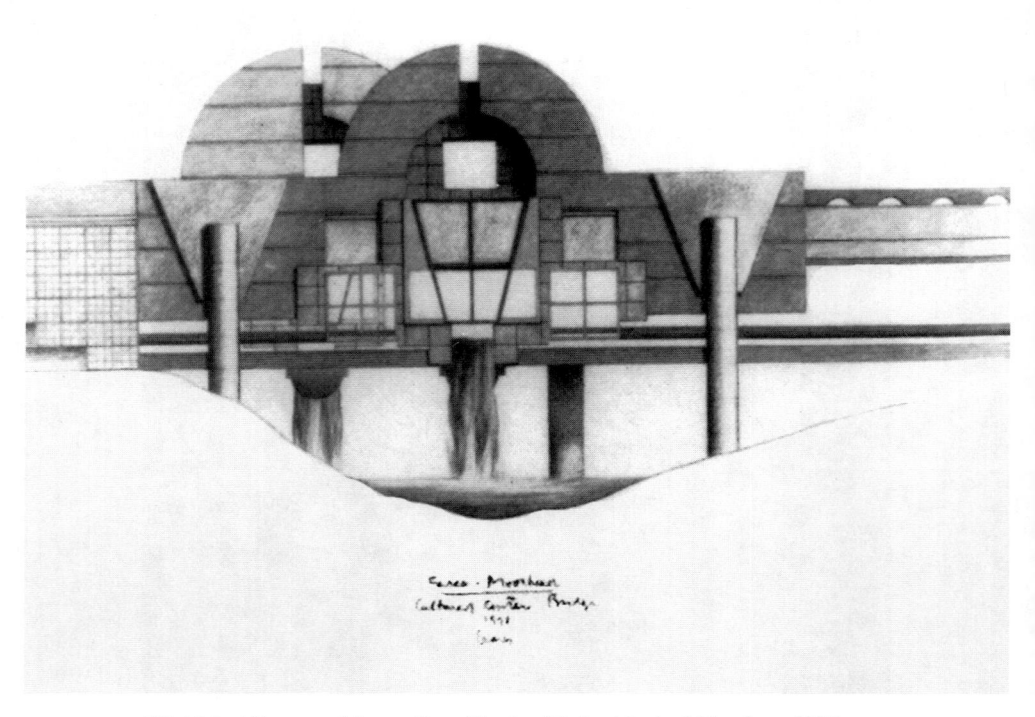

100. Michael Graves, projeto para Fargo/Moorhead Cultural Center Bridge, Fargo (N.D.) e Moorhead (Minn.), 1977-79.

101. (*página seguinte*). Michael Graves, estudos para a fachada da French & Company em Nova York, 1978.

O EVENTO AMERICANO **157**

102. Michael Graves, projeto da sede da French & Company em Nova York, 1978.

103-104. Michael Graves, desenho da casa Kalko em Green Brook, N.Y., 1978 e desenhos do projeto de uma casa de veraneio em Aspen, Colorado.

105. Rodolfo Machado e Jorge Silvetti, maquete da Casa Fuente na Califórnia, 1975.

106. Rodolfo Machado e Jorge Silvetti, detalhe da maquete da Casa Fuente na Califórnia, 1975.

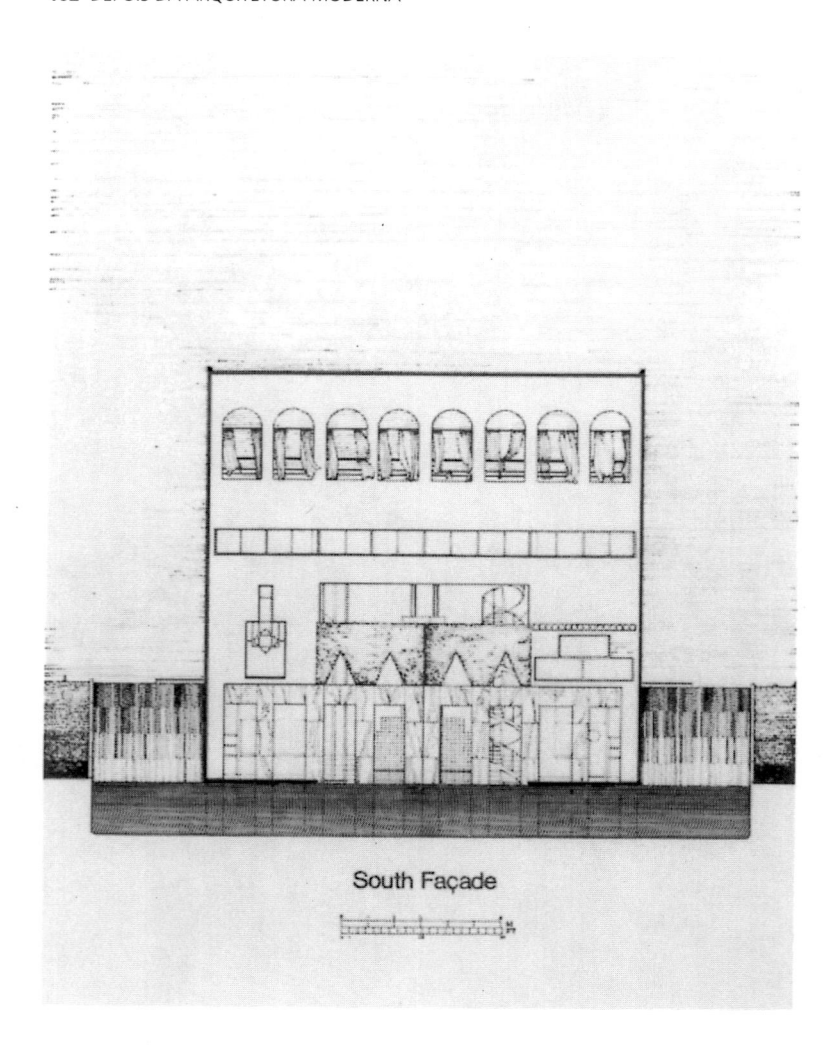

107. Rodolfo Machado e Jorge Silvetti, vista da Casa Fuente na Califórnia, 1975.

108. Rodolfo Machado, projeto para a Casa F/M, 1972.

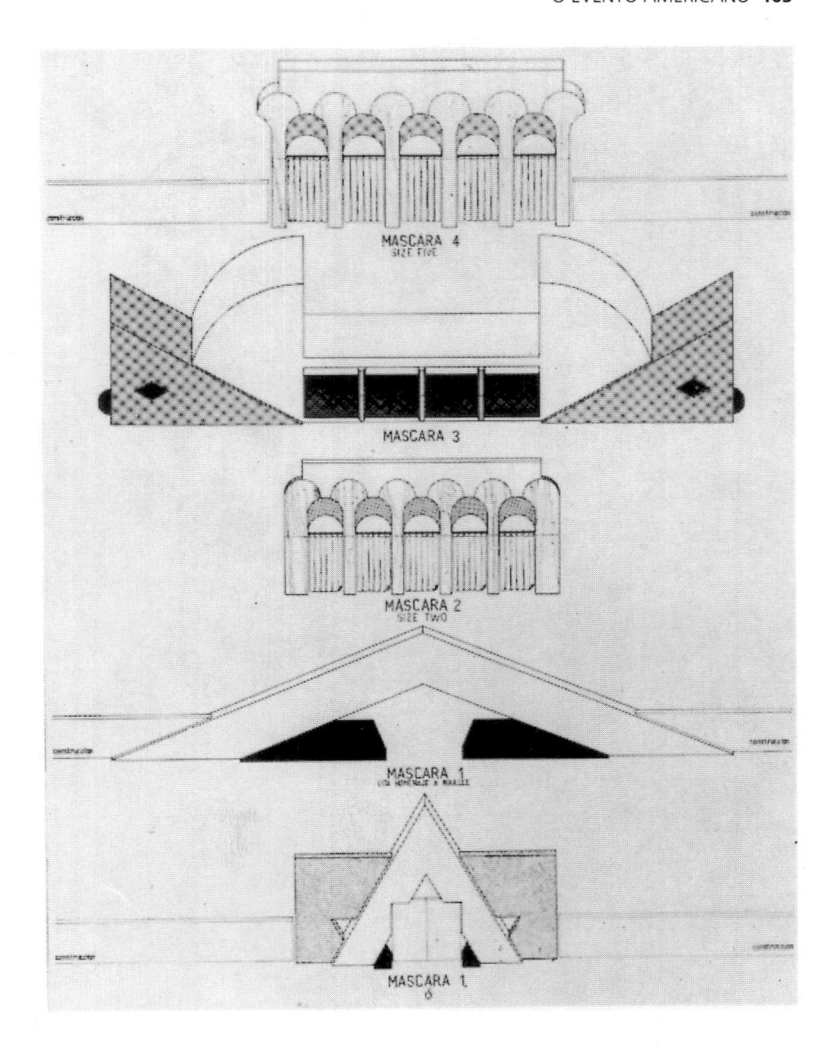

164 DEPOIS DA ARQUITETURA MODERNA

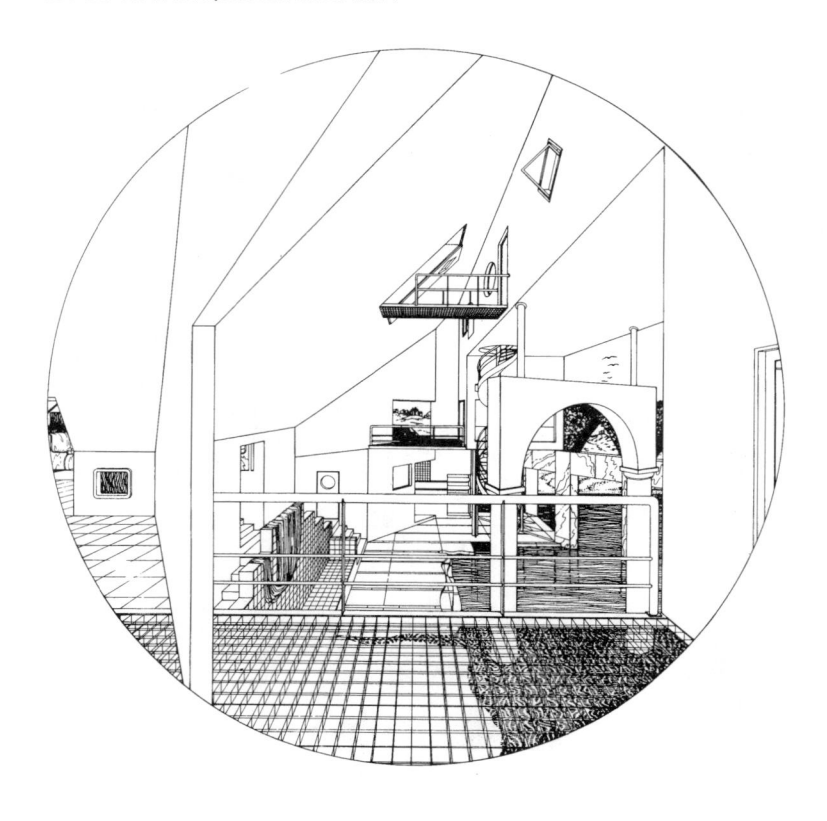

109. Rodolfo Machado e Jorge Silvetti, desenho do interior da Casa Fuente na Califórnia, 1975.

110-111 (*página seguinte*). Rodolfo Machado e Jorge Silvetti, projeto para Frazier Terrace; Diana Agrest e Mario Gandelsonas, projeto de uma casa de veraneio em Punta del Este, Uruguai, 1977.

FRAZIER TERRACE

166 DEPOIS DA ARQUITETURA MODERNA

112-113 (*página anterior*). Allan Greenberg, elevação de uma casa em Guildford, 1978, e projeto de pavilhões para um parque em Manhattan.

114-115. William Turnbull, perspectivas do projeto de um conjunto residencial.

168 DEPOIS DA ARQUITETURA MODERNA

116-117. Andrew Batey e Mark Mack, projeto de pavilhão em Napa Valley, Califórnia, 1979; Taft Architects, projeto.

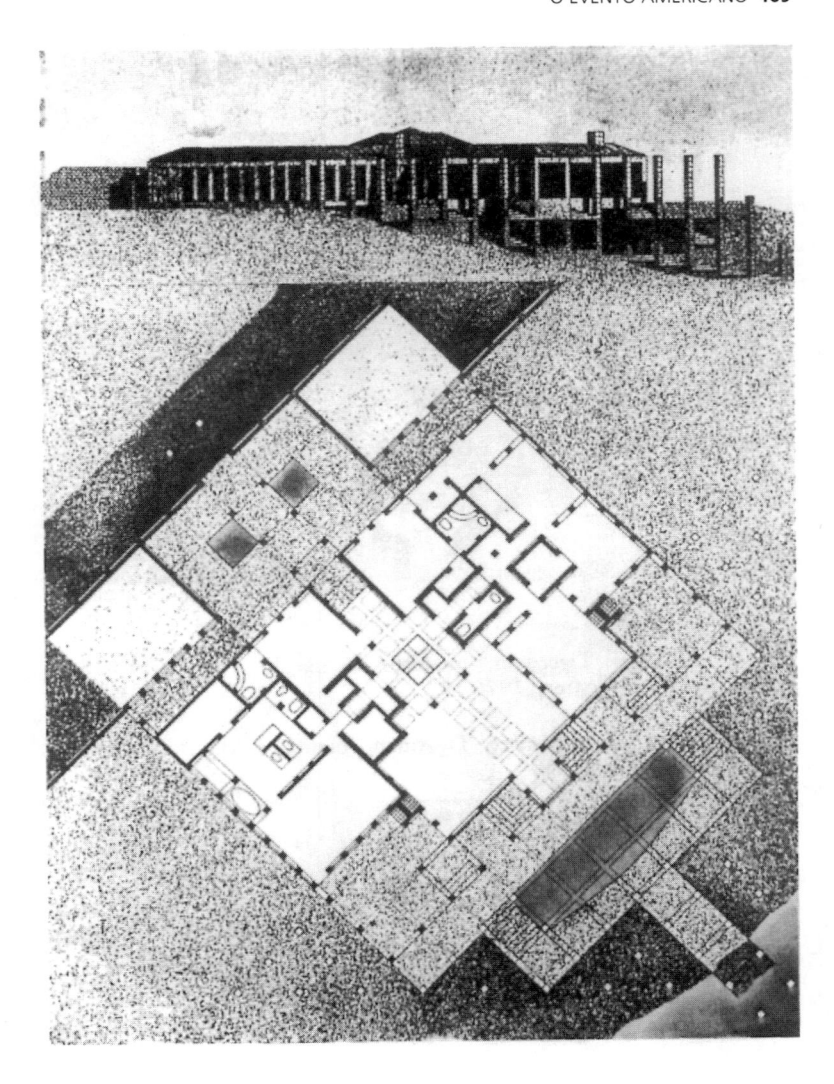

118. Andrew Batey e Mark Mack, projeto de uma casa subterrânea em Napa Valley, Califórnia, 1979.

119-120. Stanley Tigerman, projeto Pensacola Place, 1973-76, e Baha'i Archives Center, 1976-79.

121-122 (*página seguinte*). Stanley Tigerman, planta e vista da casa Daisy, Indiana, 1975-78.

O EVENTO AMERICANO **171**

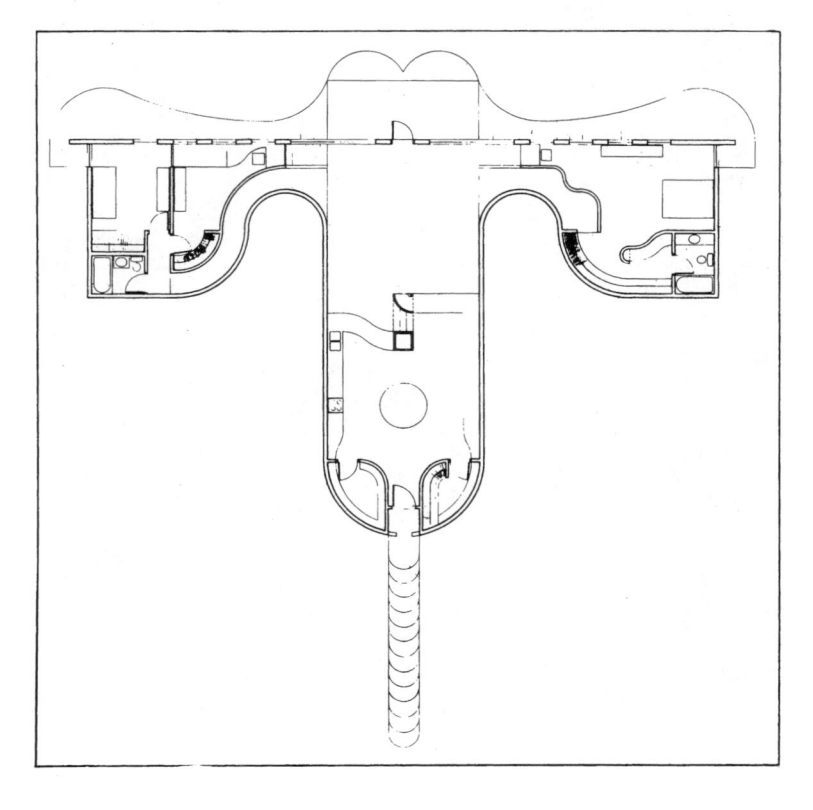

123. Stuart Cohen, projeto da Galeria Kelly em Chicago (ilustração), 1978.

124-125. Stanley Tigerman e Associados, maquete da casa Proeh; Beeby, Cohen e outros, conjunto de casas para a Galeria Kelley em Chicago, 1978.

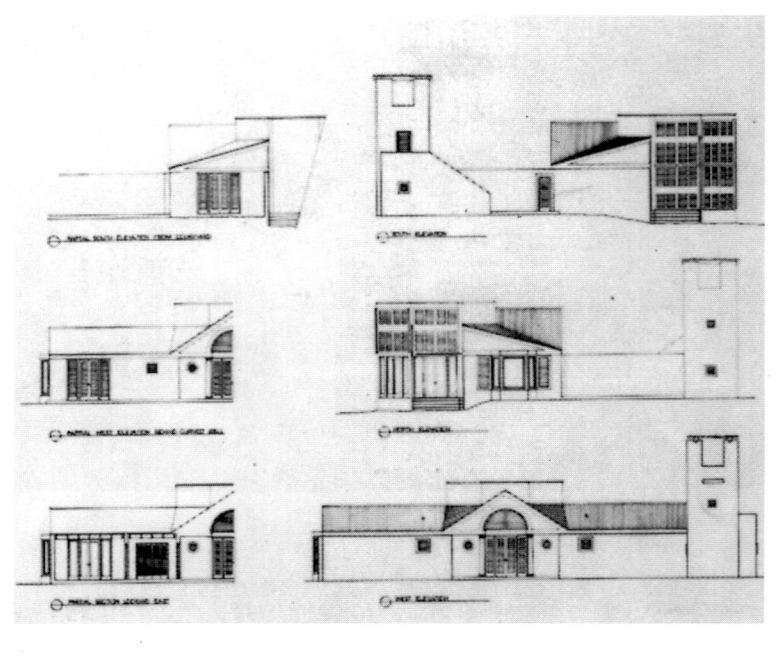

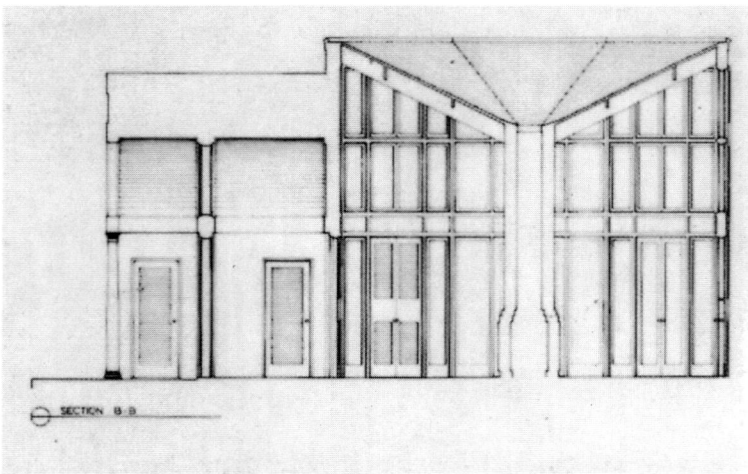

126-127. Hammond, Beeby e Babka, projeto e seção da casa Bush em Harbour Island, Bahamas, 1979.

128. Kemp Mooney, casa Martha Brewer em Atlanta, Geórgia, 1979.

129. Thomas Gordon Smith, casas para James e Demetra Wilson em Livermore, Califórnia, 1979.

130-131. Thomas Gordon Smith, projetos das casas Paulownia em Oakland, Califórnia, 1977, e Jefferson Street em Berkeley, Califórnia, 1976.

9. O HORIZONTE EUROPEU

> A arte moderna ensinou-nos a abandonar a tradição; isto
> deve ensinar-nos a romper com a tradição da arte moderna.
>
> DIETER KOPP

Se nos Estados Unidos, a partir da reforma kahniana e das declarações de princípio de Johnson, é possível traçar uma linha evolutiva contínua, desde o final dos anos 50 até hoje, com relação ao panorama europeu encontramo-nos, pelo contrário, diante de uma série de oscilações, hesitações e renúncias: sintomas de um debate dispersivo e contraditório que só nos últimos anos tem mostrado avanços significativos.

No início da década de 60, um número razoável de arquitetos italianos busca uma saída para a ortodoxia do Movimento Moderno. Particularmente os mestres da geração intermediária – de Ridolfi a Michelucci, Albini e Gardella – empenham-se num confronto aberto com a história, sendo nisso acompanhados, como vimos, pelo grupo de jovens que dá vida ao Neo-Liberty: Gabetti, Isola e Raineri em Turim; Gregotti, Canella, Rossi e Aulenti em Milão.

A relativa convergência das suas orientações não configura, porém, uma frente resoluta e teoricamente madura. O chamado à ordem dos defensores da ortodoxia modernista provoca, no espaço de poucos anos, uma inesperada pulverização de posições, enquanto novos mitos são apressadamente criados para cortar pela raiz o esforço reformista, já então corrompido por seu componente populista. Estes novos mitos são as tecnologias emergentes, a industrialização total do ciclo da construção civil e o "urbanismo", entendido como planificação do solo através do *zoning* e incumbido da articulação orgânica entre arquitetura e política, projeto e sociedade. Atualiza-se, assim, o grande mito da redenção do mundo pela arquitetura; esta é substituída pelo urbanismo e reduzida à condição de superestrutura frívola e volúvel da planificação territorial.

O chamado "milagre econômico" europeu traz consigo, neste meio tempo, uma onda de utopia e de confiança acrítica na identificação entre desenvolvimento e progresso, e encontra muitos arquitetos – velhos e jovens – dispostos a afastar-se do próprio ofício e da realidade social para aventurar-se nos caminhos fáceis da engenharia social, da invenção mais ou menos gratuita de novos mundos habitados por homens projetados sob medida para habitá-los.

A reação dos mestres apresenta resultados semelhantes, mas é profundamente distinta. Enquanto Michelucci procura refugiar-se numa realidade primordial, como se a história não admitisse outra abordagem que um cerco à distância, Albini abandona a corajosa reciclagem de sistemas compositivos históricos realizada no museu de S. Lourenço e na Rinascente para entrincheirar-se cada vez mais numa tarefa discreta e cautelosa: a de redesenhar, com garbosa elegância, os signos que a tecnologia lhe sugere. Mesmo Gardella, depois da casa veneziana em Zattere e do refeitório da Olivetti, parece desacelerar o passo, ocultando deliberadamente suas descobertas mais significativas em contextos privados e menores, como em Arenzano.

A trajetória de Scarpa e Ridolfi é diversa. O primeiro não se cansa de expor um método de transcrição baseado em elementos extraídos dos temas e da sintaxe da tradição veneziana, sem renunciar a um processo de destilação que decompõe, altera e violenta à exasperação a raiz mnemônica da forma. Uma arte da memória que reduz o texto à estenografia, compreendendo alusões que vão de Veneza ao Extremo Oriente reabilitado pelo pensamento Zen.

A exemplo de Scarpa, Ridolfi afasta-se, em meados dos anos 60, dos temas correntes do debate arquitetônico. Seu isolamento, porém, não decorre de uma trajetória aristocrática e ideal no reino da qualidade, mas sim de um obstinado eterno retorno à temática da casa e da maestria artesanal, que, por conferir veracidade à forma arquitetônica, a restitui à cultura material, como uma testemunha do acordo estabelecido entre trabalho manual e trabalho mental. Esquecido por todos – exceto por alguns amigos que continuam a situá-lo no âmago de uma cultura em mutação, e pelas testemunhas do seu exílio em Marmore –, Ridolfi construiu casas com a perfeição formal do soneto e a vivacidade da balada. Nelas, ressurgem vocábulos exumados pela memória coletiva e repropostos, tal como em seu estado nascente, pela lógica intrínseca ao processo formativo.

Já os turinenses Gabetti e Isola, que integram o grupo padano, propulsor do Neo-Liberty, prosseguiram com suas pesquisas de elevada qualidade, mas aos poucos renunciaram a seus aspectos mais polêmicos, dando às vezes a impressão de preferir explorar as margens da ortodoxia modernista que transpor seus limites.

O abandono da temática Neo-Liberty foi mais nítido e irrevogável em Vittorio Gregotti, que a partir do final dos anos 60 suscitou atenção, juntamente com outros expoentes europeus da sua geração – de Ungers a Álvaro Siza e Oriol Bohigas –, por pretender opor à desagregação pluralista do Movimento Moderno a reintegração de seu programa racionalista original. Depois de abandonar a proposta de desmistificação do *design*, Gregotti estabelece um novo profissionalismo sensível às sugestões da tecnologia e deliberadamente restrito a um repertório figurativo fundado na geometria elementar e em algumas operações de "corte" da caixa de alvenaria. Para Gregotti, assim como para Meier e Eisenman, o afastamento da ortodoxia implica adotar como material histórico os exemplos do racionalismo clássico dos anos 20 e 30, língua morta empregada em exercícios de sintaxe e retórica e invocada sobretudo por ser desprovida de contaminações simbólicas e cargas memoriais e, por conseguinte, apropriada a um programa de "austeridade". Em suma, uma teoria que constringe o neo-racionalismo a revisões limitadas do passado próximo e priva-o do fermento dialético das experiências pós-modernas mais autênticas.

É, no entanto, dos limites do neo-racionalismo que emerge o personagem mais fascinante do horizonte arquitetônico europeu atual: Aldo Rossi, um arquiteto que realizou poucos edifícios, nenhum deles uma obra-prima, mas cuja produção gráfica e projetual dá prova fundamental das inquietações e dúvidas, bem como de algumas das certezas reincorporadas por toda uma geração de arquitetos. Embora mantenha uma posição autônoma, Rossi junta-se, no final dos anos 50, ao grupo de alunos de Rogers que participa da experiência do Neo-Liberty; e é o primeiro a enxergar claramente seus limites e dificuldades. Sua paixão intelectual pelo rigor loosiano o faz ver com suspeitas o intimismo e o psicologismo dos seus companheiros, mas sua noção de continuidade histórica da arquitetura, e sua conseqüente recusa da divisão maniqueísta da cultura em dois momentos – antes e depois do advento da produção industrial e do Movimento Moderno – distinguem-no claramente daqueles que propugnam um regresso à ortodoxia funcionalista. Na carta que Francesco Tentori reproduz no catálogo da mostra de L'Aquila, em 1963, já emergem, juntamente com os pontos cardeais da sua poética, as diferenças que o separam dos verdadeiros neo-racionalistas:

> Em meus projetos ou naquilo que escrevo – afirma Rossi – procuro fixar-me num mundo austero e de poucos objetos; um mundo cujos dados já estão estabelecidos...Se eu tivesse que dizer, simplesmente, o que me interessa na arquitetura, diria que é o problema do conhecimento. Por que na arquitetura? Provavelmente por ser este o meu ofício, não por outro motivo qualquer... nem sequer acredito em vocação para a arquitetura ou para qualquer outra coisa; o que existe é apenas um problema de técnicas diversas, a serem aprendidas da melhor forma possível.
>
> [...] uma posição como essa nega, ignora todo o processo de atribuição de um papel "redentor" que se quis conferir à arquitetura ou à arte desde o Movimento Moderno – seja como atitude, seja como resultado formal. É por isso que, pessoalmente – não pelo gosto da polêmica, mas porque tenho uma outra visão do problema –, nunca fiz distinção entre arquitetura moderna e não-moderna; entendo tratar-se simplesmente de uma escolha entre certos tipos de modelos. A dificuldade reside, pois, unicamente na descrição; todos nós concebemos um modelo ideal e acreditamos que seja possível descrevê-lo, de modo ideal ou convencional. No momento em que vamos descrevê-lo, no entanto, a nossa incapacidade se revela, e é provável que os melhores resultados sejam obtidos quanto mais nos aproximamos da idéia em si. A tradução desta idéia oferece, contudo, um bloco de representações do qual não nos esquivamos; as formas que engendramos – ou que são, elas próprias, a representação da idéia – permanecem. E esta permanência da forma talvez seja, em síntese, tudo aquilo que podemos colher da realidade – ou que podemos exprimir.

É nesse período que, finda a experiência de *Casabella*, Rossi recolhe-se no seu laboratório e amadurece os termos de um pensamento teórico e de uma prática projetual que fazem com que ele esteja entre os primeiros a transpor os limites então vigentes. "Um mundo austero e de poucos objetos" resume o programa baseado em reduções ao qual ele se entregará, com obstinação, ao longo de quinze anos: um mundo de formas elementares efetivamente extraídas da geometria mas filtradas pela história, numa tentativa de identificação viabilizada pelo apelo ao conhecimento, às imagens mentais – aos arquétipos que constituem a memória coletiva. A *coluna* tem no cilindro seu arquétipo; o *tímpano* e a cobertura com beiral inspiram-se numa forma igualmente elementar, o prisma gerado pelo triângulo equilátero; a *janela* encontra no quadrado, forma em que nenhuma das duas dimensões prevalece, o próprio equilíbrio autônomo e o máximo de simplicidade; a *cúpula*, neste processo de identificação geométrica, torna-se semi-esfera ou pirâmide, e a *parede* compõe planos ou anéis e pode gerar paralelepípedos ou prismas de matriz poligonal. O procedimento compositivo de Rossi baseia-se na articulação dissonante e surpreendente destes arquétipos, capaz de repropô-los como formas que afloram da memória, e de interpretar criativamente suas potencialidades arquitetônicas.

À simplicidade absoluta dos elementos, que poderia fazer supor que Rossi chegasse às formas por simplificações sucessivas, contrapõe-se a imprevisibilidade e a complexidade das suas articulações, realizadas com base nas operações de justaposição, interpenetração e "subtração", em tudo distantes da composição clássica. A articulação buscada por Rossi manifesta uma condição difícil, "trabalhosa", que foge à banalidade, após dela se aproximar. Na pintura metafísica e surrealista, graças à magia da luz e do procedimento de descontextualização, o objeto sem qualidade é sublimado e subtraído da cena. Na arquitetura rossiana, a tarefa de fazer o objeto "falar" e torná-lo surpreendente cumpre-se, por analogia, por meio da imobilidade e da riqueza das associações que provoca.

Os textos que ilustram seus projetos são bastante claros e oferecem preciosas chaves interpretativas acerca do caráter de tais associações. Ao aludir, por exemplo, à exposição na Trienal de 64, Rossi faz referência "às seções arqueológicas, com sua liberdade ordenada, ou com aquela desordem compreendida numa ordem que nenhuma operação de escavação pode recuperar". A propósito do município de Scandicci, Rossi faz referência à arquitetura industrial e a "algumas constantes" da arquitetura toscana; já a propósito da casa em Borgo Ticino, afirma: "As referências deste projeto são múltiplas, como as construções nos bosques e lagos, e chegam a evocar as palafitas ou as construções industriais (pontes, túneis, diques etc.) que caracterizam a paisagem dos Alpes e dos Pré-Alpes." Já no projeto para o centro administrativo de Florença, o resgate das formas históricas é mais explícito (veja-se o Batistério, as torres), ainda que permaneça mais vinculado a tipos que aos aspectos singulares próprios dos monumentos.

O auge desta poética de referências é o "Teatro do mundo", no qual convivem memórias orientais e referências a Carpaccio, e ao qual não falta sequer uma alusão à América:

> As barcaças que chegam do Ticino – escreveu – transformam-se, na neblina lombarda, em barcos de carnaval. As construções sobre a água caracterizam as gravuras que representam as cidades góticas do Norte. O rio Limmat, que atravessa Zurique, era coalhado de casas e torres que funcionavam como moinhos, entrepostos, mas também sugeriam lugares misteriosos, instalados entre a água e a terra.
> As cidades orientais sempre estiveram circundadas por este mundo de embarcações. Síntese das paisagens góticas e nebulosas e das inserções ou transposições orientais, Veneza figura como a imagem por excelência da cidade sobre a água. E, portanto, também das passagens possíveis, não apenas físicas ou topográficas, entre estes dois mundos. Mesmo a ponte do Rialto é uma passagem, um mercado, um teatro.
> Estas analogias do lugar têm, a meu ver, uma importância decisiva no projeto de um edifício; se bem lidas, elas já são mesmo o projeto.

As "analogias do lugar" *já são* o projeto: eis a chave mais autêntica para compreender o método rossiano, "arte da memória" e escuta da vocação dos lugares que se traduzem na evocação contínua das suas próprias raízes.

> O pensamento lógico – escreveu Jung, justamente lembrado por Savi na sua monografia sobre Rossi – representa o pensamento expresso em palavras, exteriorizado sob a forma de um discurso. O pensamento analógico ou fantástico é sensível, figurado e mudo; não um discurso, mas uma ruminação de materiais do passado, uma ação voltada para o interior. O pensamento lógico equivale a pensar por palavras. O pensamento analógico é arcaico, inconsciente e não explícito – e praticamente inexprimível por palavras.

O procedimento compositivo de Rossi é, pois, a um só tempo lógico e analógico, traduzível e intraduzível. Não obstante a sua declarada simpatia pelo racionalismo, Rossi não nega a ambigüidade substancial da sua obra, a qual, neste sentido, pode ser comparada à de Venturi. "Uma teoria racional da arte – afirma, de resto, ele próprio – não visa limitar o significado da obra; porque se sabemos o que pretendíamos dizer, e é claro que o sabemos, não temos como saber se o que dizíamos não era uma outra coisa."

Para Rossi, a analogia torna-se, porém, não apenas o instrumento para dotar as imagens de referências à memória e de solicitações inconscientes; na sua relação com a tipologia, a analogia torna-se modo de conhecimento e de construção da realidade urbana. Este princípio evidencia-se no comentário do próprio Rossi ao célebre quadro que lhe serviu de inspiração no desenvolvimento de sua teoria:

> A vista de Veneza por Canaletto, conservada no Museu de Parma, parece-me ser a melhor chave para compreender o mundo da arquitetura veneziana no período iluminista [...]. No quadro, a ponte do Rialto projetada por Palladio, a basílica e o Palácio Chiericati são postos lado a lado e descritos como se o pintor reproduzisse em perspectiva o ambiente que observa. Os três monumentos palladianos, dos quais um é projeto, constituem, assim, uma outra Veneza, formada por elementos precisos, ligados tanto à história da arquitetura quanto à da cidade. A transposição geográfica dos monumentos em torno do projeto configura uma cidade que nos é familiar, embora representada como lugar de valores arquitetônicos puros.
>
> A Veneza análoga que daí nasce é tão real quanto necessária; assistimos a uma operação lógico-formal, a uma especulação sobre os monumentos e sobre o caráter urbano que é desconcertante em relação à história da arte e do pensamento. Uma colagem de arquiteturas palladianas que conformam uma cidade nova e, ao agruparem-se, reconfiguram a si mesmas.

Na mesma senda da analogia – que, conforme notou Brusatin, já era considerada por Lodoli uma das "propriedades essenciais da representação", juntamente com a solidez e a comodidade – inscreve-se ainda, no pensamento rossiano, a relação entre monumento e cidade, ou melhor, entre a parte e o todo do organismo urbano; uma relação que reafirma a teoria albertiana da casa como uma pequena cidade e da cidade como uma grande casa, e apenas confirma a raiz humanista de Rossi.

Outra chave de leitura fundamental da sua obra, da qual dão testemunho seus escritos, reside na interpretação da relação entre arquitetura e vida, em termos de sua irredutibilidade recíproca. Como explicar o contraste evidente entre a "humanidade cálida" do personagem Rossi e a "frieza" impassível das suas obras? Há nele uma convicção inabalável de que uma arquitetura que tende a mobilizar e comprometer a vida não faz mais, em última análise, que coagi-la e limitar sua liberdade:

> No interior dos espaços definidos pela arquitetura – escreve a propósito da escola de Fagnano Olona –, a fantasia da criança é livre para construir seu próprio espaço, acrescentar-lhe a sua personalidade própria sem que esta seja condicionada por formas e percursos insólitos à sua experiência, e por isso fastidiosos. Muitas vezes a suposta fantasia e a irregularidade dos projetos significam apenas desordem; e como tal devem ser banidas, principalmente dos edifícios públicos.

Um mundo austero e de poucos objetos, portanto, que não procure coagir o homem, provocando suas paixões, mas que lhe ofereça ao longo da vida uma referência sólida, tal qual um espelho, pronto a ser animado a cada momento pelo calor das imagens virtuais criadas pelo homem. Este é, para Rossi, o segredo do classicismo, o atributo de edifícios como o Panteão, que em função do curso cotidiano do sol tornam-se instrumentos de medida, relógios solares, indicadores do tempo:

> Com esta temporalidade desvelada pela luz, a arquitetura clássica – nascida de uma idéia *a priori*, totalmente vinculada a um pensamento geométrico – torna a ser natureza. Adquire valor de coisa natural: algo imóvel no tempo, mas percebido pela luz do tempo. Nenhuma adequação orgânica das formas poderá obter tal resultado.

Eis sua noção de classicismo, portanto, não como afastamento da vida e do tempo, mas como estar no tempo. A luz como "lume universal" (que Rossi consegue captar de modo ímpar, mediante o controle da matéria) é, assim, o único frágil testemunho (mas também o único verdadeiro) da empatia entre os homens e as coisas, entre a arquitetura e seus usuários.

A mesma luz e o mesmo vento – escreve a propósito do Palácio da Região em Trieste – que transfiguram as crianças que jogam bola, e fundem subúrbio e monumento nos diversos momentos da cidade fixados por Umberto Saba, são o fundamento da arquitetura em Trieste. A Trieste de Saba, cidade paralela e indissociável de uma história de amor, tem mais força que qualquer arquitetura. Este projeto coloca-se, desse modo, sobre uma parte de Trieste, sobre a murada de pedra que segue ao longo da costa, assim como sobre uma concha em pedaços. Procurando estabelecer uma relação física, direta e elementar com a cidade, instila sentido na projeção do céu sobre os grandes panos de vidro. O céu em movimento, o vento, a chuva açoitam o vidro e nele se espelham, buscando, como os navios no porto, capturar, por um instante que seja, a vida quente da cidade.

Dissemos inicialmente que Rossi escapa do equívoco neo-racionalista. Não obstante certas ostensivas declarações de confiança na continuidade a-histórica da "arquitetura da razão", seu distanciamento da utopia redentora do Movimento Moderno é suficientemente grave para subverter qualquer afirmação de princípio. A força e a qualidade das imagens de Rossi – especialmente das suas obras mais significativas, como o projeto para Scandicci, o cemitério de Módena e o Teatro do Mundo – residem justamente na reação que provoca, no âmbito da memória, o léxico racionalista e o fluxo incessante de imagens naturais e artificiais colhidas da linguagem própria dos lugares. Aqueles que procuraram extrair desta arquitetura (que se expõe por inteiro à arriscada via da memória criativa) regras permanentes para a construção de uma "tendência" segura e cômoda não produziram senão obras equivocadas – apesar da qualidade, por vezes notável, de seus projetos.

Formado por volta de 1964, a pouca distância dos primeiros sintomas de contestações estudantis nas faculdades de arquitetura italianas, o Grupo Romano Arquitetti Urbanisti é, provavelmente, o primeiro grupo de arquitetos italianos a dissociar-se de modo claro e inequívoco da herança do Movimento Moderno. A revisão proposta pelo GRAU, bem mais radical que a sugerida pelo Neo-Realismo e pelo Neo-Liberty, invocava como referência para uma crítica à "tradição do novo" não a sua realidade complexa e contraditória mas o seu "outro", isto é, a "tradição da arquitetura" tomada como um todo, e, particularmente, a linha evolutiva que liga os momentos "clássicos" da cultura ocidental.

Ao assumir uma postura tão demolidora em relação à cultura dominante, o GRAU era movido por algumas convicções que podem ser facilmente resumidas: 1) a convicção de que a arquitetura moderna, juntamente com seus precedentes neoclássicos e ecléticos, fosse parte integrante de um ciclo: o da "arquitetura da burguesia", derivada da interpretação marxista do Movimento Moderno; 2) a revalorização do conceito de arte, despojado das conotações do romantismo tardio e reconduzido às interpretações histórico-materialistas, segundo as considerações filosóficas da *Crítica do gosto* de Galvano Della Volpe; 3) a experiência arquitetônica de Louis Kahn e a revisão autocrítica dos mestres da arquitetura moderna, evidenciadas em algumas de suas obras dos anos 50.

Estas premissas minavam nas suas bases as certezas que tinham presidido o debate arquitetônico no pós-guerra e destinavam-se claramente a provocar, nos protagonistas deste debate (Zevi, Benevolo, Quaroni etc.), não apenas uma rejeição, como também uma verdadeira reação de irritação, provisoriamente mascarada pela indiferença. Isto, por um lado, obrigou o GRAU, durante anos, a uma espécie de clandestinidade, e, por outro, forçou-o a admitir que a batalha para a renovação da arquitetura exigia não tanto afirmações clamorosas e declarações de princípio quanto um lento, gradual e paciente trabalho de investigação e reconstrução do "eterno presente" da história da arquitetura, reconhecida como um conjunto de conquistas cognitivas dotadas de valor universal.

À distância de mais de dez anos, o trabalho inicialmente clandestino, depois cada vez mais notório do GRAU, presta-se já ao primeiro balanço quanto aos resultados obtidos e aos caminhos que foram abertos enquanto a desagregação da ortodoxia modernista neutralizava todas as acusações e estratégias de isolamento, revelando convergências de interesse entre este tipo de pesquisa e outras experiências influenciadas por ela, em contextos culturais distintos.

Se fosse preciso sintetizar numa fórmula eloqüente uma das características específicas que emergem mais nitidamente da pesquisa do GRAU e lhe conferem identidade, valor e autoridade para dialogar com as experiências mais avançadas, voltadas para a refundação da arquitetura, creio que conviria fazer menção à unidade dialética dos seus resultados arquitetônicos, à sua "complexidade orgânica". Os edifícios e projetos do GRAU – à parte as diferenciações que permitem identificar a presença de algumas personalidades autônomas no trabalho do grupo – convergem para a representação, patente no equilíbrio atingido num processo de "fazer" não aditivo e combinatório, mas orgânico. Neste caso, toma-se o sentido atribuído a este termo por Della Volpe, mas também por Alberti e sua *concinnitas*, por Palladio e Vasari, o qual se refere à Farnesina de Peruzzi usando a expressão "não construída, mas nascida".

Diante da propagação da readmissão simplista dos sólidos elementares da geometria euclidiana como formas originais e arquetípicas, como matrizes da arquitetura de cuja montagem pode ser deduzido o ato mental da composição, o GRAU parece propor um método diverso, segundo o qual tais formas não seriam objetos de simples aproximações mas de interseções, interpenetrações, metamorfoses. À justaposição mecânica contrapõe-se, portanto, um processo de crescimento conjunto: as diferentes formas são descritas e observadas como um todo, em seu condicionamento recíproco, na sua obediência a leis comuns, tanto quanto em sua condição de criadoras de leis. É a lição da arquitetura renascentista tornada operante para além das estéreis operações de *revival*, o que possibilita uma nova exploração, com instrumentos lingüísticos renovados, do campo da "centralidade", da "translação", da atração recíproca das unidades volumétricas.

No que concerne ao confronto crítico com a história, além do esforço dos mestres, do trabalho em profundidade de Rossi, da experiência do GRAU e das propostas deste que escreve, o panorama italiano apresenta um quadro hesitante, que evidencia uma relação irresoluta de amor e ódio com o Movimento Moderno. Isso não surpreende quando se pensa que, depois da Segunda Guerra Mundial, a Itália foi o país em que mais se publicaram histórias da arquitetura moderna, e sobretudo onde surgiram os livros mais ideológicos e tendenciosos dedicados à reconstituição dos acontecimentos arquitetônicos após a Revolução Industrial. Uma espécie de complexo de culpa em relação às "dificuldades políticas" (mitificadas e engrandecidas para aumentar o carisma do Movimento) que a arquitetura moderna em difusão encontrou durante o fascismo retardou, também nas novas gerações, o processo de afastamento da tradição do novo, com base na divisão maniqueísta entre progresso e reação.

Desse modo, a geração de arquitetos egressos da experiência política de 68 concentrou seus esforços de renovação na chamada "Tendência", uma frente relativamente compacta que guarda o mérito de ter desbloqueado o profissionalismo grisalho reinante no ambiente universitário nos anos 60, mas que foi limitada pelo fato de ter esterilizado, ao misturá-los, os ingredientes da poética rossiana, o debate fecundo de Carlo Aymonino sobre a relação tipologia-morfologia e os temas relativos à grande escala e à relação com o lugar enunciados por Vittorio Gregotti.

Deste quadro destacam-se, mais ou menos nitidamente, por seu amplo espectro experimental, arquitetos como Nino Dardi – há anos centrado na pesquisa de um vocabulário elementar baseado na contradição entre formas fechadas e abertas, estruturas lineares e centrais, em que as fontes históricas aparecem conscientemente filtradas – e Vittorio De Feo, um dos primeiros a experimentar as declinações profissionais da lição kahniana.

Igualmente influenciada, mas não circunscrita pela Tendência, é a pesquisa de Purini, um dos expoentes mais talentosos da geração dos anos 40, cultor virtuoso da perfeição gráfica e partidário de uma arquitetura "autodescritiva", em que todos os indícios do processo projetual são transferidos para o objeto acabado. Depois da frutífera experiência de colaboração com Sacripanti e Gregotti, Purini aproximou-se de maneira cada vez mais explícita da conquista de uma linguagem própria, o que torna possível identificar, mesmo à distância, suas contribuições pessoais a alguns projetos realizados em colaboração com outros arquitetos. Tal identidade poética centra-se, por um lado, na inclinação para descrever situações arquitetônicas elementares, a serem remontadas, por adição, como mônadas em equilíbrio sobre uma trama obsessivamente ortogonal. Por outro lado – e é este o aspecto mais relevante quanto à questão da relação com a história –, na busca da recodificação e da substância material das imagens, do encontro-desencontro entre arquitetura e lugar, geralmente resolvido com uma precisão surpreendente. Purini aproxima-se do tema da memória no conjunto de desenhos recentemente consagrados à "casa romana" (F. Purini, *Alcune forme della casa*, Kappa, Roma, 1979) e no ótimo projeto para a fachada da *Via Novissima* da Bienal de julho de 1980, em que pela primeira vez seu universo geométrico é explicitamente perturbado, e preciosos elementos evocativos entram em jogo.

A situação espanhola é semelhante à italiana: pesam sobre ela os efeitos dispersivos de um neo-realismo amaneirado, timidamente experimentado no início dos anos 60 e lentamente abandonado em detrimento de outras sugestões culturais e de fáceis aproximações profissionais. Enquanto o exemplo de Rossi suscitou, junto com investigações úteis sobre a estrutura urbana, improdutivos exercícios de modelismo, o ensino venturiano provocou alguns ensaios arquitetônicos relevantes, plenos de ironia, dentre os quais merece destaque o "Belvedere Georgina", de Lluis Clotet e Oscar Tusquets – autores também de uma casa em Pantelleria, cuja arquitetura é sutilmente inspirada em certas intervenções sobre a paisagem mediterrânea sugeridas pelas exigências das culturas agrícolas. O "Belvedere Georgina" segue a tradição irônica dos pavilhões de jardim e guarda o sabor do incompleto e da ruína, como "Le Desert" de Retz, construído em 1771 pelo cavaleiro Racine de Monville. A reciclagem das formas tradicionais serve aos autores, neste caso, tanto para aclarar sua operação compositiva quanto para obter um fascinante jogo de contrastes de escala, indissociável da recuperação do sistema dos templários.

A equipe espanhola que optou por operar fora do âmbito do Movimento Moderno com maior clamor e continuidade, porém, é o célebre "Taller de arquitectura" de Barcelona, no qual trabalham, ao lado de arquitetos como Ricardo e Anna Bofill, filósofos, sociólogos e literatos. Já em 68 Bofill havia dado muito que falar com seu projeto destinado para uma costa rochosa em Calpe, batizado de Xanadu: um enigmático conjunto residencial, em forma de pirâmide, resultante da montagem – apenas aparentemente desordenada – de elementos derivados da linguagem corrente da edilícia mediterrânea. Xanadu pareceu então estranho e irritante a muitos críticos, mas em dez anos a produção do Taller ganhou fama e não lhe faltaram apreciações lisonjeiras. Henri Lefebvre, um dos intelectuais à frente do Maio francês na Universidade de Nanterre, reconhece nas pesquisas de Bofill a busca de uma solução para um problema dos mais atuais: a exploração do espaço urbano. Em relação às pesquisas que "se perdem no gigantismo [...] buscando efetivar um compromisso entre o monumento e o edifício", ou a projetos que "dispersam o espaço social em unidades efêmeras, átomos e fluxos de habitação", o caminho escolhido por Bofill é – segundo o próprio Bofill – o que mais se aproxima daquilo que "é preciso pensar e projetar", a saber, fragmentos de cidade nos quais se realizam necessidades geralmente ignoradas: "a necessidade de vida social e de um centro, as necessidades e as funções lúdicas e simbólicas do espaço: aspectos que se aproximam daquilo que está aquém e além das funções classificadas [...] daquilo que se presta à retórica e que só os poetas podem chamar por seu nome: o desejo".

Ainda que o tipo de relação com os lugares, tal como proposto pelo Taller, e o uso da memória histórica pareçam proceder mais de sugestões inconscientes, segundo a tradição da vanguarda, que de um projeto de comunicação coletivo e de interpretação dos valores ambientais, não há dúvida que sua produção impõe-se pela força das suas imagens e por sua dimensão fantástica, e guarda as características de uma investigação, ainda que parcial, das perspectivas de um novo ambiente urbano e da restituição de valor simbólico às formas arquitetônicas. Através de outros caminhos, mas analogamente à recuperação americana do universo banal do ambiente urbano, o Taller visa a aceitação da sociedade tal como ela é, com suas imperfeições e vícios, e o abandono definitivo de toda intencionalidade didática:

> Cada rua, cada bairro, cada vilarejo e cidade – escreveu José Augustin Goytisolo – terá uma nova feição luminosa e serena, de acordo com os vícios e gostos dos seus habitantes. Será preciso transformar em locais de punição, ou em prisões populares para os arquitetos e especuladores que os financiam, os grandes blocos que hoje servem de habitação.

No mundo germânico, o recurso à memória processa-se gradualmente sobre as cinzas de um dos descendentes mais estéreis e insignificantes do *International Style*: o estilo amorfo e alienante da "reconstrução alemã". Ungers e Gottfried Böhm estão entre os pioneiros na busca de uma reconciliação com a cultura local; o primeiro com uma pesquisa apaixonada sobre a obra de Schinkel e sua relação com a cidade de Berlim; o segundo mediante o retrocesso, pela via do expressionismo, aos componentes estruturais da paisagem urbana "romântica".

Na Áustria destaca-se, no último decênio, a pesquisa de Hans Hollein, autor, nos anos 60, de uma série de projetos de interiores de grande rigor e surpreendente força criativa, que inauguraram um gênero fundado no contraste entre a pureza do contentor e a imprevisibilidade dos motivos plásticos e simbólicos que anulam o seu caráter homogêneo. Com base nestas experiências, Hollein voltou-se para uma orquestração lingüística mais completa e significativa, que culminaria na decoração dos escritórios vienenses da Austrian Airlines, onde as formas naturais e históricas são empregadas como catalisadores de uma reação da imaginação. O jogo da citação, transfigurada pelo uso de materiais insólitos, não engendra uma confusão de feitio eclético nem se reduz a uma seqüência de painéis publicitários evocando pontos turísticos. Os objetos escolhidos – a coluna, as palmeiras, o nicho indiano – "deslocados" por uma interpretação irônica e desviante, tornam-se pólos semânticos em torno dos quais se constrói o espaço de fruição que o invólucro neutro das paredes renuncia a plasmar.

No quadro do chamado *Post-Modern*, a Inglaterra ocupa uma posição-chave, seja pela importância da obra de James Stirling – na qual despontam, a partir de 1969, controversas mas intensas evocações à poética da memória –, pela ação propagandística e didática de Charles Jencks, ou pela presença, a partir de 1969, de Léon Krier. James Stirling foi a figura mais importante do Neobrutalismo, e sua célebre e polêmica afirmação, de 1956 – "Sejamos honestos, William Morris era sueco" –, demonstra sua postura irredutível a certa arquitetura carregada de conotações do tradicionalismo inglês. No seu ponto de vista, a regressão ao regionalismo é a grande desgraça a ser evitada a todo custo. Por isso, talvez, sua relação com a história não renuncia a uma desconfiança agressiva em relação ao Movimento Moderno. Isto é enfatizado pelo tratamento das superfícies dos grandes volumes do "vale social" projetado para a Siemens (em que é evidente a contribuição de Krier) e pela inclinação a 30° da antiga fachada do Assembly Hall, recomposta de modo intencionalmente "comovente" no centro cívico de Derby. Ao longo dos anos 70, as pesquisas de Stirling repropõem sistematicamente – em versões muitas vezes privilegiadas da grande "bravura" profissional – a atração e o temor em relação ao jogo da memória, que nunca se torna, porém, tomada de consciência de uma nova condição do trabalho intelectual.

A presença de Léon Krier no escritório de Stirling, no início dos anos 70, parece determinar uma mudança de rumo nas suas pesquisas, mas não as livra de suas oscilações empíricas nem do uso mais ocasional que estrutural da ironia. As conseqüências de algumas obras desse período devem portanto ser buscadas, mais do que em seu trabalho recente, na obra autônoma de Léon Krier, arquiteto nascido em Luxemburgo em 1946, cujo trabalho está ligado ao do seu irmão Rob, nascido em 1938.

Os irmãos Krier têm em comum, acima de tudo, a paixão pela cidade européia tal como ela foi se conformando ao longo do tempo, por superposições de experiências, antes da desagregação que coincidiu com a abordagem analítica do urbanismo moderno. Sua idéia de cidade consiste num *continuum*, cujos elementos primários são a rua e a praça, em relação aos quais os monumentos funcionam como pontos de referência.

> O fascínio que os centros históricos das nossas cidades exerce sobre nós – escreveu Rob Krier – tem fundamento na variedade quase infinita de formas assumidas pelo espaço urbano, com suas respectivas arquiteturas. Cada época tendeu, a seu modo, à racionalização dos próprios meios técnicos, seja pelo assentamento de arcabouços de madeira, seja pela construção maciça à base de pedras e tijolos. Graças a isso, a arquitetura nunca comprometeu sua qualidade. Pelo contrário! A riqueza de suas formas advém principalmente do fato de que os arquitetos mantinham o controle de suas obras, e dispunham de tempo suficiente para estudar e detalhar os elementos construtivos – em geral bastante complicados –, assim como do fato de que o cliente entendia de arquitetura, e a exigia como forma de arte. Então ainda se fazia distinção entre o modo pelo qual construir a cidade e o território. Na cidade, a arquitetura deveria estabelecer um diálogo com sua substância teórica, e não, como ocorre hoje, distanciar-se de todas as suas estruturas fundamentais para viver uma existência solitária e hostil a qualquer integração. Todo novo planejamento urbano deve adaptar-se à ordem da estrutura total, e sua forma deve corresponder àquilo que existe no espaço.

A partir desta teoria Rob Krier criou uma espécie de ábaco de situações espaciais, o qual representa um dos esforços mais lúcidos de entendimento da herança histórica da civilização urbana ocidental. Os seus projetos baseiam-se neste ábaco e aplicam-no a situações diversas, realizando verdadeiras operações de costura da malha urbana ou inserções autônomas dotadas de espacialidade própria. A morfologia arquitetônica, porém, raramente se dissocia de um jogo redutivo de vazios recortados sobre superfícies ainda modeladas sobre as brancas cartilagens loosianas.

A arquitetura e as composições urbanísticas do seu irmão Léon interpretam rigorosamente o mesmo programa de reintegração da imagem urbana, mas compreendem outros temas polêmicos, como a reivindicação do "prazer da arquitetura" e a articulação com a luta política.

É preciso reconhecer – escreve ele – que, no âmbito da divisão social do trabalho, a pesquisa do prazer se nega não somente ao trabalho manual mas também à sua contrapartida intelectual. Meu principal interesse não é elaborar uma linguagem pessoal ou simular um novo estilo: interessa-me sobretudo a redescoberta de uma lógica construtiva, de uma cultura popular, do gênio de uma linguagem coletiva na qual a forma é o resultado *inteligente* de uma produção manual exemplar.

E acrescenta, a propósito do valor desta reintegração:

A reconstituição da dimensão pública e da arquitetura capaz de exprimi-la deve ser o objetivo central da luta política progressista e democrática, pelo simples fato de que uma não pode ser o resultado mecânico da outra.

A clareza e o tom apodíctico e paradoxal das declarações dos irmãos Krier (de Léon, sobretudo) decerto contribuíram para o seu sucesso no plano didático, mas comportam o risco de promover uma "arqueologização" da cidade e uma contradição entre a proposta de espaços urbanos complexos e articulados e a utilização de uma linguagem arquitetônica desprovida de complexidade e pobre em convenções, parcialmente deduzida da experiência, tão distante no plano teórico, de Aldo Rossi.

Neste sentido, a referência à história corre o risco de levar à repetição dos erros do Movimento Moderno, fundado na ilusão de modificar a sociedade através da ação sobre a arquitetura e a planificação. E é justamente a esta conclusão que chega o instigante trabalho desenvolvido na escola de La Cambre, sob a direção de Maurice Culot, que se refere explicitamente às teorias krierianas. Em La Cambre, a crítica à *Carta de Atenas* e aos princípios da especulação imobiliária levanta o estandarte da "resistência antiindustrial" e apóia-se nas lutas dos comitês de bairros de Bruxelas. Uma estranha mistura de teorias marxistas com o socialismo utópico de Morris (longe de considerar a tese marxista da função do desenvolvimento industrial na gênese da revolução) sustenta um programa disciplinar que implica o retorno à imitação de arquétipos de fato relevantes para os teóricos da revolução... burguesa: com Ledoux e Boullée à frente. Bases teóricas assim frágeis são, em parte, remediadas pelo fervor e pelo entusiasmo do grupo de Culot, cuja produção projetual guarda o fascínio ingênuo de um novo Biedermayer.

No início dos anos 60, a cultura arquitetônica francesa parecia ser a mais a-criticamente fiel à ortodoxia modernista e a mais distante dos impulsos vitais que já se manifestavam na Itália e nos Estados Unidos. A política das revistas, o ensino acadêmico e a construção dos *grandes ensembles* convergiam para o conformismo e a mediocridade, realizando, sim, a equação arquitetura = construção pregada por Mies nos anos 20, mas no sentido da supressão total da qualidade ou da sua redução a um mero arbítrio individual.

A morte de Le Corbusier, em 1965, priva este panorama desolador de um título de glória que ele não merecia, devido à presença de um mestre universal, reconhecido mas não aceito, cujo ensino (que nunca foi incluído na prática didática em razão de uma insuperável dificuldade recíproca) tinha dado frutos esporádicos e frustrantes. A herança de Le Corbusier, mediada por Candilis ou pelo Atelier d'Urbanisme et d'Architecture, representará sem dúvida um dos pontos fortes do debate arquitetônico daquele momento, porém, por acreditar na idéia de que o "urbanismo" possa isolar-se da arquitetura e substituí-la enquanto elemento de convergência entre técnica e sociedade, tal herança não produzirá senão uma ação limitada, sem êxitos notáveis no sentido da renovação da cultura urbana.

O clima de 68 desestabilizará os equilíbrios e favorecerá um deslocamento substancial de interesses, mesmo se mediante numerosos equívocos.

Deve-se, sem dúvida, a Bernard Huet e seu grupo (nascido em 1965 como "Collegiale I") o mérito de ter introduzido neste ambiente pontos de confronto significativos, como o debate italiano sobre a análise urbana e a relação tipologia-morfologia, a herança de Louis Kahn (do qual Huet tinha sido aluno) e as discussões teóricas do Team-ten. Em 1974, quando Huet assume a função de redator-chefe da *Architecture d'aujourd'hui,* a revista-símbolo da cultura oficial francesa, parecerá subitamente vencida uma batalha que ainda duraria muito, como demonstrará posteriormente o afastamento de Huet, em 77.

"A Liberação foi uma ocasião histórica perdida, no sentido de transformar a arquitetura na França – escreveu Fernando Montes. – Maio de 68 será vivido como um encontro (provocado) entre a esfera política e a arquitetônica. Em 6 de dezembro de 68, apenas seis meses após as agitações estudantis, foi publicado o decreto que *sonne le glas* da École Nationale Supérieure des Beaux-Arts, a ENSBA. Dois anos depois, o diretor de arquitetura no Ministério da Cultura, Max Querrie, reúne uma comissão de reforma composta por professores, estudantes e funcionários. A concretização da reforma é inevitável; os eventos de Maio aceleraram tudo. Uma outra reforma, prevista pelo Ministério em 1962, não havia saído do papel, mas dessa vez, finalmente, a velha dama centenária, já mais feudal que matriarcal, foi incorporada ao museu da história e substituída pelas "unidades pedagógicas de arquitetura", as U.P., organismos autônomos do ponto de vista da pedagogia e da gestão."

Paradoxalmente, exatamente enquanto a cultura internacional, em particular a americana, propunha a reavaliação da tradição pedagógica do Beaux-Arts, a velha instituição, que já havia muito perdera sua identidade, perdia definitivamente sua função como centro de controle e produção da cultura nacional, e entrava em concorrência com uma série de centros menores e independentes. Conforma-se assim um panorama pluralista mas confuso, inicialmente dominado por muitos dos mitos herdados ou cultivados pelo movimento estudantil de 68: o pluridisciplinarismo, a homologação arquitetura-política, o cientificismo e o profissionalismo.

Só aos poucos, no decênio seguinte, emerge deste coro heterogêneo e dissonante uma tendência apta a afrontar os problemas relativos à linguagem específica da arquitetura, tendência essa baseada na recuperação da história como instrumento de conhecimento, de compreensão e de reprodução do fenômeno urbano.

Uma orientação conscientemente histórica caracteriza desde o início a produção cultural de algumas unidades pedagógicas francesas, em que se passa de uma atitude que reconhece o primado absoluto da política e a inutilidade do empenho disciplinar à uma atitude que reconhece o valor da pesquisa, ao menos na dimensão incontaminada do projeto.

A tendência dominante do grupo ao qual pertenciam, entre 1969 e 1972, arquitetos como Grumbach, Lion, Lucan, Montes, Portzamparc, centrava-se – conforme Olivier Girard – na

> [...] rejeição a qualquer produção arquitetônica considerada como pura auto-satisfação, esperança ilusória e, sobretudo, hipócrita dissimulação do verdadeiro papel do arquiteto e de qualquer produto arquitetônico supostamente competente. Mas este subgrupo, mesmo participando da organização da UP 6 exclusivamente enquanto centro de denúncia da política habitacional e da renovação urbana alienante, não rejeitava uma produção cultural projetada e portanto explícita, e não necessariamente oposta à sua própria militância. Mais que qualquer outra coisa, é a recusa a tornar à institucionalização do ensino da arquitetura, imposta pelo Ministério, que lhes força a excluir provisoriamente toda produção arquitetônica da escola. Pouco tempo depois, a criação e difusão do jornal *Cosa vogliamo: tutto* [O que queremos: tudo] marcará seu afastamento da auto-castração própria da militância "a serviço de ...", e sua recusa à abnegação pessoal em nome de um complexo de classe. O interesse então concentrado nas teorias psicanalíticas de J. Lacan despertará um "desejo de cidade" como "espaço do desejo", da história como inconsciente, do projeto como discurso, do lugar como circunstância do binômio diferenciação-segregação.

Superada, portanto, a fase de "autocastração", estes arquitetos, juntamente com outros como Girard Laisnay Paurd e o grupo TAU (integrado, além de Huet, por Bigelman, Feugas, Le Roy e Santelli) assumem um papel da maior importância na busca de uma saída para a crise do Movimento Moderno, com uma produção de qualidade que tem o mérito de nutrir-se do esforço comum de reintegração dos valores urbanos e de reivindicação de um saber arquitetônico dotado de autonomia e especificidade próprias.

Apesar de muito jovem, o arquiteto que melhor exprimiu uma visão arquitetônica original é o bretão Christian de Portzamparc, autor da rue des Hautes Formes e do castelo d'água de Marne-la-

Vallée, duas imagens que difundiram pelo mundo todo o renascimento de um gosto bem francês pela dimensão urbana.

Portzamparc já havia chamado a atenção em 74, com um projeto pleno de fantasia e rigorosa disciplina formal, apresentado no concurso para o quarteirão de La Roquette. Um grande espaço circundado por uma sucessão de grandes nichos acoplados, intercalados por portais mais altos; uma ordem arquitetônica colossal obtida sem colunas nem cornijas, que trata os volumes construídos como componentes de um código elementar de eficácia imediata.

> Entre a morfologia e a tipologia – escreveu então o autor –, a escala da ordem impõe um espaço que não é mais vivido como o resultado único do somatório de elementos urbanos e técnicos, de programas ou intenções funcionais: uma outra lógica intrínseca ao projeto utiliza a coerência técnica ou estética do objeto arquitetônico para gerar um espaço que é, antes de tudo, um lugar público urbano e, com respeito à relação entre natureza e *habitat*, um símbolo espacial da cidade como um todo.

Seguindo o mesmo princípio, o projeto da rue des Hautes Formes demonstra que o programa de resgate da urbanidade não é utópico, não demanda tipologias anormais nem custos de produção demasiadamente elevados para o padrão das construções públicas. Portzamparc conjuga habilmente vários tipos de apartamentos que se submetem à normativa vigente e configuram algumas soluções espaciais internas interessantes, sem ultrapassar o custo médio das construções do gênero. Com isso, ele demonstra claramente que a pré-fabricação – tal como praticada na França, sem a genérica brutalidade típica dos exemplos italianos – não impede a modelação dos espaços urbanos nem a obtenção de variedade e liberdade no desenho dos volumes e das aberturas.

A mesma força icástica possui o castelo d'água de Marne-la-Vallée, em sua forma helicoidal inspirada na tipologia da torre de Babel e mediada por Boulée: um evento urbano surpreendente e mágico, instalado no centro de uma praça arborizada, na entrada de uma caótica *ville nouvelle* que, infelizmente, não tem muito a oferecer, mas, pelo menos neste caso, parece indicar o prazer visual e a provocação do desejo como um possível antídoto ao caos e ao tédio. Revestido por uma malha transparente que serve de sustentação às trepadeiras que o envolvem, o reservatório figura, de fato, como um "castelo" para a água, que é abrigada no seu cume e flui no seu interior por vias invisíveis. Evidentemente Portzamparc buscou reverter o tema tão explorado da caixa-d'água elevada, apoiada sobre frágeis colunas.

E este desvirtuamento do útil – escreve Georgia Benamo –, do funcional, da escala, do símbolo, das linguagens e sinais produz aquele imprevisto que é prazer em estado puro. Esta extenuação da cultura representa o novo: a Torre de Babel é culturalmente destruída, velada, recoberta. O velho mito é revolvido: as linguagens coabitam, convivem lado a lado, sem se destruírem mutuamente.

No projeto para o Trou des Halles, recentemente exposto em Florença, Portzamparc repropõe, em torno de um espaço público, a cadeia de edifícios dispostos segundo uma ordem rítmica semelhante à experimentada no quarteirão de La Roquette; agora com uma linguagem mais restrita, mas felizmente ainda amparada por sua extraordinária sensibilidade para as proporções. Grandes janelas e pequenos arcos alternam-se de modo a conferir às superfícies uma fisionomia reconhecível, quase a impressão de um rosto humano. Também aqui a arquitetura torna a ser figuração.

Do extremismo político do início dos anos 70, que o fez renunciar à disciplina em nome da moral, Fernando Montes chegou a uma pesquisa reservada e coerente de agregações de formas que parecem "já vistas", familiares. Neste procedimento, ele guia-se pela idéia de classicismo; um classicismo que não se reduz a um estilo e que se revela no equilíbrio, na relação entre os vários objetos justapostos ou sobrepostos, e que é, invariavelmente, uma relação de complementaridade, de desejo recíproco. Neste universo de formas, todas as coisas, grandes ou pequenas, fundamentais ou acessórias, são indispensáveis. O obelisco, o pináculo, a seteira não são considerados "ornamentos", visto que seu "peso" é necessário para equilibrar a balança, para contrabalançar as forças negativas com as positivas. Montes deixou sua pátria do outro lado do oceano e chegou à França com o firme propósito de encontrar um dos lugares reservados à grande arquitetura; provavelmente desiludido pela pobreza da situação corrente, ele não hesitou em procurar seus mestres entre os "revolucionários", lá onde o reino da razão afirma suas leis permanentes e abstratas.

Na exposição da Bienal, Montes apresentou o projeto de um Instituto de Semiologia dedicado a Roland Barthes, no qual Palladio e Ledoux convivem lado a lado e parecem querer envolver, na celebração dos arquétipos, também Aldo Rossi e Léon Krier. Neste projeto, o jogo intelectual prevalece sobre a busca de um espaço ideal, ao passo que em outras ocasiões o autor soube deixar o pedestal da projetação simbólica para se engajar no campo da produção. É o caso do conjunto residencial de Cergy Pontoise, uma grande praça oval, circundada por casas atravessadas por grandes passagens em arco; uma das aplicações mais felizes da idéia do grande pátio urbano, que repropõe, em termos novos, o tema do *Palais Royal*.

No projeto de Les Halles, Montes foi um dos poucos a dar importância à presença da igreja de S. Eustáquio, colocando-a no fundo de um espaço em forma de U, aberto para a lateral do edifício quinhentista. Uma solução com o tom persuasivo de um diálogo, inteiramente baseada num jogo de influências e respostas entre partes novas e antigas da cidade.

De Antoine Grumbach, interessa particularmente a contribuição à recuperação criativa dos espaços verdes. Permanece fundamental sua proposta de uma arqueologia invertida e vegetal, que dá uma interpretação poética ao tema da conservação e da valorização dos bens culturais, conforme apresentada na exposição *Roma interrotta*.

Ao final deste pequeno livro que procura acolher e decifrar um projeto, recolhendo os vários fragmentos de um mosaico que só poderá ser corretamente interpretado com o tempo, o leitor se perguntará, como os personagens de um célebre quadro de Gauguin: *"D'où venons nous? Qui sommes nous? Où allons nous?"* A ambição do historiador é demonstrar os fatos e estabelecer relações de causa e efeito entre eles; mas a ambição de quem ainda se encontra a meio caminho é, sobretudo, seduzir e persuadir. E, com efeito, estas páginas representam um convite, dirigido não só aos jovens apóstolos, mas também a todos os possíveis leitores, para que se deixem envolver por esta grande onda que reconduziu a arquitetura moderna ao seio da história, obrigando-a a descer do seu pedestal de mestra da vida.

Alguns historiadores, mesmo recentemente, repropõem, para o entendimento dos fenômenos que apresentamos aqui, o rótulo já um pouco gasto da vanguarda, demonstrando não ter compreendido que se este ainda exerce qualquer fascínio sobre alguns dos expoentes marginais deste acontecimento, ele não é mais que uma referência nostálgica. A verdadeira revolução copernicana, não prevista mas gerada pelas novas condições de transmissão e de produção da cultura que caracterizam o mundo pós-moderno, consiste em abolir a barreira entre o passado e o presente. E, mesclando-os, intensificar o impulso para o futuro – um futuro em relação ao qual somos, segundo a acertada expressão de Jencks, "os primitivos de uma nova sensibilidade".

Não há, portanto, nenhuma pressa em antecipar uma figura que o tempo revelará, completando o mosaico com as peças que lhe faltam. Estas páginas não ditam certezas, mas sim caminhos pelos quais talvez seja possível, através da prática do questionamento, chegar a fragmentos de verdade.

Como ocorre freqüentemente com fenômenos em estado embrionário, também a arquitetura nascida das novas articulações tem o caráter provisório, e por vezes precário, de algo que tem mais valor por aquilo que prefigura do que por aquilo que é. Que sentido pode ter referir-se, a este propósito, a um novo renascimento, talvez à luz da tese de um sociólogo italiano? O termo "renascimento" está por demais ligado a um determinado momento histórico para ser útil e não resultar em equívocos; a rigor, poder-se-ia, em vez disso, recuperar o conceito de "retorno ao antigo", o qual, devido ao caráter cíclico dos fenômenos que designa, adapta-se melhor a algo que ainda está em desenvolvimento.

> O retorno ao antigo – escreveu Eugenio Battisti na *Enciclopedia universale dell'arte* – não está associado a um fato ocasional e pessoal, dependente da inclinação psicológica de alguns artistas [...] nem pode ser entendido como um momento dentro do processo normal do desenvolvimento artístico, uma espécie de pausa ou tempo para reflexão, após uma realização extenuante, ou como uma forma mais ou menos latente de conservadorismo, de atraso em relação ao gosto atual [...] ele equivale substancialmente a uma reviravolta positiva, à retomada, em outro plano, de problemas que provavelmente não podem ser resolvidos com base nos dados de uma tradição imediata e própria [...]

O retorno ao antigo diferencia-se nitidamente, assim, da tradição, e em certo sentido a ela se opõe.

À lúcida definição teórica de Battisti, proposta numa época acima de qualquer suspeita, fazem eco as declarações explícitas de vários arquitetos aqui citados, que reivindicam o direito de comportar-se perante a tradição "moderna" do mesmo modo que os protagonistas da vanguarda se comportaram perante a tradição eclética.

O argumento que representa a última trincheira dos valentes defensores do passado próximo – o risco de dilapidação de um patrimônio que ainda poderia mostrar-se rentável – não é suficientemente convincente, ao menos por duas razões: a primeira, porque tamanha prudência e escrúpulo conservador traem um dos poucos pontos fortes indiscutíveis do Movimento Moderno: sua coragem intelectual. A segunda, porque não se pode obrigar nenhuma geração com um mínimo de criatividade a viver com as rendas escassas de um patrimônio em via de extinção.

A única possibilidade de utilizar esta grande aventura espiritual que foi a arquitetura moderna é fazer dela algo semelhante à escada de Wittgenstein: algo que nos permite olhar do alto aquilo que está em torno e atrás de nós, e que logo em seguida colocamos de lado sem arrependimentos, pois, embora seja um instrumento indispensável na subida, torna-se um fardo inútil quando já estamos no alto.

O fato é que vemos o passado e o presente através da lente da arquitetura moderna. Sua tradição de pensamento perpassa nossa mente e nossos olhos. O verdadeiro dilema está em fazer uso desta herança para seguir adiante ou deixá-la apodrecer, assim como em tempos de guerra aqueles que açambarcaram as provisões viram-nas transformar-se em vermes fervilhantes ou em moscas e borboletas prontas a voar para longe.

Os fenômenos que ilustramos e comentamos resumidamente já foram objeto de pesquisas e interpretações divergentes. Algumas destas interpretações foram aqui expostas e analisadas, já a outras não fizemos menção, porque estranhas à nossa perspectiva de trabalho. Em particular, não consideramos oportuno examinar as interpretações que tendem a definir a situação atual da cultura arquitetônica como uma via sem saída, um percurso votado à falência, salvo pela intervenção de um *deus ex machina* providencial – quer ele signifique a revolução ou a morte da nossa civilização. Uma desconfiança instintiva no mito e nos ritos de negação nos separa desta ótica, na qual a psicanálise nos ensina a reconhecer pulsões e características pessoais e suprapessoais.

Todas as interpretações da condição pós-moderna, sejam elas pessimistas ou otimistas, nos colocam diante de um mundo transformado que, antes da instauração de processos e condenações, demanda um grande esforço de compreensão e escuta. Determinar se este mundo é melhor ou pior que aqueles que o precederam é uma tarefa que a proximidade nos impede de desempenhar corretamente. De resto, quem se propõe a realizar tal tarefa toma muitas vezes como termos de confronto uma idade do ouro imprecisa ou sociedades idealizadas pela qualidade de alguns aspectos arbitrariamente extrapolados do conjunto. A transformação de uma sociedade e de uma cultura implica a mudança das posições dos indivíduos e dos grupos, e às vezes substitui posições e tarefas "elevadas" por outras mais modestas. É compreensível, mas não justificável, que as categorias atingidas identifiquem sua perda de importância com a decadência do quadro cultural como um todo. As mudanças de estatuto de uma certa disciplina sinalizam o fim de um mundo, não o fim do mundo.

O mundo pós-moderno assinala a derrocada e a inatualidade dos grandes *récits*, dos sistemas centralizantes pelos quais se procura explicar tudo. "Interessando-se pelo que não é determinável – escreveu Lyotard –, dos limites de precisão do controle, dos *quanta*, dos conflitos de informação incompleta, aos 'fractais', às catástrofes, aos paradoxos pragmáticos, a ciência pós-moderna torna a teoria da sua própria evolução algo descontínuo, catastrófico, não retificável, paradoxal. Altera o significado da palavra 'saber' e determina a maneira pela qual esta transformação pode ocorrer. Produz não o desconhecido mas o ignoto. E sugere um modelo de legitimação que não pressupõe de modo algum um melhor rendimento, mas a diferença entendida como paralogismo."

Esta aparente desorientação desilude aqueles que gostariam de restaurar as condições existentes ao tempo da produção da Enciclopédia, quando os intelectuais, como diz Tocqueville, eram "os mais importantes homens políticos do seu tempo" porque, mesmo que o poder fosse exercido por outros, eram eles de fato "os únicos dotados de autoridade". Mas a função exercida em nome do estatuto iluminista mudou há muito, e foi substituída por algo bem diverso. A nova Enciclopédia são os bancos de dados, que excedem a capacidade de qualquer usuário e tornam possível elaborações detalhadas, nas quais é importante sobretudo saber estabelecer conexões inéditas e imprevisíveis entre os dados, recorrendo a uma espécie de imaginação combinatória e ao jogo da contaminação.

É possível que o nosso tempo seja de convicções provisórias; que as imagens sejam reduzidas a "simulacros", cópias sem original, e que a cultura deixe de ser o duplo da realidade. Mas este mundo unidimensional permite diagnósticos opostos. "A cultura sempre pensou a si mesma – escreveu Mario Perniola – como o *duplo* da realidade, quer como valor a opor ao mundo, quer como instrumento para dominá-lo: ora ela esteve próxima, ora distante do real, mas constituiu, invariavelmente, o seu duplo. Foi esta duplicidade que desapareceu. A dimensão única é a dádiva que os novos tempos oferecem à cultura. Se tal unidimensionalidade parece uma catástrofe aos olhos de um intelectual tradicional como Marcuse, é porque ele enxergou o fenômeno exclusivamente do ponto de vista dos valores, e não compreendeu que esse comporta também a ruína da perspectiva instrumental pragmática. Por outro lado, ela não representa a homogeneização e o aviltamento da vida, nem o fim da imagem; antes, é o lugar onde a imagem não pode ser distinguida do real, onde se torna, de fato, um *simulacro*. O simulacro não é uma imagem pictórica que reproduz um modelo exterior, mas uma imagem efetiva que dissolve o original. Do mesmo modo que, entre os Mohave, as propostas eram consideradas improdutivas e ineficazes até que fossem sonhadas, assim também, na sociedade contemporânea, a aceitação irrestrita da dimensão do simulacro é a própria condição do real."

CONCLUSÃO

Este livro e a exposição *A presença do passado*, apresentada na Bienal, que de certo modo representa sua extensão natural no campo prático, estiveram no centro de um debate dinâmico e apaixonante, como há anos não se via no meio da arquitetura. Um debate de tons às vezes ásperos, às vezes brandos, muitas vezes dominado pela vulgaridade de quem, recusando-se a enxergar o significado mais amplo de um fenômeno, procura reduzi-lo aos seus aspectos paradoxais e acessórios, no intuito de combatê-lo mais facilmente e na ilusão de poder, assim, "aniquilá-lo".

A esta querela sobre o futuro da arquitetura não faltaram, porém, contribuições expressivas, que merecem resposta justamente por terem estimulado uma reflexão mais abrangente. A estas contribuições, em particular ao texto de Jürgen Habermas, pronunciado na ocasião em que lhe foi concedido o Prêmio Adorno, dedicamos esta conclusão provisória do nosso trabalho. Deixaremos de mencionar (mas não de agradecer) aqueles que, ao contrário, manifestaram total adesão às teses expostas no livro e na mostra.

O termo "moderno" – escreve Habermas – foi empregado pela primeira vez no final do século V para distinguir a presença cristã, então tornada oficial, do passado romano-pagão. A partir de então a "modernidade" irá exprimir-se, com conteúdos diversos, cada vez que se relaciona, como consciência de uma época, a um passado antigo, e representará a si mesma como o resultado da transição do velho ao novo. Isto não vale apenas para o Renascimento, que marca, para nós, o início da era moderna. Como "moderno" se reconhecia também o tempo de Carlo Magno, no século XII, e o Iluminismo – em suma, cada vez que se formava na Europa a consciência de uma nova época, através de uma relação renovada com o antigo. Além disso, a *antiquitas* configurou-se num modelo a ser imitado. Somente com os ideais do Iluminismo francês, com a idéia do progresso infinito da consciência, inspirada pela ciência moderna e pelo progresso social e moral, o olhar se livra das restrições exercidas pelas obras clássicas da Antiguidade. Enfim, o "moderno" procura o seu próprio passado numa Idade Média idealizada, contrapondo o clássico ao romântico.

Não seguiremos Habermas na sua reconstrução da trajetória histórica da "modernidade", mas não podemos deixar de notar a pouca atenção – de resto, sintomática – que ele confere ao paradoxo renascimental da "Antiguidade resgatada". Nos textos do primeiro Renascimento, com efeito, não é raro que os termos "moderno" e "modernos" refiram-se não à cultura nova mas à antiga, melhor dizendo, à cultura gótica, que por muito tempo representou a cultura dominante à qual o pensamento humanístico fazia oposição. Antes que a modernidade seja identificada com o retorno às normas da Antiguidade clássica, de fato, a batalha contra a modernidade derrotada – que havia assumido a aparência do internacionalismo gótico – deverá ser concluída. E dois séculos depois ocorrerá algo semelhante, quando, por exemplo, o padre Pozzo defenderá a sua "modernidade", naquele momento barroca, das pretensões de nivelamento da crítica classicista, que algumas décadas depois encontrará apoio "progressista" na nascente cultura iluminista. Sem compreender a dialética histórica da modernidade nem verificar filologicamente esta correlação entre valores e significados, a história da palavra "moderno" perde concretitude e corre o risco de criar um fetiche que nunca existiu, validado apenas por uma estabilidade semântica.

A percepção limitada de Habermas quanto à natureza dialética da modernidade e seu gosto pela dissimulação o impede de enxer-

CONCLUSÃO 209

gar o seu caráter tortuoso, o qual acaba sendo reduzido a um percurso linear. Usando argumentos aparentemente convincentes, Habermas propõe a equação modernidade = progresso, que tem como corolário a equação antimodernidade ou pós-modernidade = tendência conservadora. E, de fato, ele cita inicialmente apenas uma vertente da crítica à modernidade: aquela declaradamente "conservadora", vista sob o ponto de vista político e filosófico, levantando suspeitas em relação aos que declaram a obsolescência da modernidade.

É assim que raciocina meu colega Daniel Bell, o mais brilhante dos neoconservadores americanos. No seu livro *The Cultural Contradictions of Capitalism*, Bell defende a tese segundo a qual os fenômenos de crise das sociedades desenvolvidas ocidentais reconduzem à fratura entre cultura e sociedade. A arte de vanguarda penetra na escala de valores do cotidiano e infecta o mundo da vida (*Lebenswelt*) com a idéia do modernismo. Este é tido como o grande sedutor que alça ao poder o princípio de sua desenfreada realização, a demanda de uma experiência autêntica de si e o subjetivismo de uma sensibilidade à flor da pele, liberando, deste modo, temas hedonistas incompatíveis com a disciplina da vida profissional e com os princípios de uma conduta de vida racional-utilitária, de uma maneira geral.

Assim, a dissolução da ética protestante, que tanto havia preocupado Max Weber, é imputada por Bell à *adversary culture*, isto é, a uma cultura cujo modernismo alimenta a hostilidade às convenções e às virtudes de um cotidiano racionalizado pela economia e pela ciência da administração.

Reduzindo a crítica à tradição moderna a estas lamentações fisiocráticas, sem tomar exemplos menos genéricos, Habermas, consciente do embaraço produzido por um certo esgotamento do "projeto da modernidade", parece querer reduzir seu discurso à conhecida fábula da água quente, da banheira e do menino.

> Parece-nos – escreve ele – que, acima de tudo, devamos conhecer melhor as aberrações que acompanharam o projeto moderno e os erros do seu ambicioso programa de superação, em vez de dar por perdido o moderno e seu projeto.

Habermas, porém, não parece ter se dado ao trabalho de examinar a fundo os erros em questão, visto que evita enumerá-los e se contenta em classificar os culpados segundo três categorias ou graus de neoconservadorismo: os jovens, os velhos e, por fim, os "neoconservadores".

Os *jovens conservadores* assimilam a experiência básica do modelo estético, a descoberta da subjetividade descentrada, livre dos imperativos do trabalho e da utilidade, e graças a isso evadem do mundo moderno. Por meio de uma atitude modernista, determinam um antimodernismo intransigente. Deslocam as forças espontâneas da imaginação, do conhecimento próprio e da afetividade para o longínquo e o arcaico, e, de modo maniqueísta, contrapõem à razão instrumental um princípio aberto apenas à evocação, seja essa a vontade de potência, a soberania, o ser ou a força dionísica da poética. Na França, esta linha abrange de Bataille a Derrida, passando por Foucault.

Inicialmente, os *velhos conservadores* não se deixam seduzir pela cultura do moderno. Eles seguem com aflição a decadência da razão substancial, a separação entre ciência, moral e arte, a visão de mundo moderna, a racionalidade processual, e recomendam o retorno às posições anteriores ao moderno. Um certo sucesso tem, sobretudo, o neoaristotelismo, redirecionado hoje no sentido da renovação da ética cósmica da problemática ecológica. Esta linha de pensamento, que tem início com Leo Strauss, inclui interessantes trabalhos de Hans Jonas e Robert Spaemann, por exemplo.

Os *neoconservadores*, por fim, acolhem favoravelmente o desenvolvimento da ciência moderna, na medida em que esta supera a sua própria esfera para acelerar o progresso técnico, a criatividade capitalista e a administração racional. Apesar disto, eles recomendam *uma política que neutralize o conteúdo explosivo da modernidade cultural.*

É uma tese declarada segundo a qual a ciência, em todo caso, não tem nenhuma importância na orientação da vida. Uma outra tese sustenta que a política deve ser livre de todas as exigências morais de justificação. E uma terceira insiste na imanência pura da arte e nega seu conteúdo utópico, invocando o seu caráter de aparência a fim de manter a experiência estética restrita ao domínio do privado. Neste âmbito, reconhecemos o primeiro Wittgenstein, Carl Schmitt, no seu período intermediário, e o tardio Gottfried Benn.

A casuística é ampla, e nos encontramos quase sempre em boa companhia entre as categorias dadas. Mas resta explicar por que, diante de posições assim distantes e incompatíveis, empregamos o rótulo único do conservadorismo, recusando-o, entretanto, aos que sem dúvida zelam explicitamente pela conservação de algo: o projeto da "modernidade" inconclusa. Por que inconclusa, por que infinita? Se a natureza da modernidade é justamente sua incapacidade de chegar ao fim, por que não perceber o quanto ela mudou de sinal continuamente na história, fazendo dos amigos e inimigos que a seguiam meros caçadores de sombras?

É realmente frustrante que a Escola de Frankfurt, depois de ter fomentado a crítica mais radical ao consumo e ao envelhecimento da "modernidade" com a inquietação inesgotável de Adorno, mostre hoje, através da atitude defensiva de Habermas, um esforço de cristalização de uma herança que gostaria de subtrair-se do duro confronto com as estruturas de um mundo transformado.

Inconscientemente, Habermas acaba dando razão a Schelsky, a cuja abordagem positivista ele mesmo havia feito severas críticas na *Lógica das ciências sociais*. Ao atribuir à reemergência dos arquétipos – dos quais a exposição de Veneza foi o sintoma mais evidente – um valor de subversão da vanguarda, Habermas parece subscrever aquilo que Schelsky afirmava a propósito da "cientifização do passado":

> A partir do momento em que o passado, na qualidade de tradição, passou a prescrever guias para a ação dos indivíduos e da coletividade, distanciou-se das ciências históricas e constituiu um mundo objetivo, acessível à pesquisa crítica-científica, o homem moderno adquiriu aquela liberdade orientada para o futuro que lhe deu as condições necessárias para transformar, segundo concepções científicas, o ambiente natural e social. A "ausência de historicidade" da sociedade moderna, tal qual se manifesta nas técnicas naturais e sociais, tem portanto, como pressuposto, a cientifização do passado.

A ilusão da nossa cultura tecnológica de se subtrair à história e a inanidade de uma remoção que tantas vezes produziu alienação e violência deveriam nos convencer de que é hora de abandonar o mito da mulher de Lot, punida por Deus por ter olhado para trás. É pela perda, não pelo culto à memória, que nos tornamos prisioneiros do passado.

Adorno havia percebido, com muita sagacidade, como se pode ser vítima inconsciente de uma revolução herdada, ao descrever o drama da segunda geração dos músicos modernos como drama do desenraizamento.

Inovadores como Schönberg, Bartók, Stravinski, Webern, Berg e Hindemith estavam inteiramente impregnados da música tradicional. Sua linguagem, seu espírito crítico e polêmico ganhavam consistência em relação à tradição; já aqueles que vieram depois não têm dentro de si uma tradição viva e transformam um ideal musical, em si mesmo crítico, num fator falsamente positivo, sem aplicar-lhe a espontaneidade e o esforço que esse exige.

O Movimento Moderno em arquitetura deteve, durante anos, o triste privilégio de ser considerado um "fator falsamente positivo"; e perdeu a capacidade de renovar-se justamente porque, depois do esforço das primeiras gerações, seu potencial crítico e sua condição de grande e efêmero oponente à tradição histórica havia se exaurido. A modernidade impôs à arquitetura, depois do frutífero período de questionamento compreendido entre o final do século passado e 1925 (período ao qual, não por acaso, volta-se hoje com renovado interesse), uma *renúncia à língua* que nem a literatura nem a música teriam podido aceitar ou praticar com tanto rigor. A reemergência dos arquétipos, fenômeno do qual este livro procura dar conta em toda sua complexidade e ambigüidade, representa portanto, para a arquitetura, não um modo zeloso de conservação e de tutela, mas uma prazerosa redescoberta de algo que foi forçado a viver clandestinamente dentro de nós, e que só pode nos ajudar a reduzir o isolamento de uma disciplina que, em cinqüenta anos, perdeu pouco a pouco sua função específica de matriz da qualidade urbana, assumindo a aparência de arte figurativa, de um lado, e de produção tecnológica sem qualidade, de outro.

Nos últimos anos, a indústria naval japonesa produziu navios moderníssimos que representam uma enorme economia de energia, em virtude do seu extraordinário e complexo aparato de velas controladas e manobradas por dispositivos eletrônicos. A arquitetura da sociedade pós-industrial se assemelhará, muito provavelmente, a estes veleiros encantados.

132-133. Aldo Rossi, concurso para a praça de Sannazzaro de' Burgondi, 1967, e residências em Mozzo, com A. Pizzigoni, Bérgamo, 1977 (foto F. Moschini).

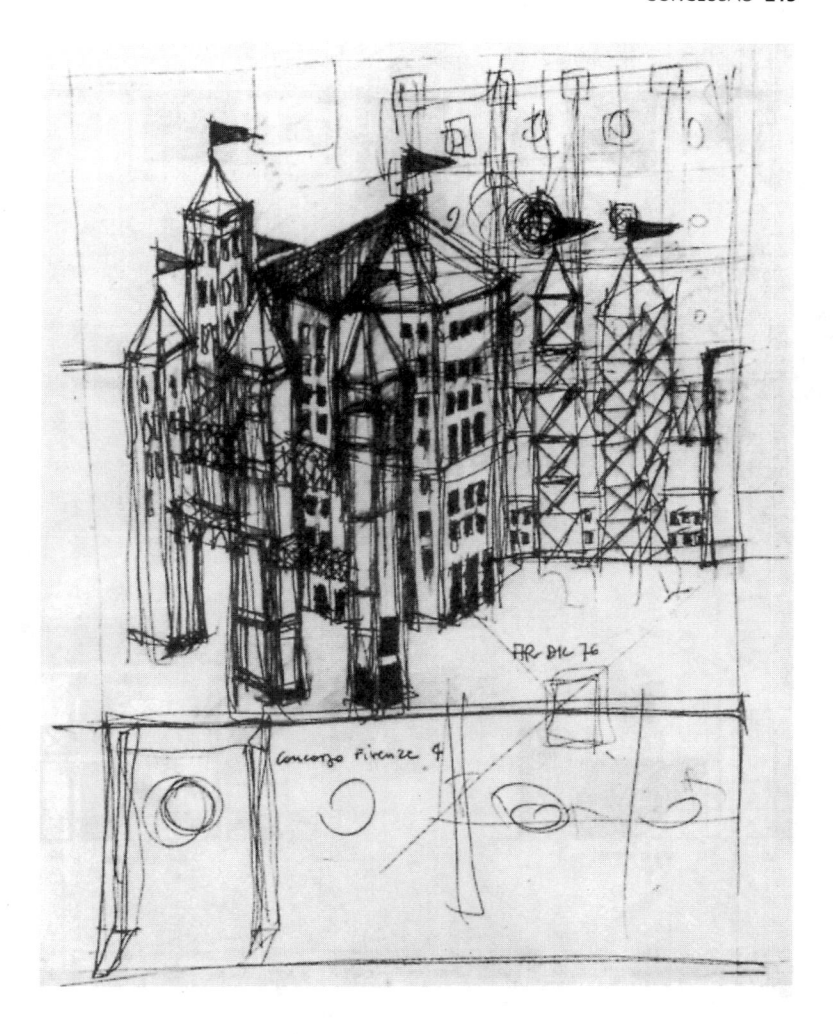

134. Aldo Rossi, concurso para o centro administrativo de Florença. Estudo, 1976.

Fachada Sul

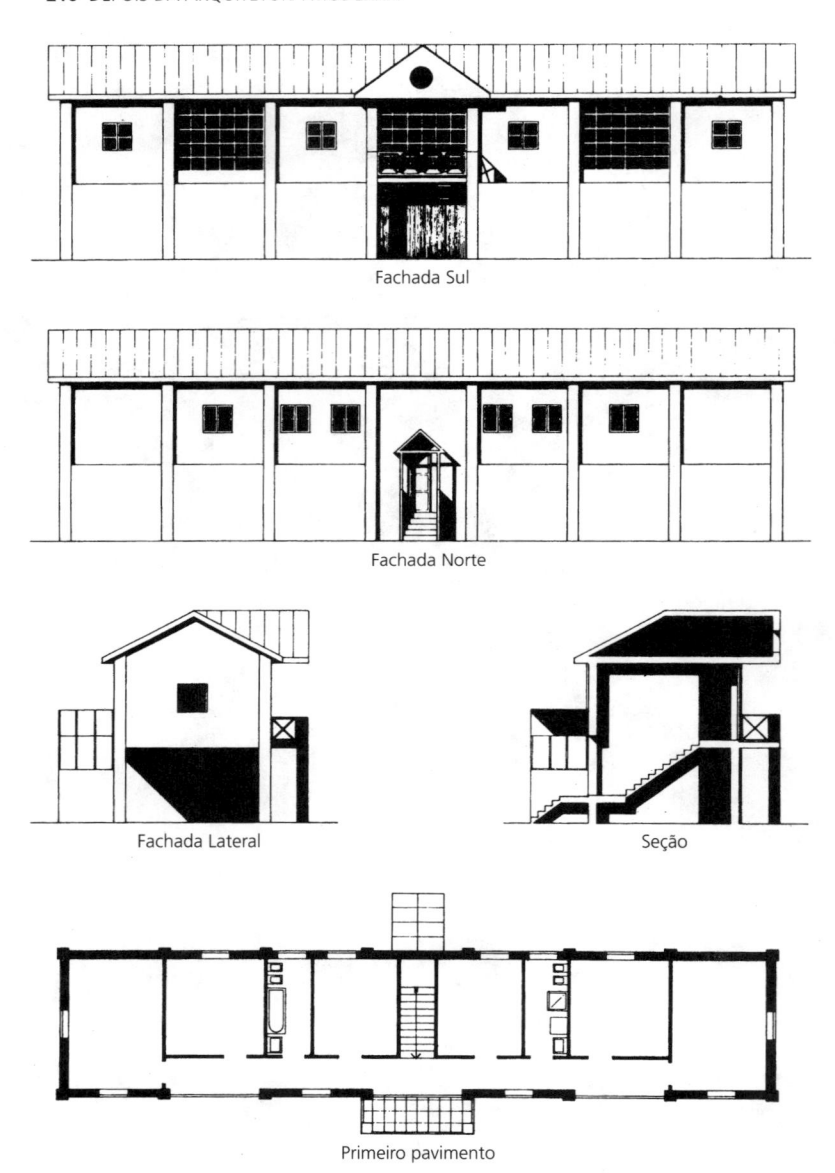

Fachada Norte

Fachada Lateral

Seção

Primeiro pavimento

135. Aldo Rossi, projeto para conjunto habitacional em Zandobbio, 1979.

CONCLUSÃO **217**

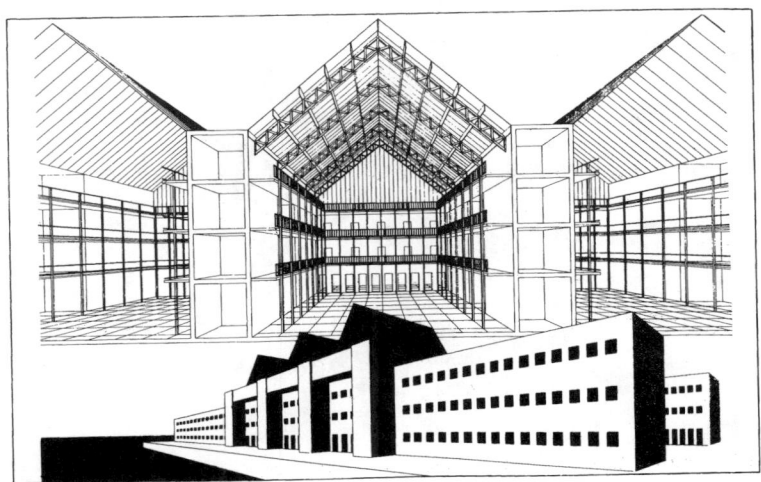

136-137. Aldo Rossi, projeto de edifícios residenciais em Berlim, ao longo do Verbindungskanal, 1976 e projeto para o Palácio da Região em Trieste, 1974.

138. Aldo Rossi, concurso para o Palácio da Região em Trieste, 1974.

139. Aldo Rossi, portão da escola De Amicis em Broni, 1970 (foto F. Moschini).

140. Aldo Rossi, estudo.

CONCLUSÃO **221**

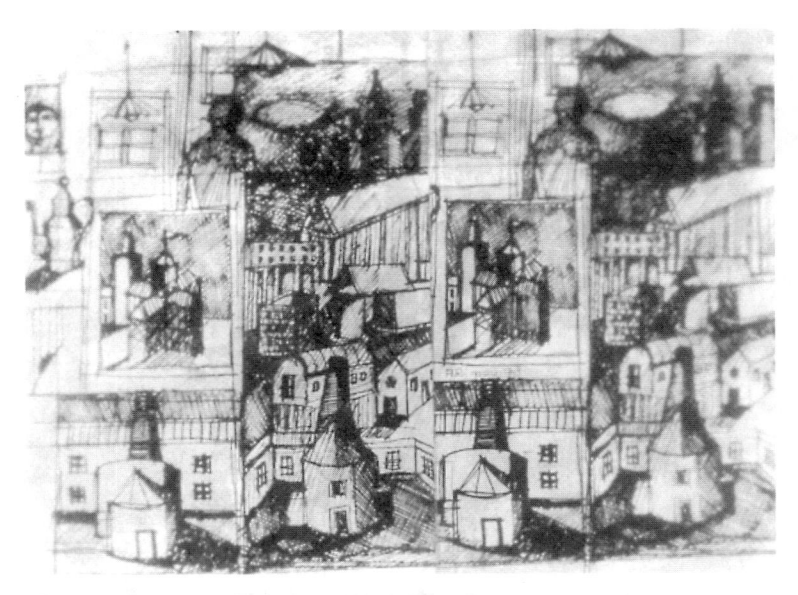

141-142. Aldo Rossi, desenho e vista do cemitério de Módena (com G. Braghieri), 1971-79 (foto F. Moschini).

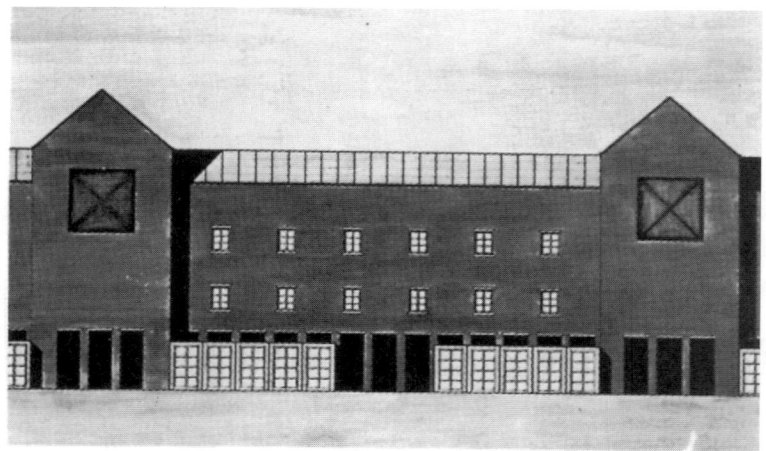

143-144. Aldo Rossi com Aldo De Poli, Giulio Dubbini, Marino Narpozzi, elevações do projeto para o bairro Cannareggio em Veneza, 1978.

145. Aldo Rossi, *Teatrinho com a mão do santo e sombras,* 1978.

146. Aldo Rossi com G. Braghieri, cemitério de Módena, 1971-79 (foto F. Moschini).

147-148. Aldo Rossi, escola em Broni, 1980.

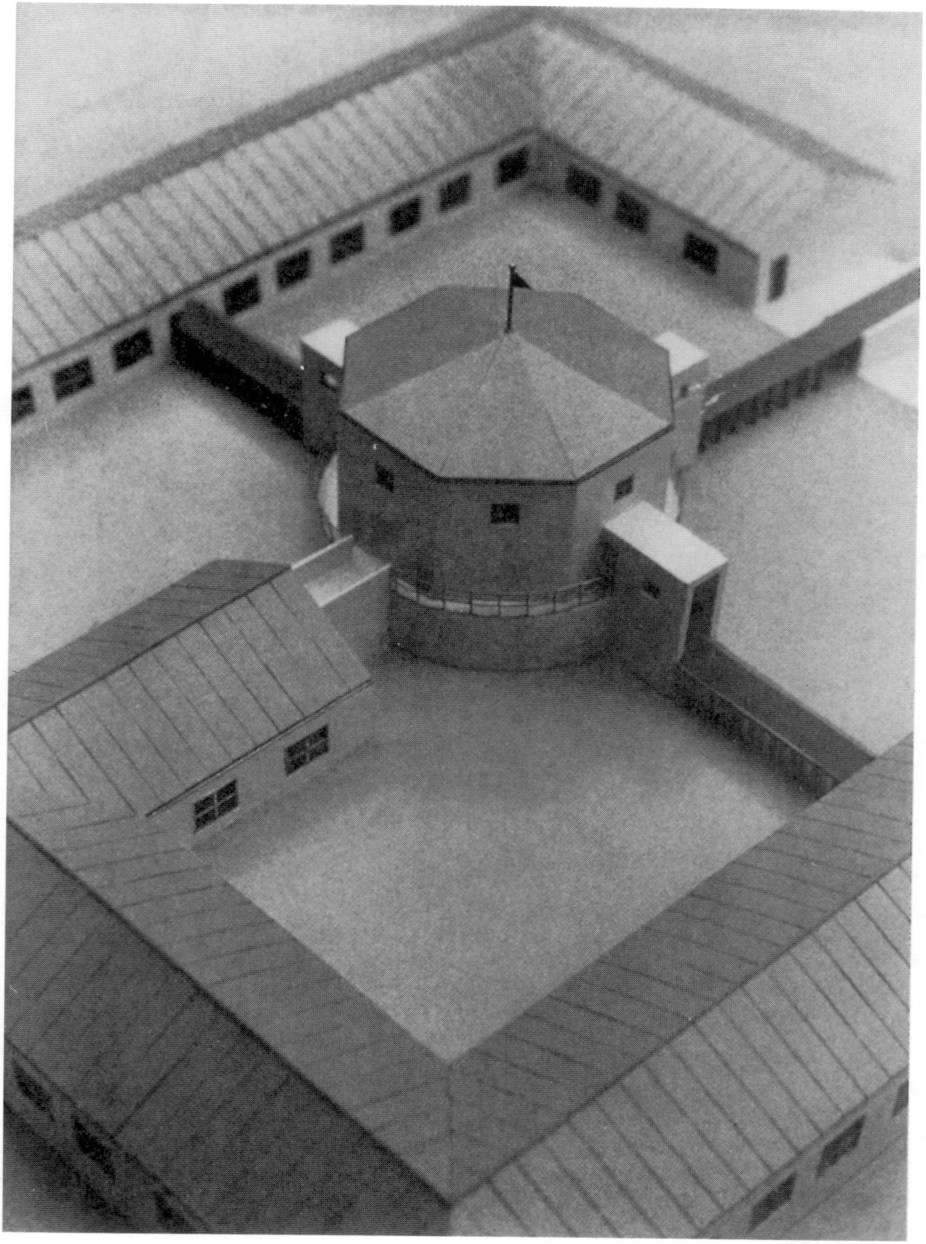

CONCLUSÃO **227**

149 (*página anterior*). Aldo Rossi, escola em Broni, 1980.

150 Aldo Rossi, "Teatro do Mundo" em Veneza, 1979.

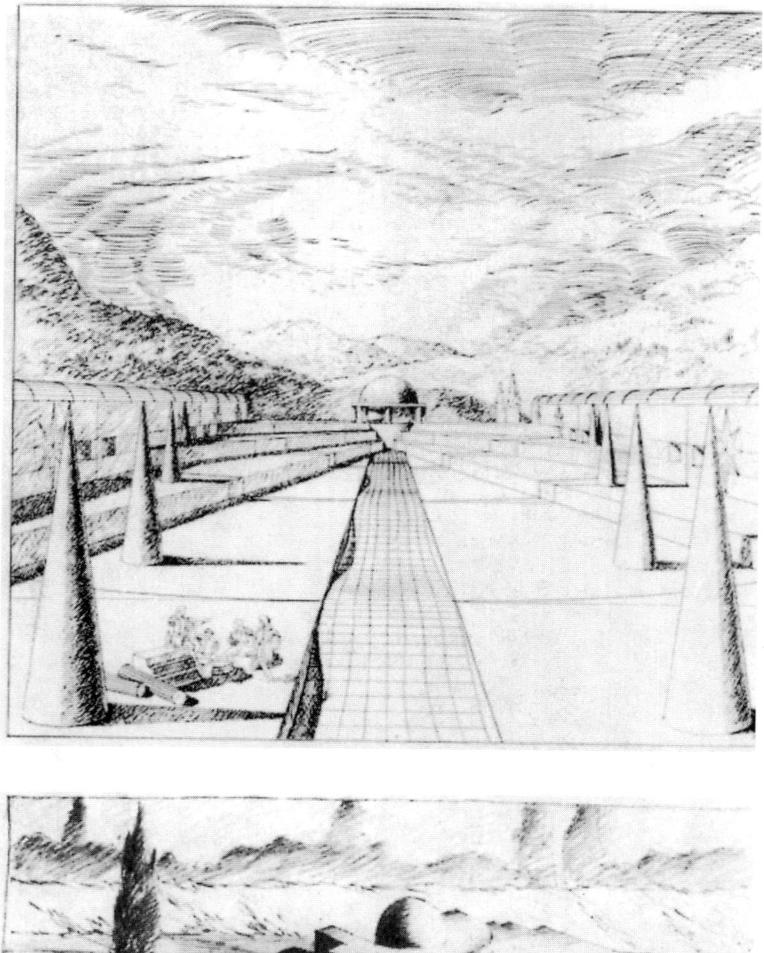

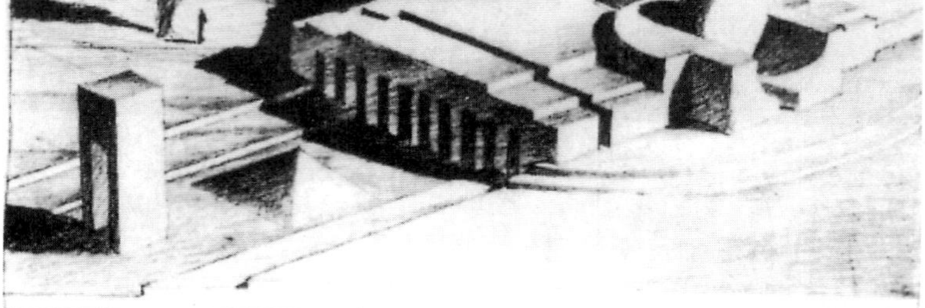

CONCLUSÃO **229**

151-152. (*página anterior*). A. Anselmi, P. Chiatante, R. Mariotti, F. Pierluisi (ateliê GRAU), mercado das flores em Sanremo (Imperia), perspectiva da cobertura habitável (primeira solução), 1973-75; Alessandro Anselmi com Giovanni De Sanctis, projeto para creche em Guidonia, 1965.

153-154. M. Martini, P. Nicolosi (GRAU), com E. Rosati, casa Mastroianni em Roma, 1975 (foto F. Moschini); M. Martini, G. P. Patrizi (GRAU), com E. Rosati, casa Rosati em Roma, 1972.

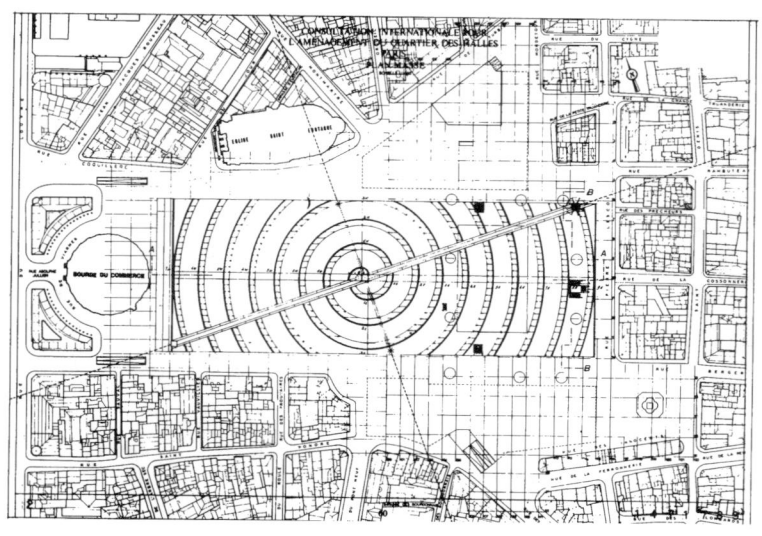

155-156. Alessandro Anselmi e Paola Chiatante (GRAU), cemitério de Parabita (Lecce), 1967-79; Alessandro Anselmi, projeto de reestruturação da área de Les Halles, em Paris, 1979.

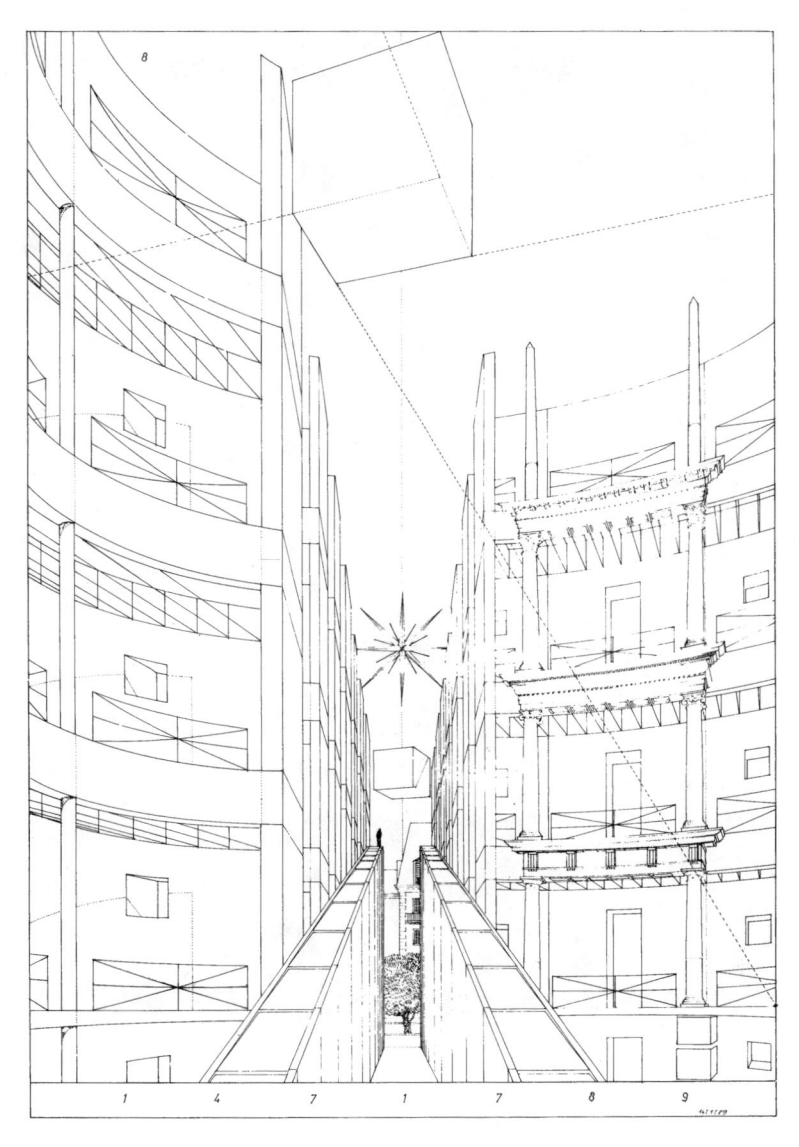

CONCLUSÃO **231**

157. Alessandro Anselmi (GRAU), vista perspectivada do projeto de reestruturação da área de Les Halles, Paris, 1979.

158-159. Bruno Reichlin e Fabio Reinhardt, fachada e sala central da casa Sartori em Riveo, Cantão Ticino, 1976-77.

CONCLUSÃO **233**

160-161. Luigi Pisciotti e Uberto Siola com G. Raimondino, vista e planta de uma casa em Maiori, Salerno, 1969.

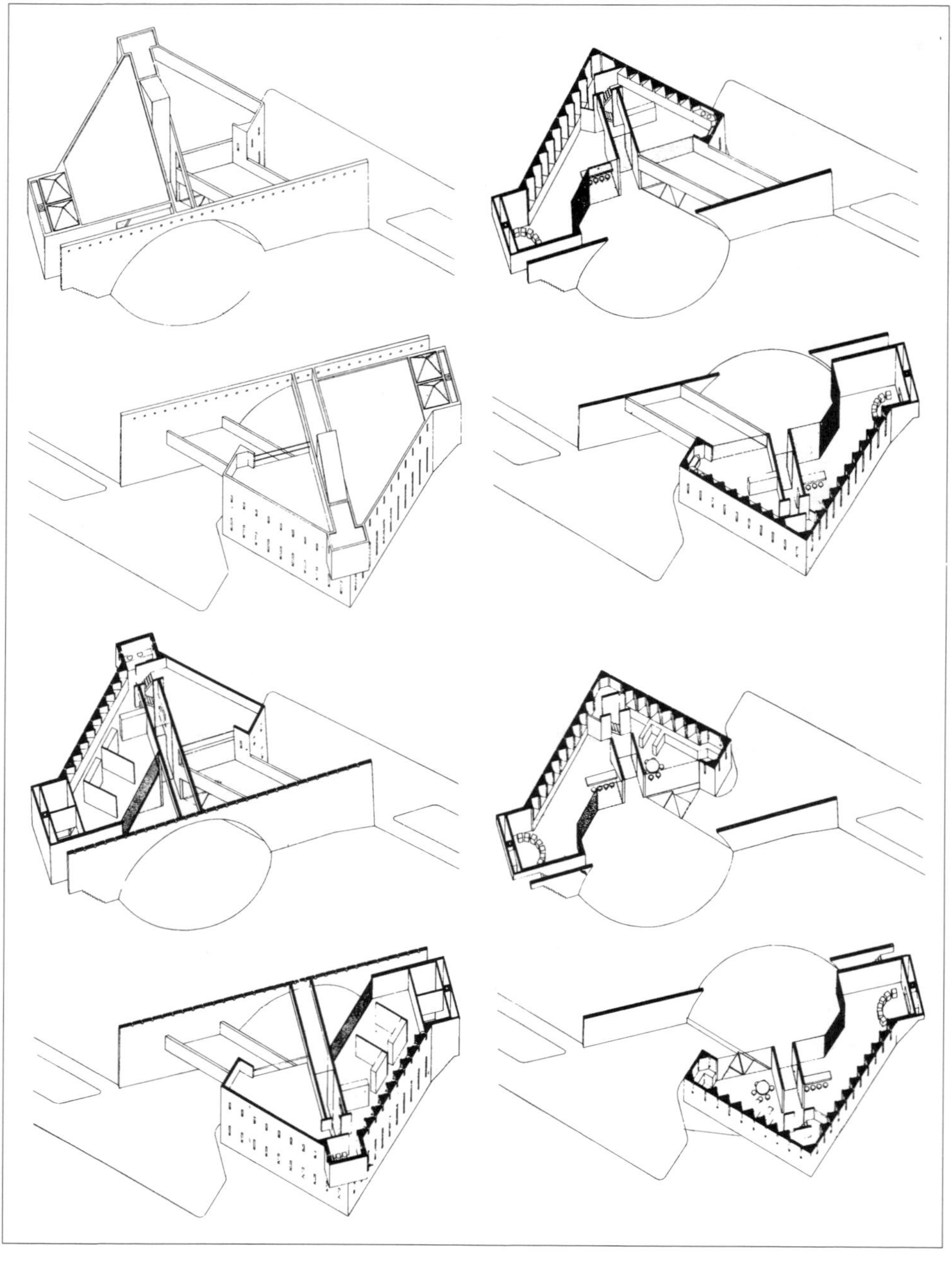

CONCLUSÃO **235**

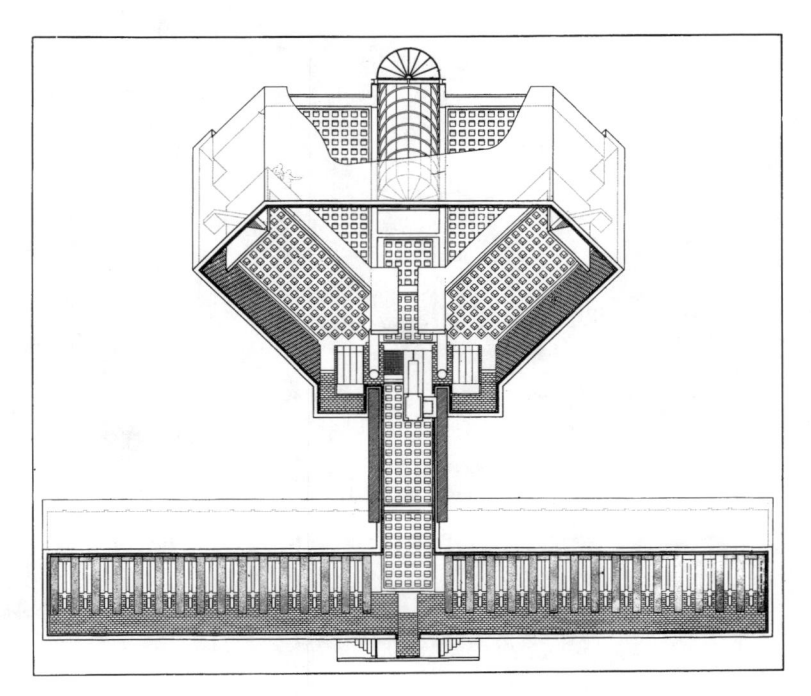

163. Mario Botta e Rudy Hunziker, axonométrica da nova biblioteca no projeto de restauração do convento dos capuchinhos em Lugano, 1978-79.

162. (*página anterior*). Mario Botta, axonométrica de uma casa em Lugano.

164-165. Mario Botta e Renzo Leuzinger, transformação e reutilização da feitoria de Ligrignano em Morbio Inferiore, Ticino, 1977-78; Mario Botta, casa em Cadenazzo, Cantão Ticino.

166 (*página seguinte*). Franco Purini, *Depois da arquitetura moderna*, água-forte sobre zinco, 1977.

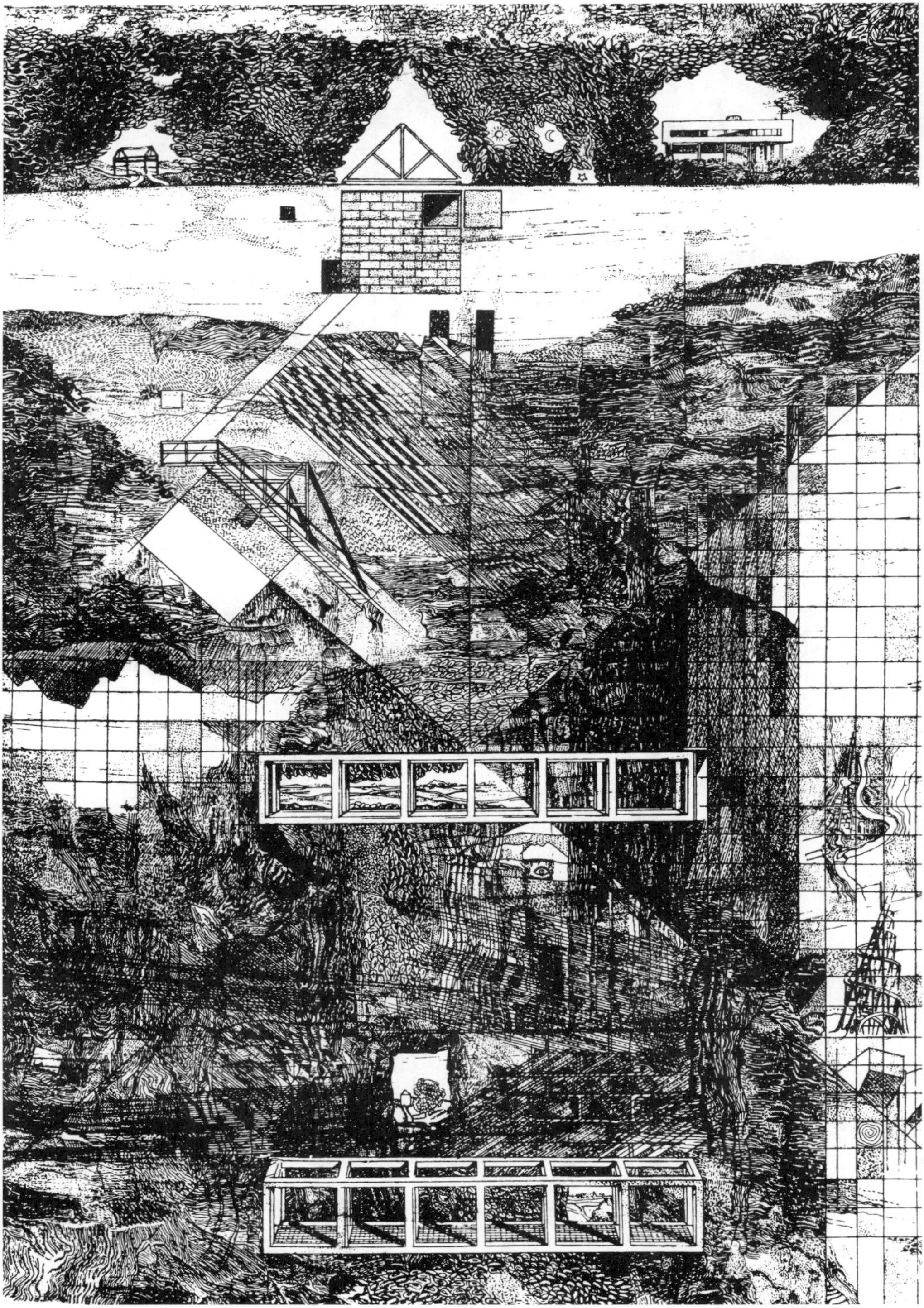

167. Franco Purini, *A casa romana*, edifício-poleiro, desenho a nanquim sobre papel vegetal, 1979.

168. Franco Purini, *A casa romana*, fachada principal, desenho a nanquim sobre cartão, 1978.

240 DEPOIS DA ARQUITETURA MODERNA

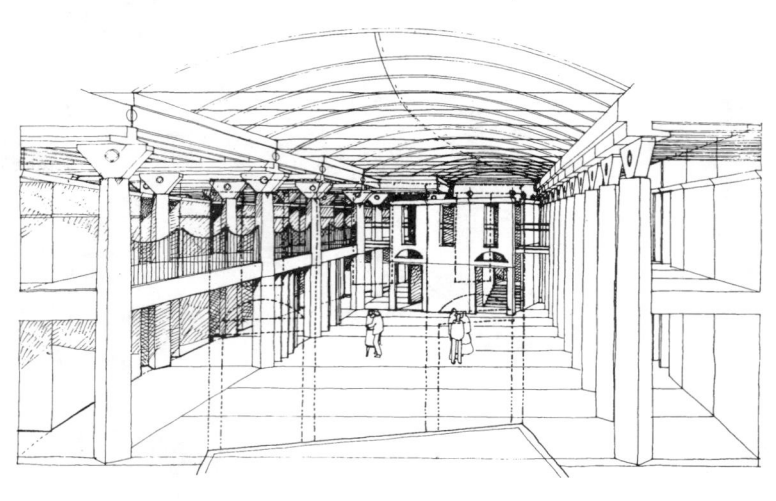

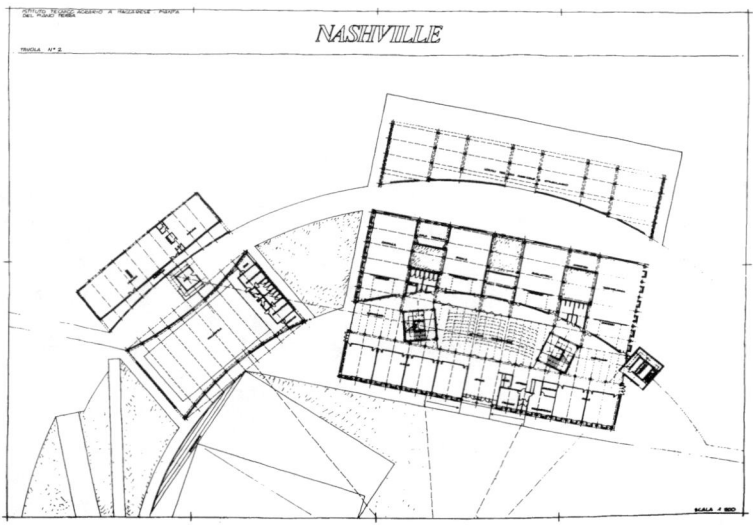

169-170. Nicoletta Cosentino, projeto para o Instituto Técnico de Agronomia em Maccarese, Roma, 1980.

CONCLUSÃO **241**

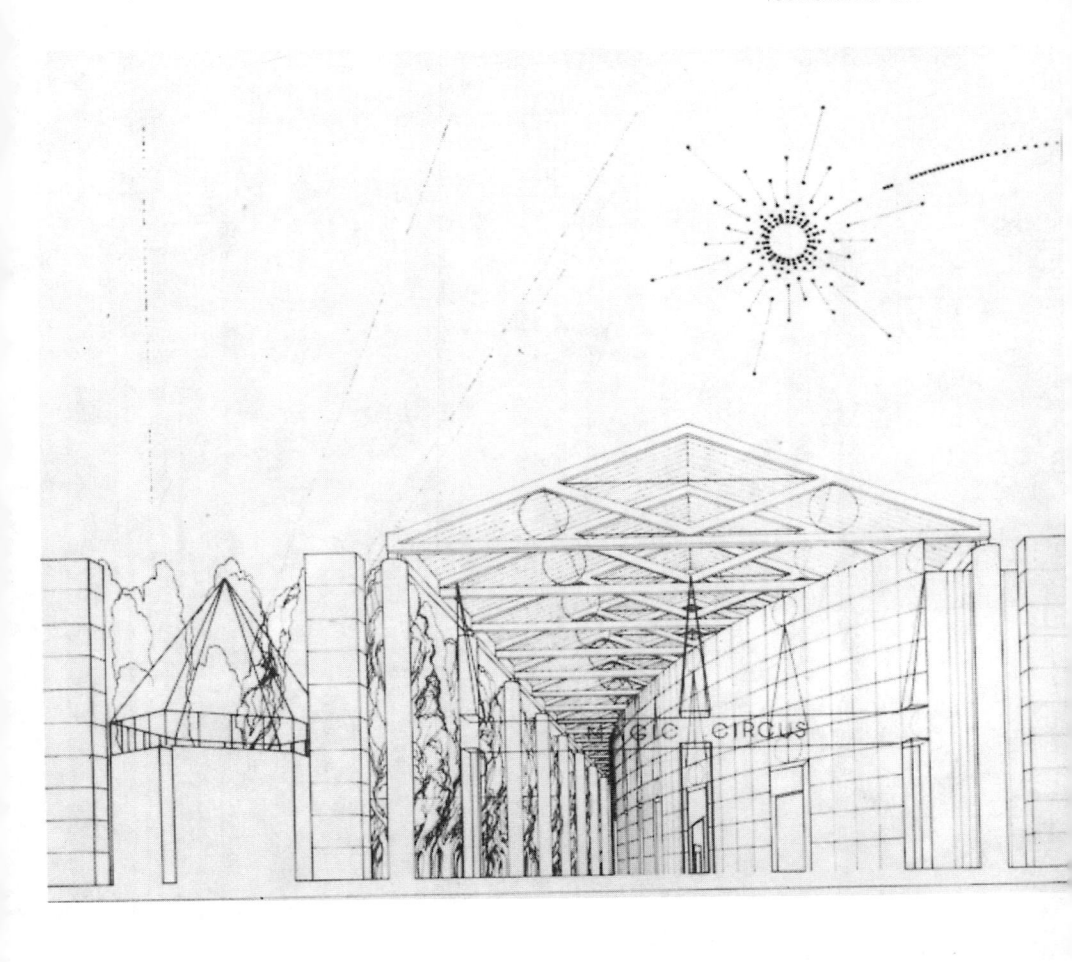

171. Francesco Cellini, concurso para o teatro de Forlì, 1976.

172. Francesco Cellini e Claudio D'Amato, projeto de concurso para reestruturação da área de Les Halles em Paris, 1979.

173-174. (*página seguinte*). Francesco Cellini, casas Aleph em Bracciano, Roma, 1972-77; Arduino Cantafora, sala de teatro, 1974.

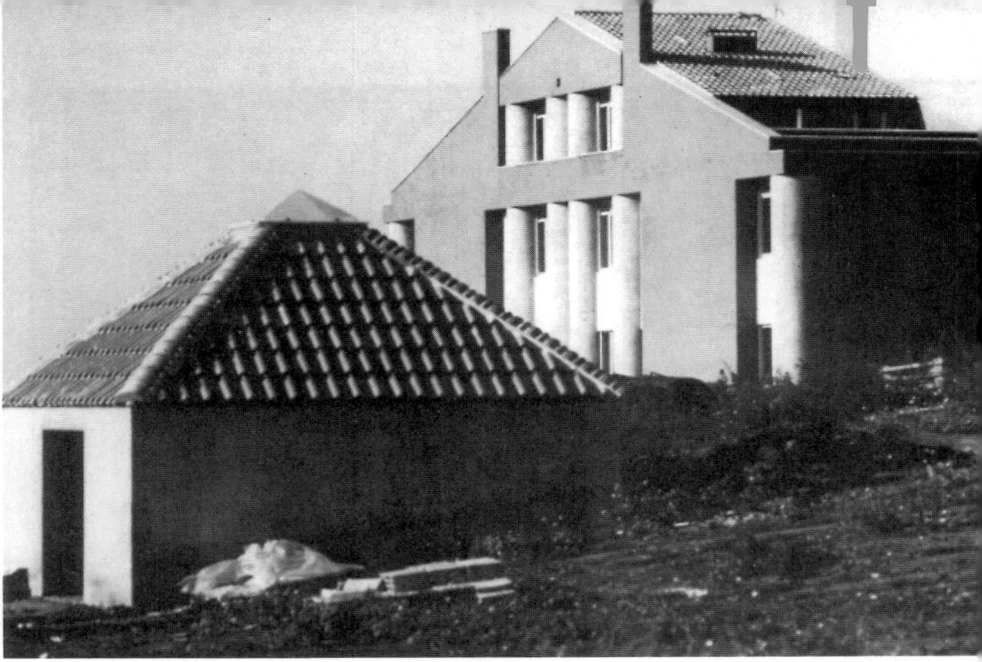

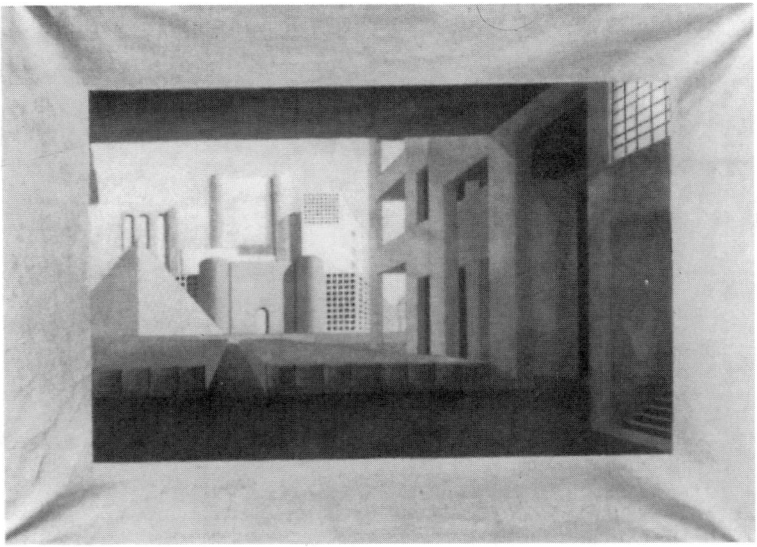

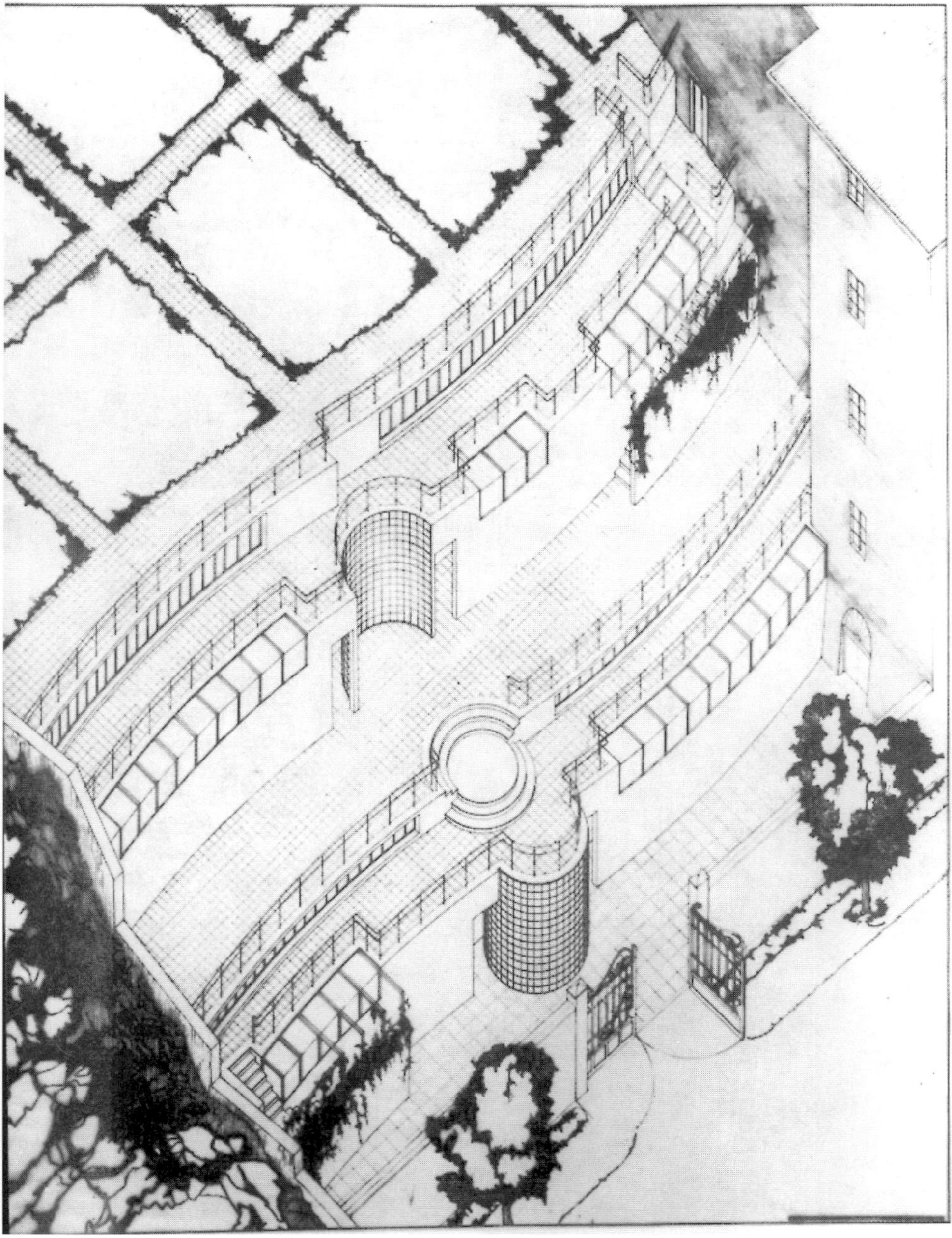

CONCLUSÃO **245**

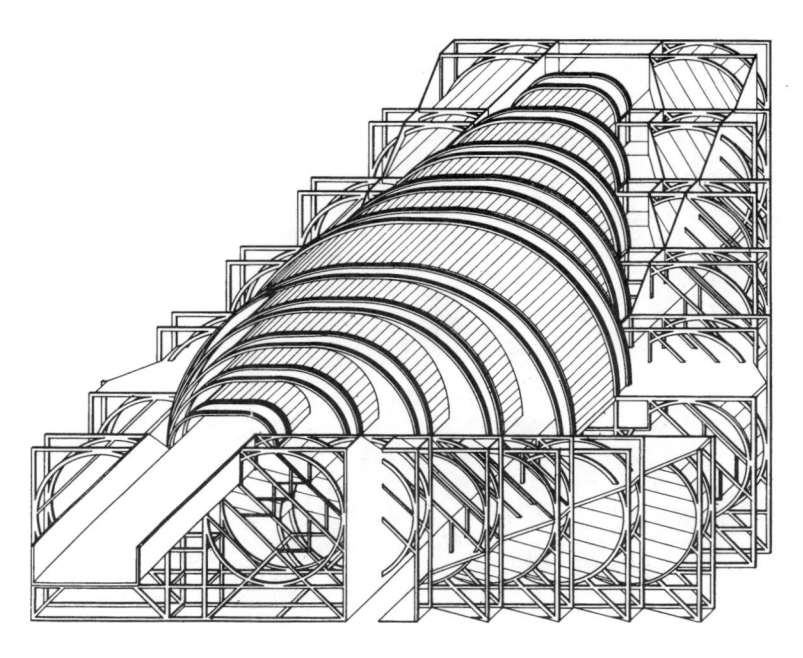

175. (*página anterior*). Giampaolo Ercolani, projeto para refeitório universitário em Perugia, 1975.

176-177. Vanna Fraticelli, projeto de estrutura terciária, 1968; Giampaolo Ercolani, projeto para um instituto técnico em Roma, 1980.

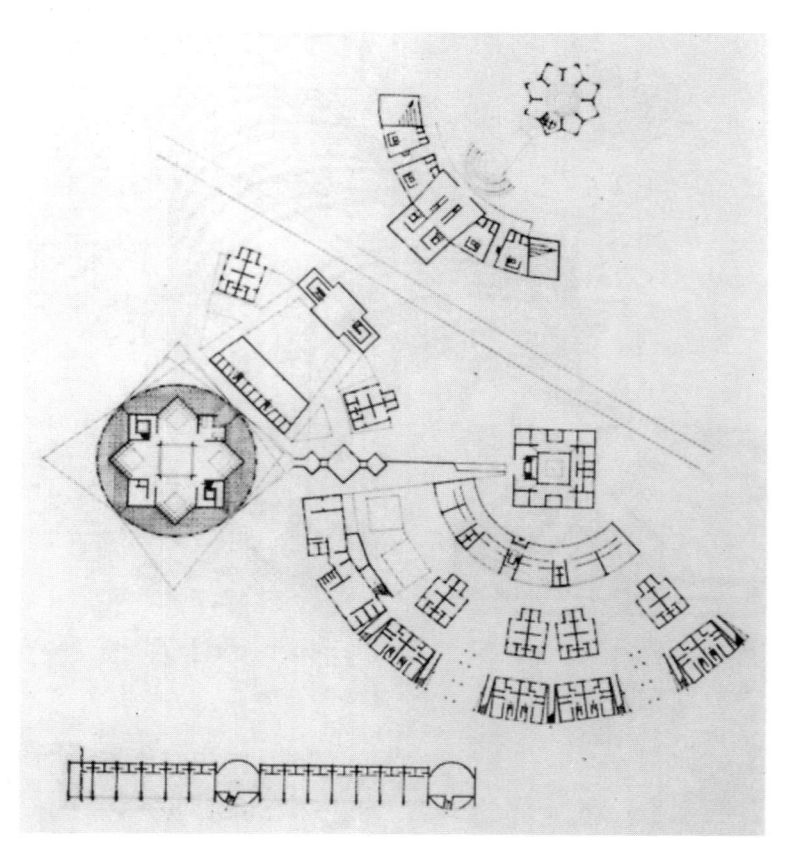

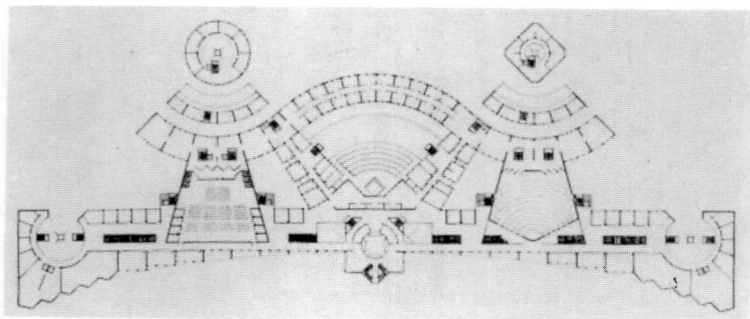

178-179. Stefano Caira e Vincenzo Sica, alunos de Claudio D'Amato, projeto de equipamentos para atividades culturais em Latina, 1979; Mario Corsetti e Pasquale Mazzocchi, alunos de Claudio D'Amato, projeto de escritórios e equipamentos comerciais em Latina, 1979.

CONCLUSÃO **247**

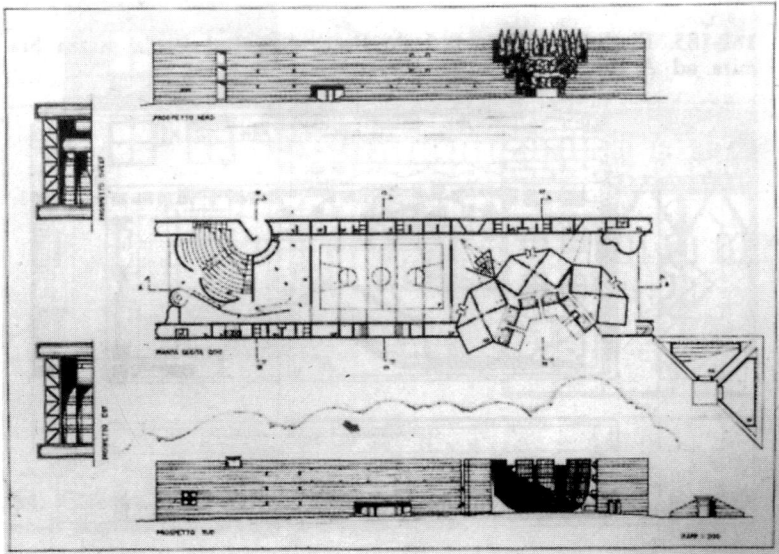

180-181. Claudio D'Amato, projeto de uma escola em Roma, 1967; Luigi Caruso, projeto para Instituto Técnico de Agronomia em Maccarese, Roma, 1980.

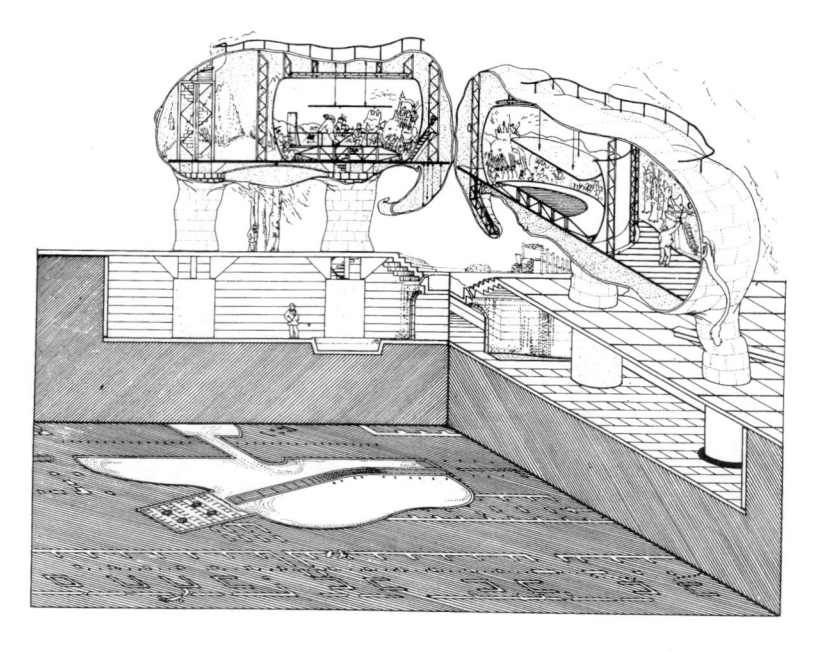

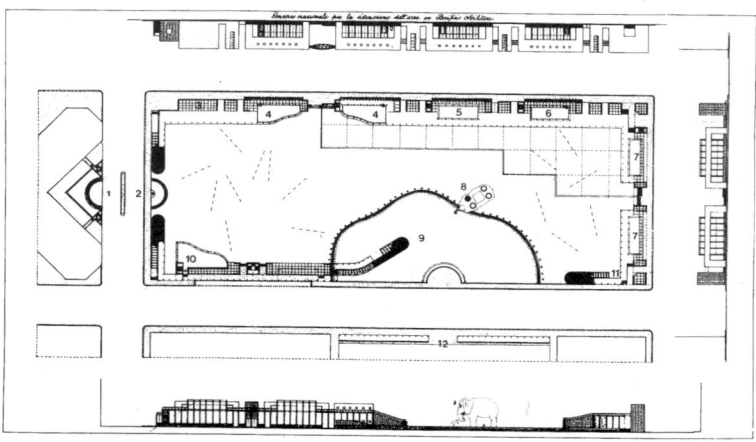

182-183. Pierluigi Nicolin e Italo Rota, projeto para a praça Stamira em Ancona, 1978.

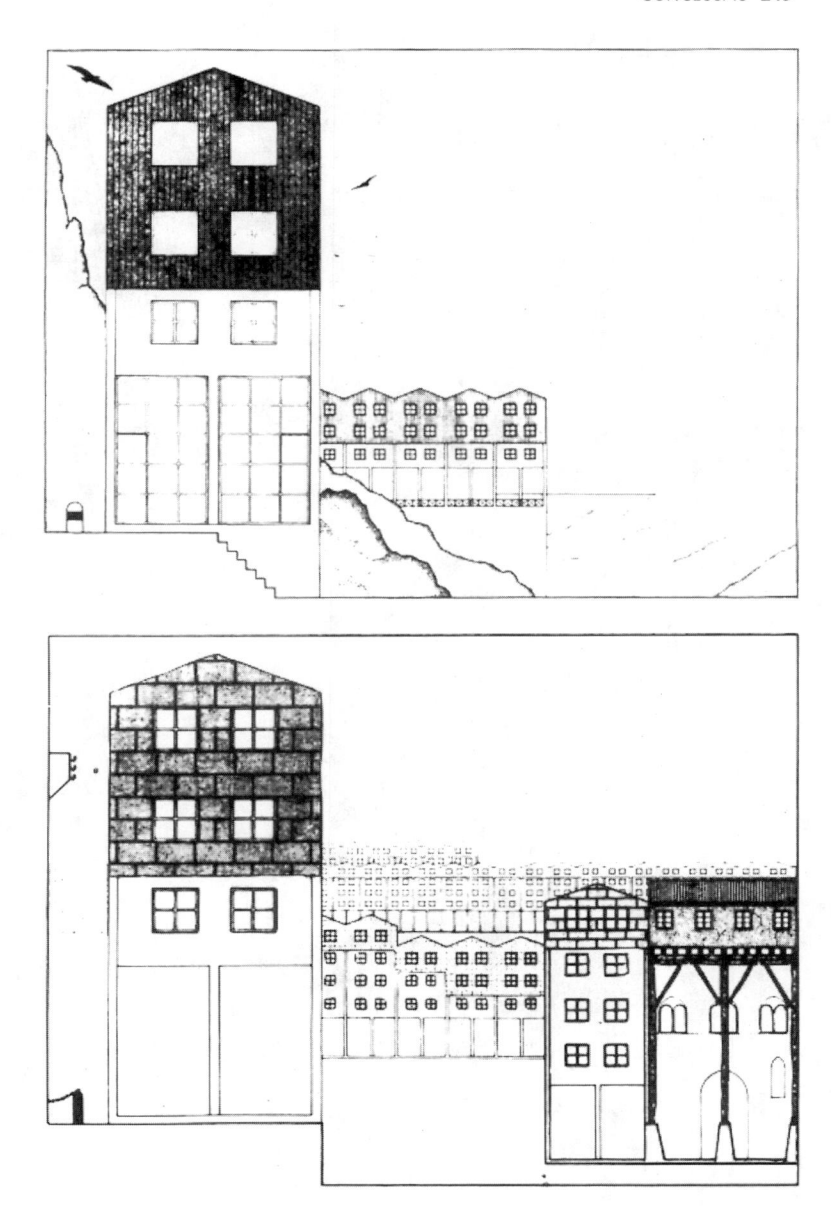

184. Claudio Baldisseri, Giuseppe Grossi, Bruno Minardi, projeto para concurso de alojamentos em Foggia, 1976.

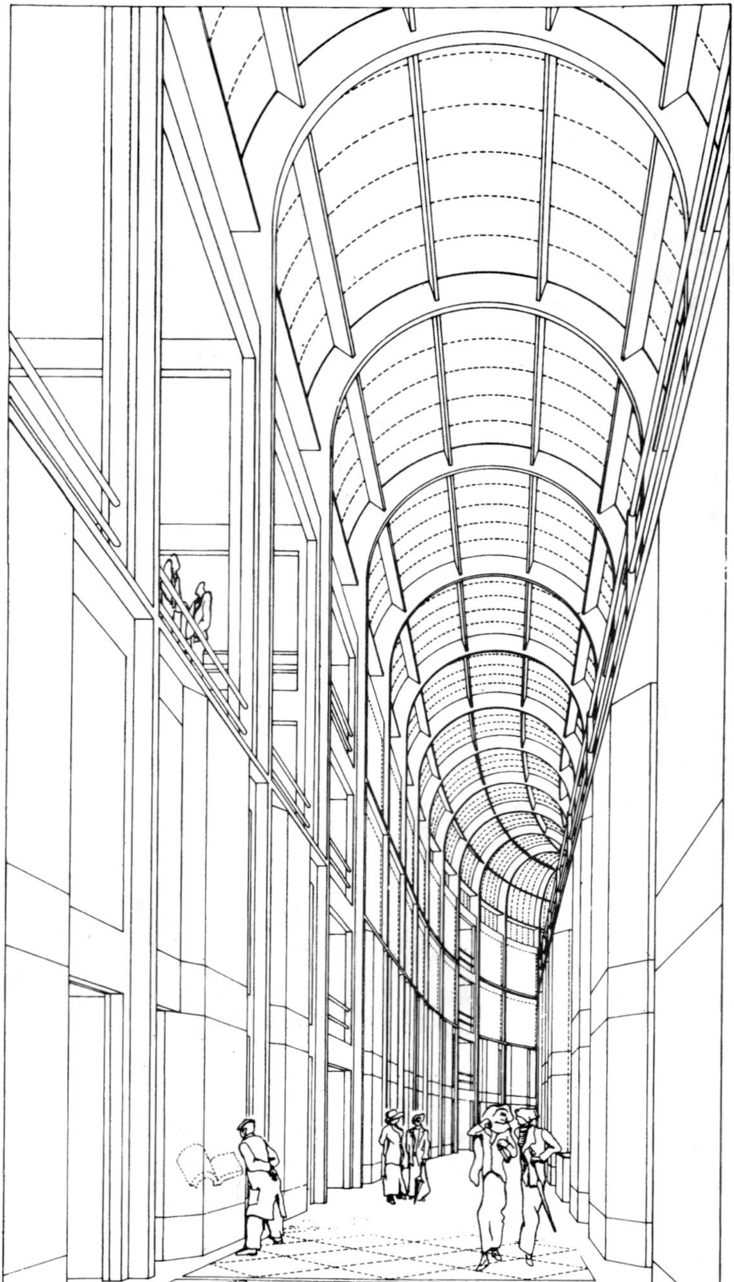

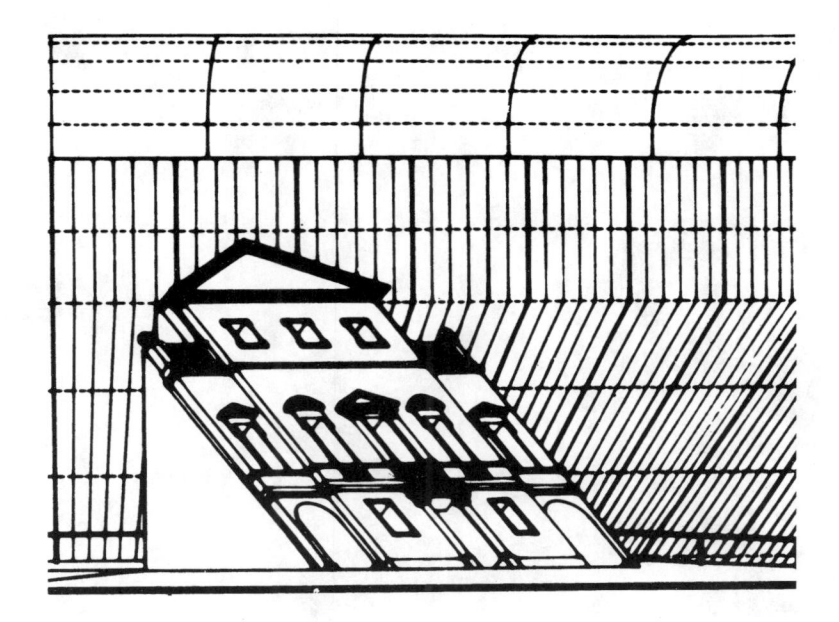

185-186 (*página anterior e acima*). James Stirling, centro cívico em Derby, 1970.

187. Charles Jencks, detalhe da casa do arquiteto em Londres, 1978.

188-189 (*página seguinte*). Charles Jencks, casa do arquiteto em Londres e casa *Garagia Rotunda* em Wellfleet, 1977.

CONCLUSÃO **253**

254 DEPOIS DA ARQUITETURA MODERNA

CONCLUSÃO **255**

190 (*página anterior*). Jeremy e Fenella Dixon, projeto habitacional.

191-192. Quinlan Terry, casa Waverton em Dedham, Essex, 1979, e cabana rústica em West Green.

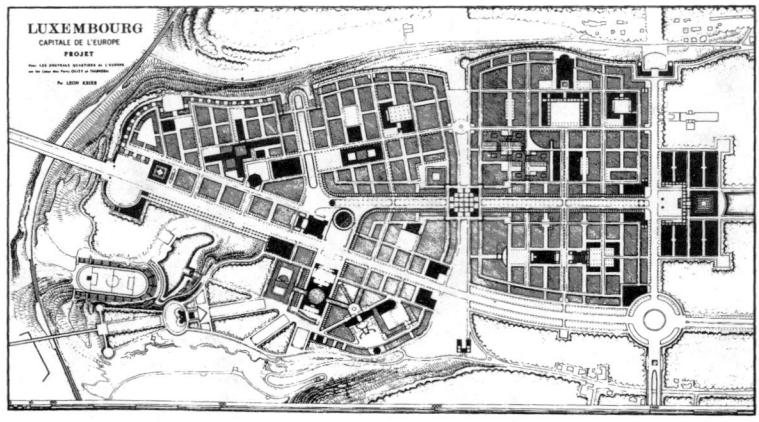

193-194. Rob Krier, praça do conjunto residencial Tower Bridge em Londres, 1974; Léon Krier, implantação dos novos bairros do Mercado Comum Europeu em Luxemburgo, 1978.

CONCLUSÃO **257**

195-196. Léon Krier, projeto para novos bairros do Mercado Comum Europeu em Luxemburgo, 1978; Rob Krier, desenho de uma praça do Leinfelden City Center, próximo de Stuttgart, 1971.

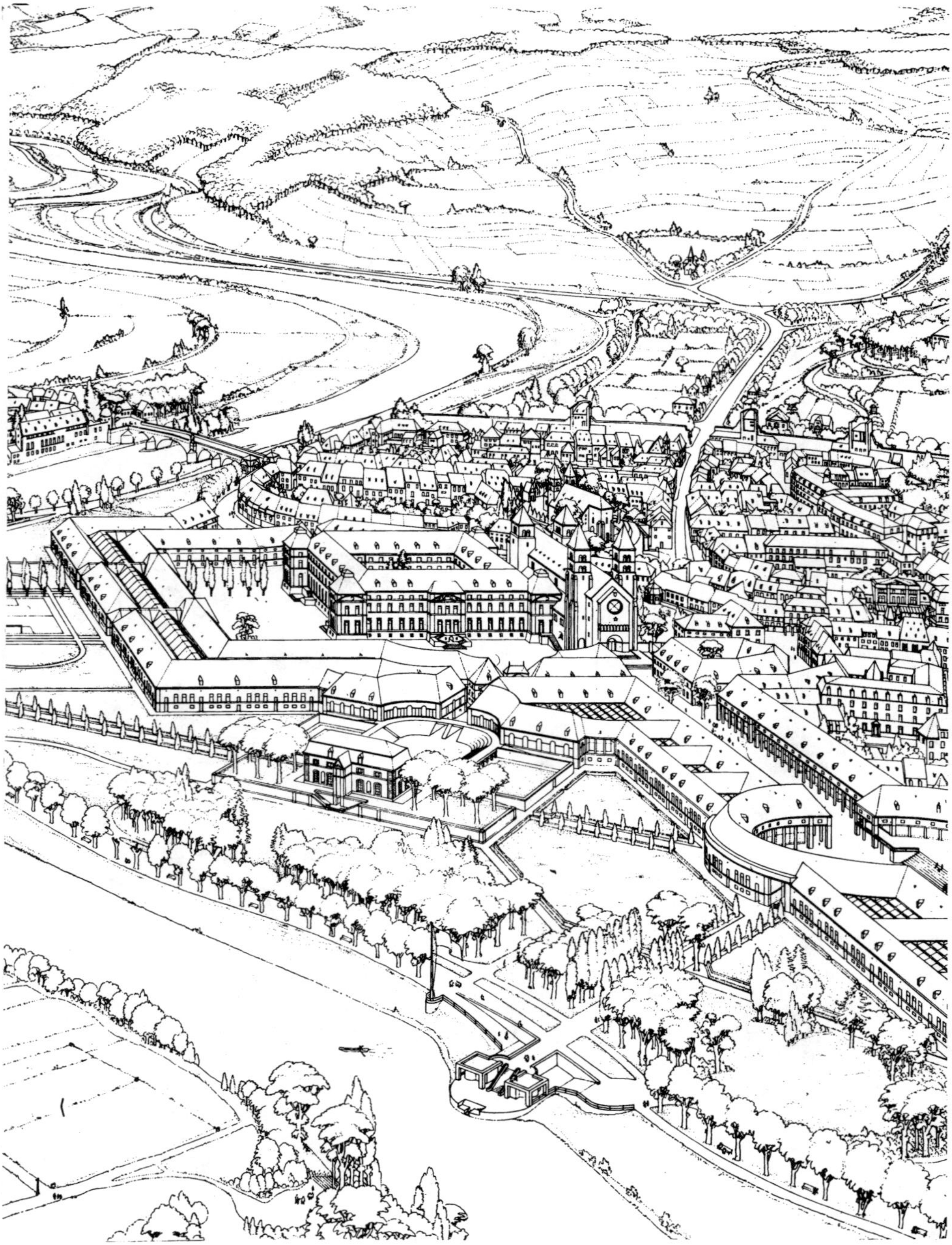

CONCLUSÃO **259**

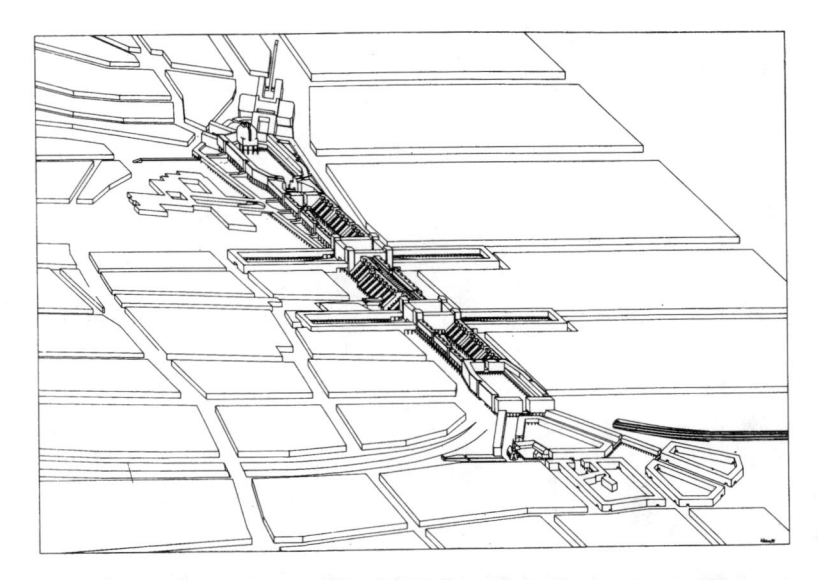

197 (*página anterior*). Léon Krier, projeto para restauração do centro da cidade de Echternach, 1970.

198-199. Rob Krier, perspectiva do Leinfelden City Center, próximo de Stuttgart, 1971; Léon Krier, projeto para novos bairros do Mercado Comum Europeu em Luxemburgo, 1978.

200-201. S. Birkiye e G. Busieau, projeto de reconstrução do entrecruzamento em Bruxelas, 1978; H. Hilmer e Ch. Sattler, projeto de restauração de um bairro em Karlsruhe.

202 (*página seguinte*). S. Birkiye e G. Busieau, P. Neirinck, projeto de reconstrução de um bairro em Bruxelas, 1978.

CONCLUSÃO **261**

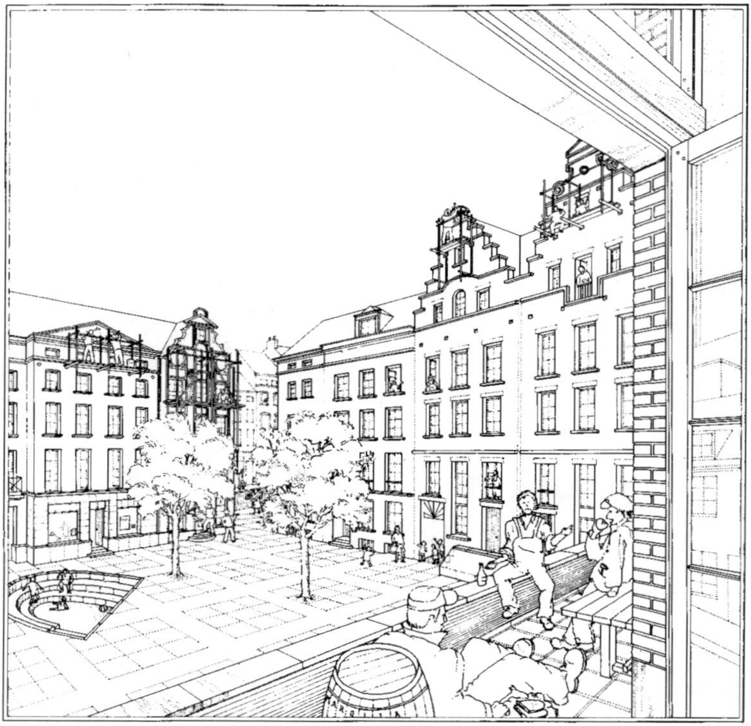

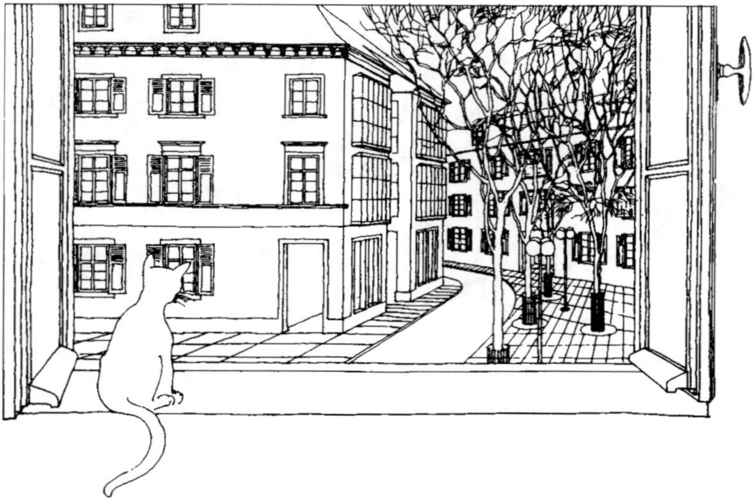

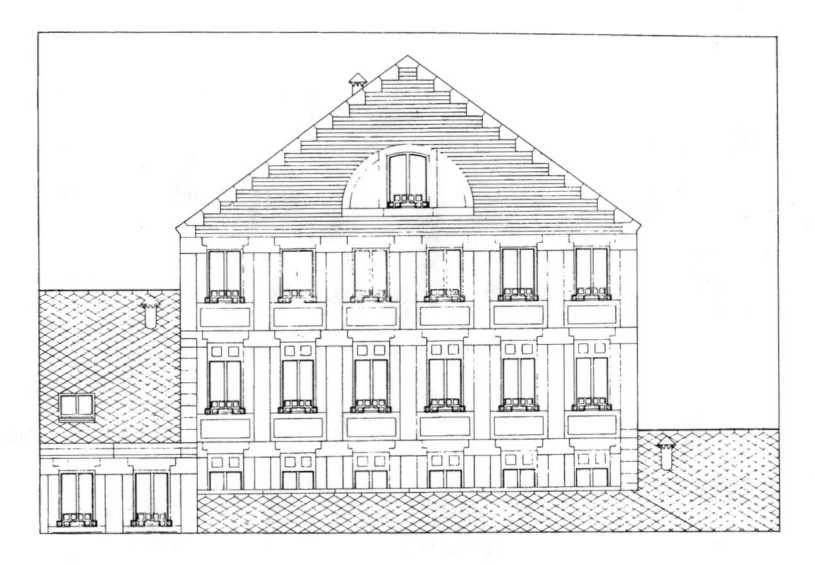

CONCLUSÃO **263**

203-204 (*página anterior*). D. Ange, R. de Gernier, A. Lambrichs, projeto de restauração de um bairro popular em Bruxelas, 1978; H. Hilmer e Ch. Sattler, projeto de restauração de um bairro em Karlsruhe.

205-206. Charles Vandenhove, projeto de restauração do bairro Hors-Château em Liège, 1979; S. Birkiye e G. Busieau, P. Neirinck, projeto de reconstrução de um bairro em Bruxelas, 1978.

264 DEPOIS DA ARQUITETURA MODERNA

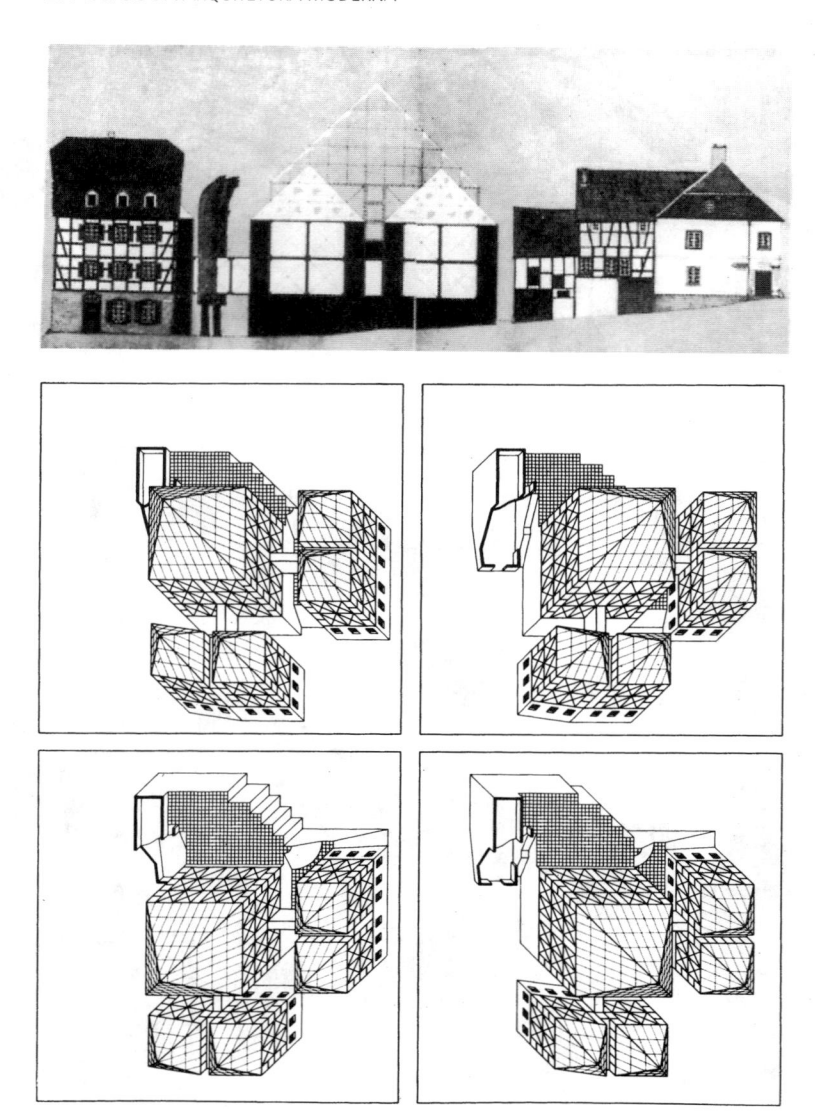

207-210 (*nesta página e na página seguinte, em baixo*). J. P. Kleihues com R. Hauser, projeto para o museu de Blankenheim, 1976; (*na página seguinte, no alto*) J. P. Kleihues, projeto para um pavilhão na Exposição Documenta 77, Kassel, 1976.

CONCLUSÃO **265**

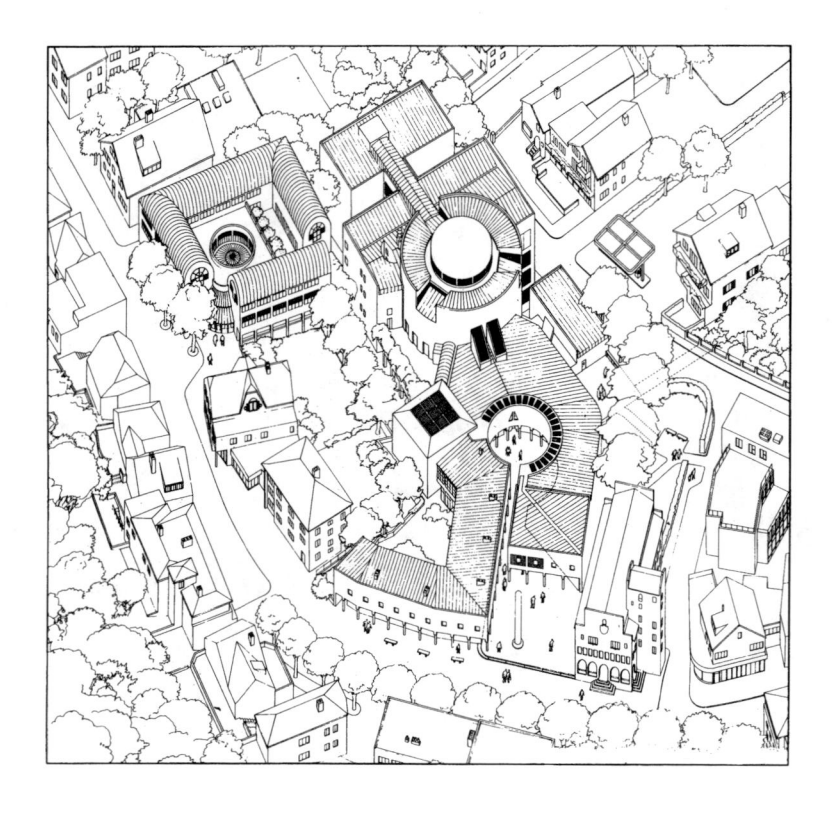

211. Gustav Peichl, axonométrica do projeto para o museu de Vaduz, Liechtenstein.

CONCLUSÃO **267**

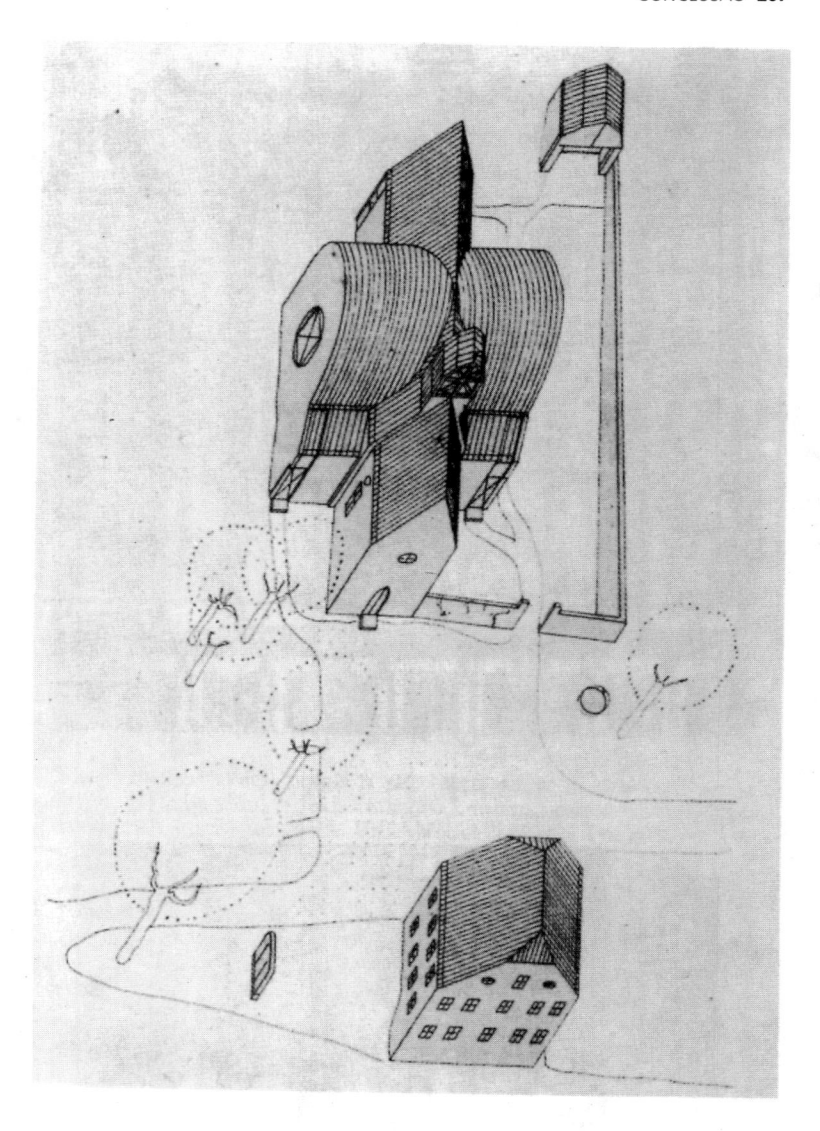

212. Heinz Tesar, projeto de uma igreja, 1977.

268 DEPOIS DA ARQUITETURA MODERNA

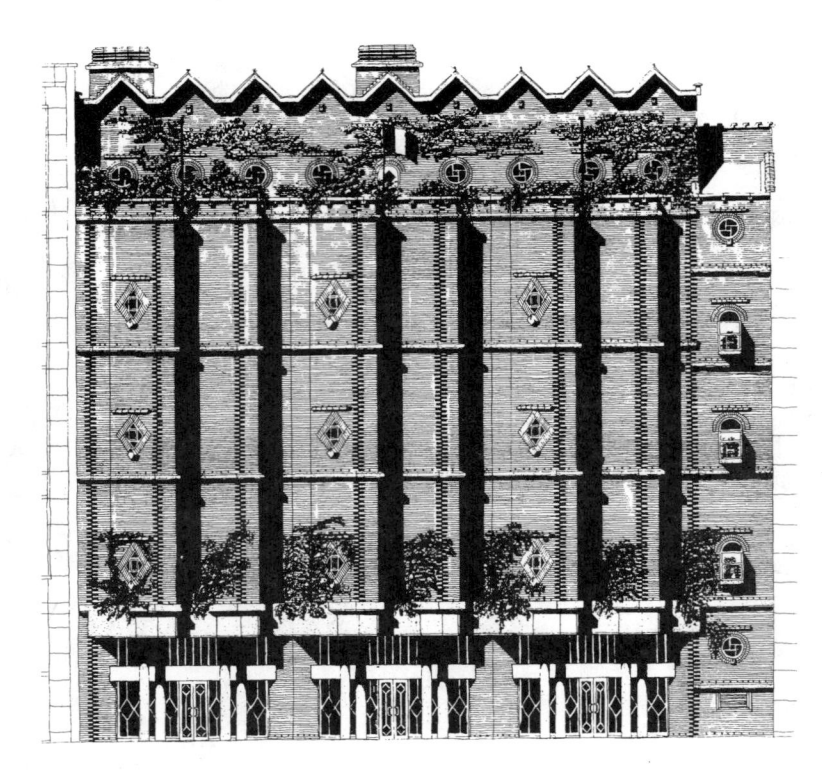

CONCLUSÃO **269**

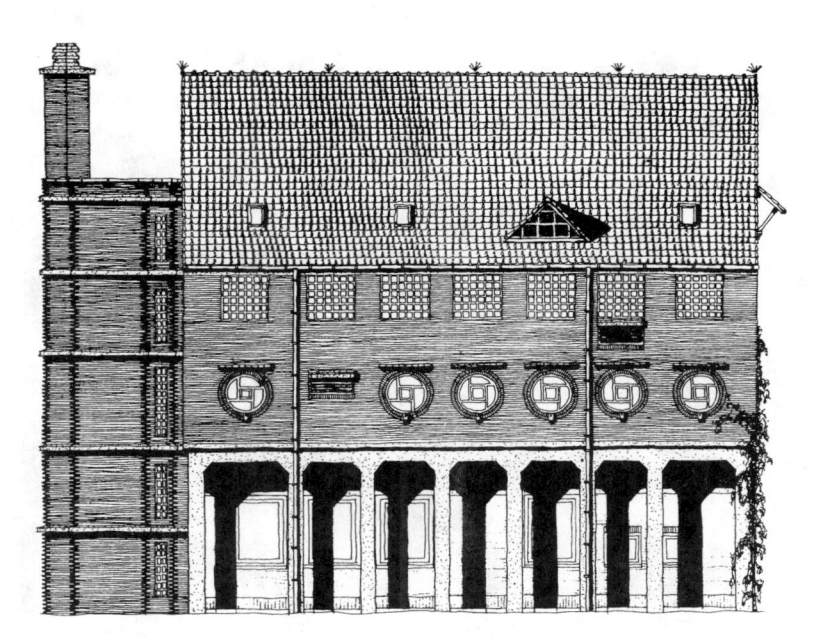

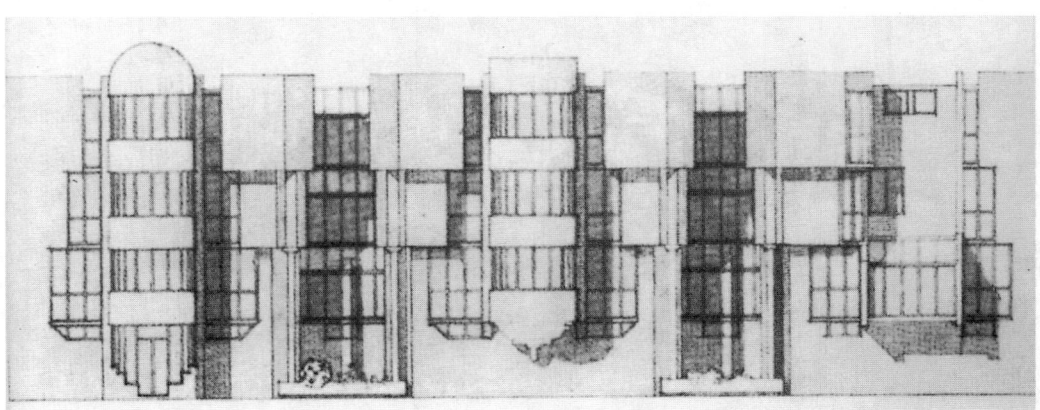

213-214 (*página anterior*). Rudiger Vael, projeto para a sede central da companhia telefônica em Anversa, 1977.

215-216. Rudiger Vael, projeto para a expansão de uma central telefônica em Grobbendonk; Jean-François Laurent, concurso de projetos para um quarteirão na Ville Nouvelle Cergy-Pontoise.

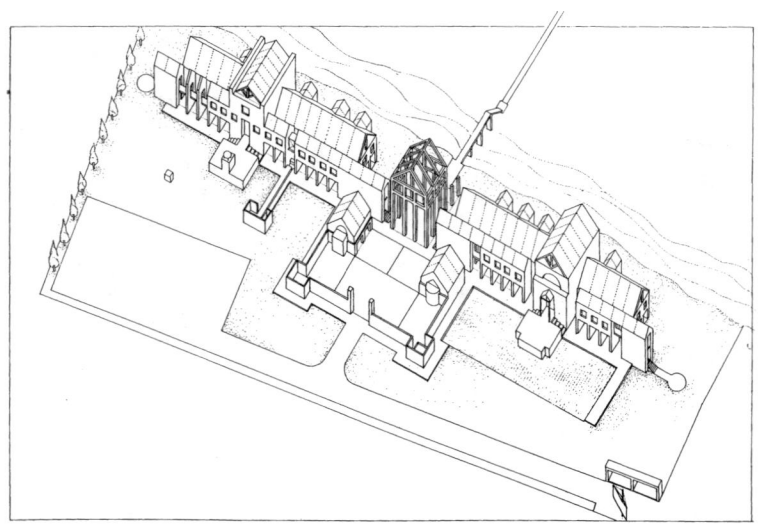

217-218. Aldo van Eyck e Theo Bosch, projeto para o bairro Nieuwmarkt em Amsterdam, 1975; Fernando Montes, projeto de casas geminadas em Saint-Louis, Alto Reno, 1979.

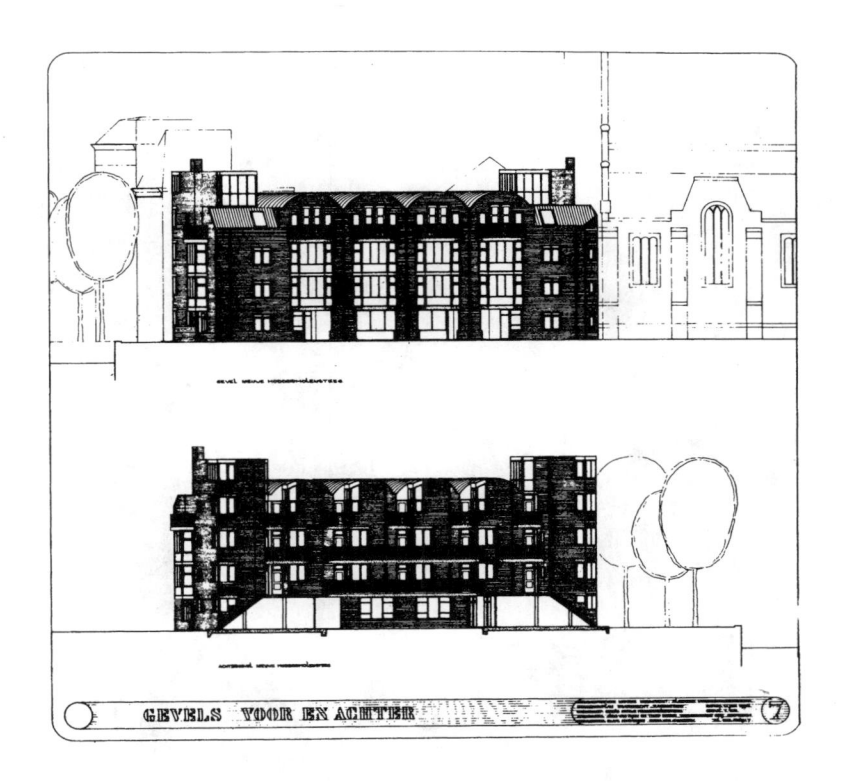

219-220. Aldo van Eyck e Theo Bosch, projeto para o bairro Nieuwmarkt em Amsterdam, 1975; Pancho Ayguavivès, projeto de duas casas na costa da Normandia.

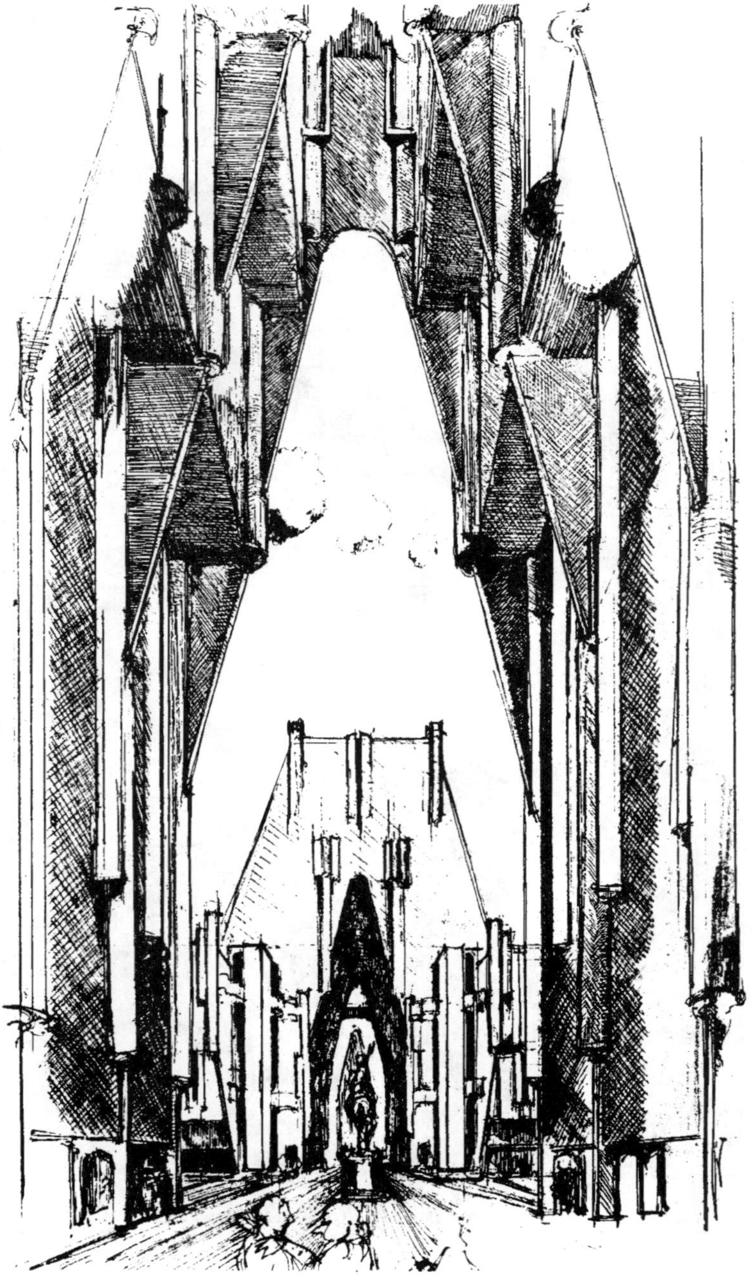

CONCLUSÃO **273**

222. Taller de Arquitectura, projeto para a ponte de Meritxel, Andorra, 1974.

221 (*página anterior*). Taller de Arquitectura, projeto do conjunto residencial "La petite Cathédrale", em Ville Nouvelle Cergy-Pontoise, 1971.

223-224. Luis Peña Ganchegui, Monumento aos mortos na defesa de Euzkadi, Oyarzun, 1975; Lluis Clotet e Oscar Tusquets, casa Vittoria em Pantelleria, 1973-75.

225. Lluis Clotet e Oscar Tusquets, detalhe do Belvedere Georgina em Llorfiu, Gerona, 1972.

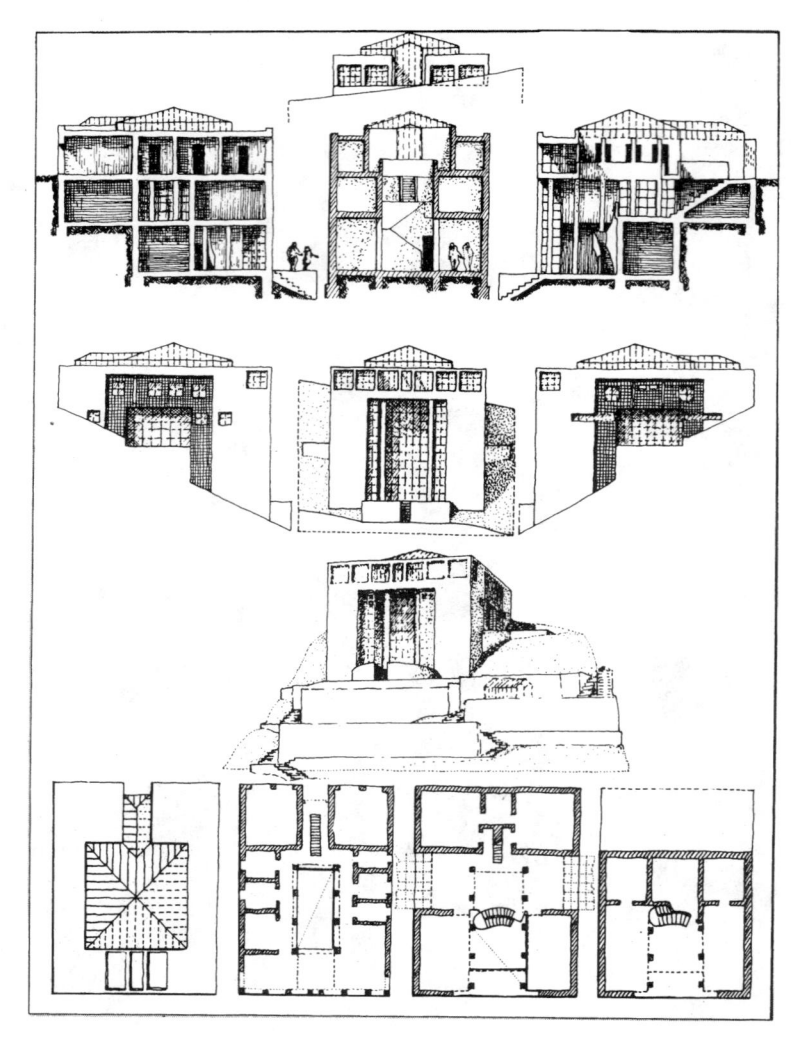

226. Rob Krier, projeto da casa Weidemann em Stuttgart, 1975.

227 (*página seguinte*). Bruno Reichlin, Fabio Reinhardt e Pierluigi Nicolin, projeto da casa Rivola em Rivera, Cantão Ticino.

CONCLUSÃO 277

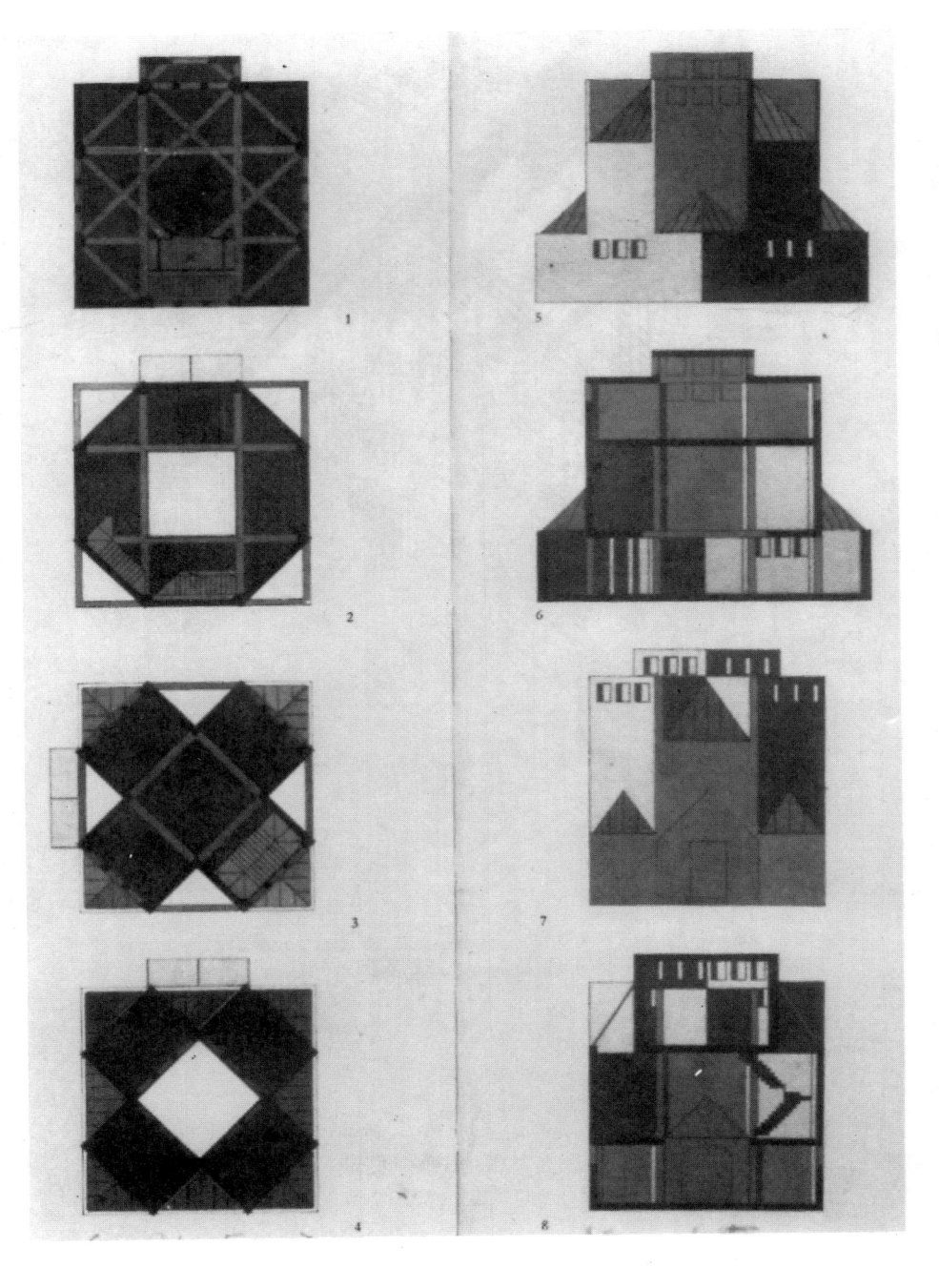

Axonométrie.

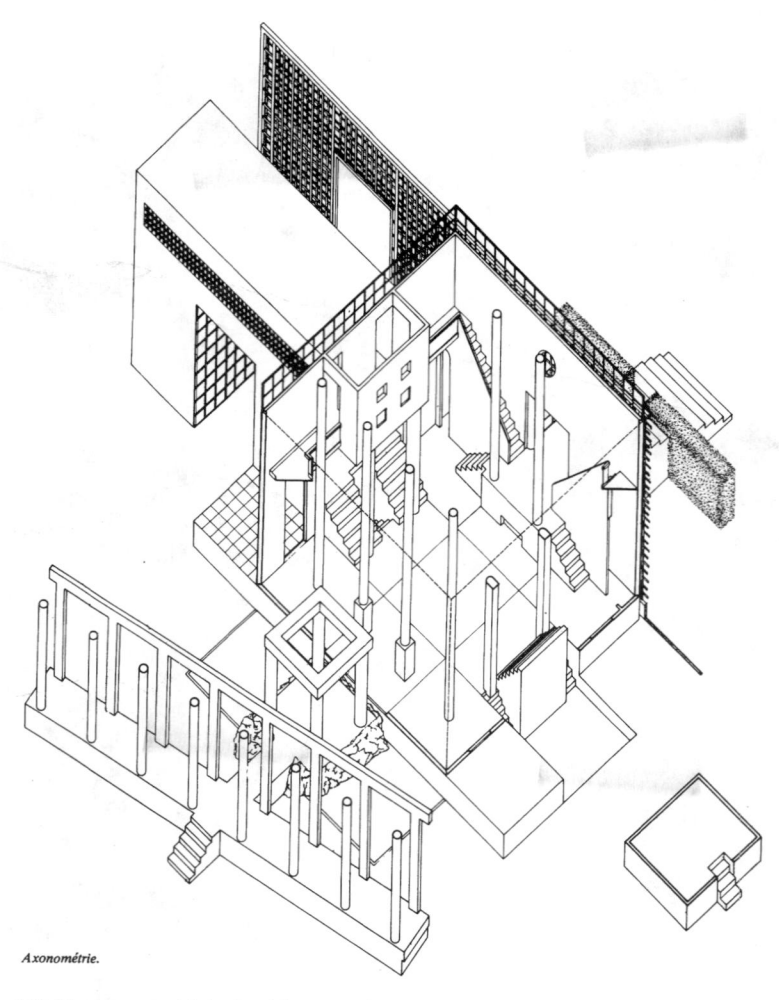

228. Diana Agrest e Mario Gandelsonas, projeto de uma casa de veraneio em Punta del Este, Uruguai, 1977.

229-230 (*página seguinte*). Warren Schwartz e Robert Silver, projeto de uma pequena casa.

CONCLUSÃO **279**

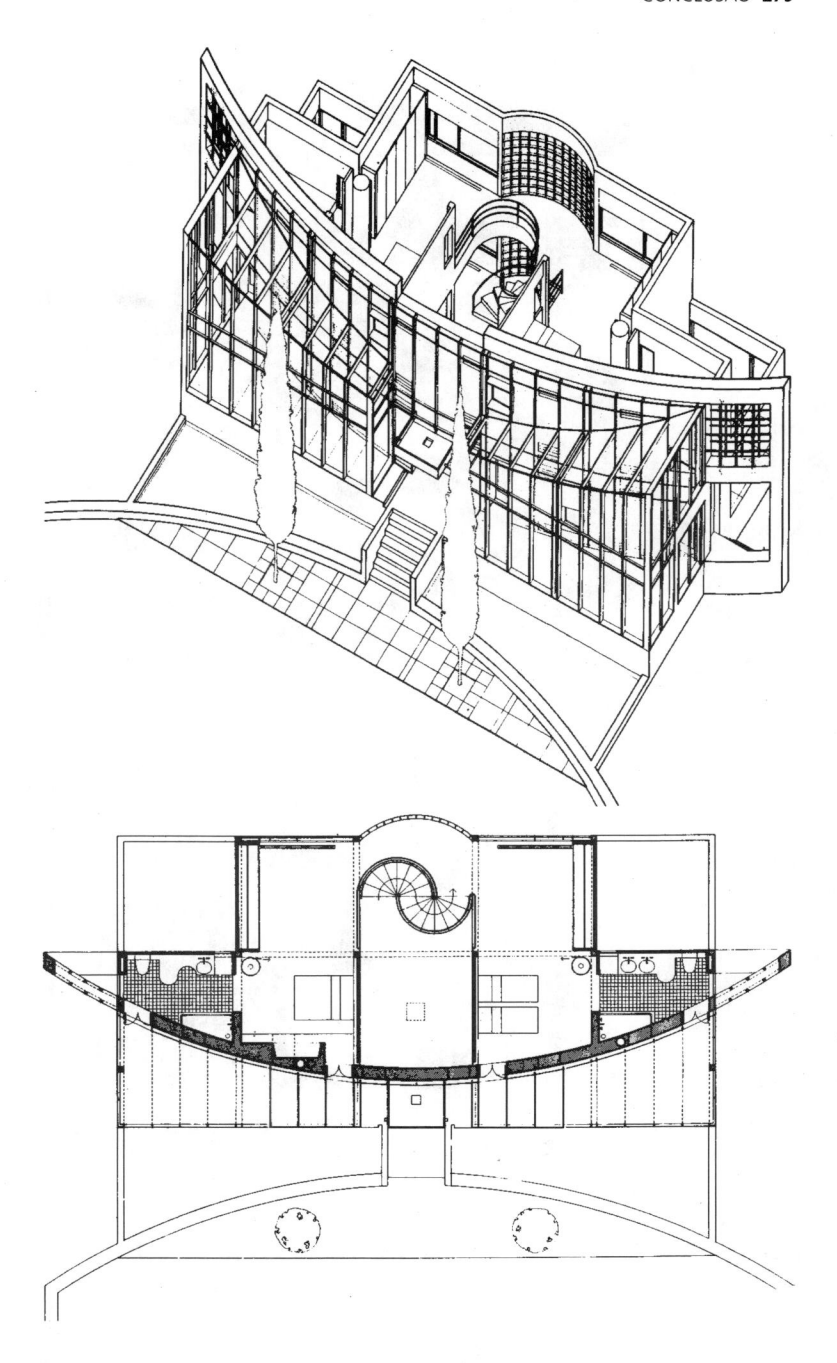

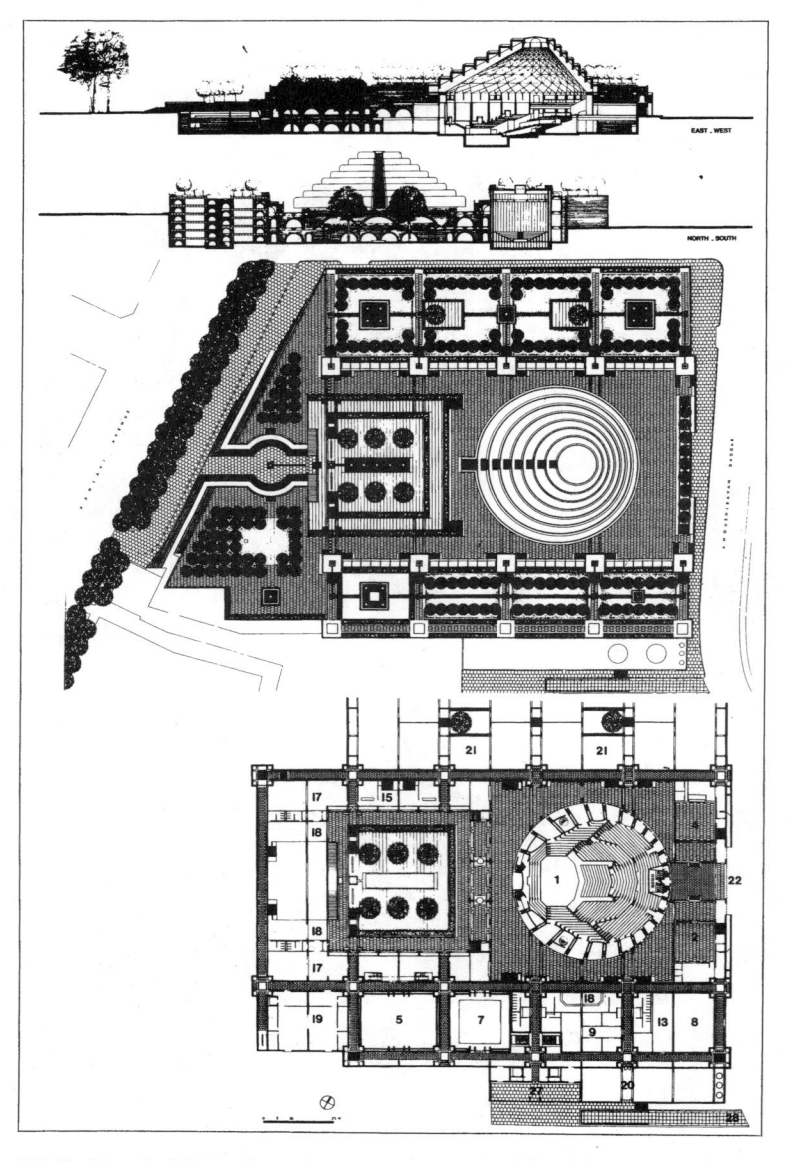

231. The Mandala Collaborative, projeto para o centro nacional de música em Teerã.

232-233 (*página seguinte*). The Mandala Collaborative, detalhe da maquete do centro nacional de música em Teerã; Manlio Brusatin, planta de um templo suburbano, 1970.

CONCLUSÃO **281**

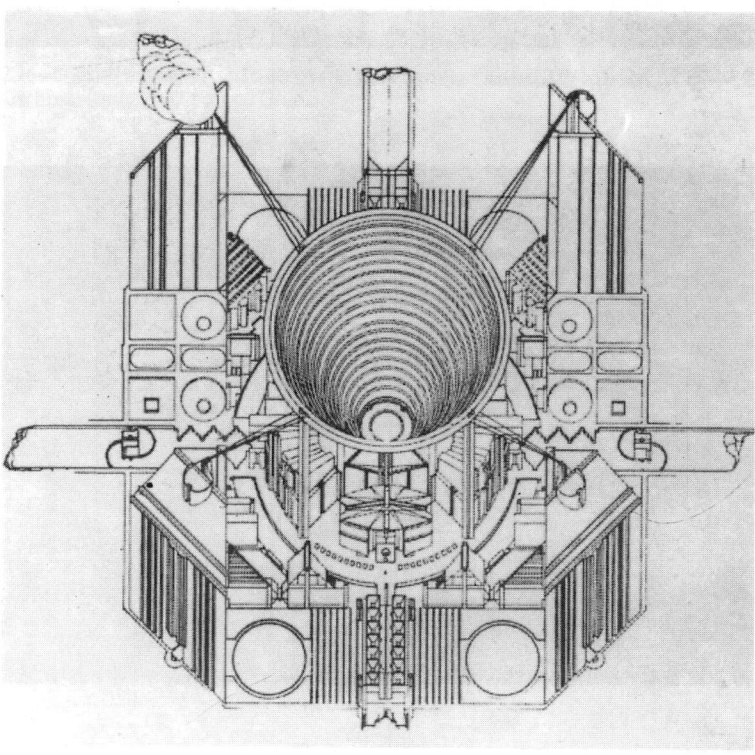

234-235. Monta Mozuna, templo Zen, Eisho-Ji, Tóquio, 1979.

CONCLUSÃO **283**

236-237. Yasufumi Kijima, pavilhão em Kumamoto City, 1975, e organização do parque Shirakawa.

NORD →

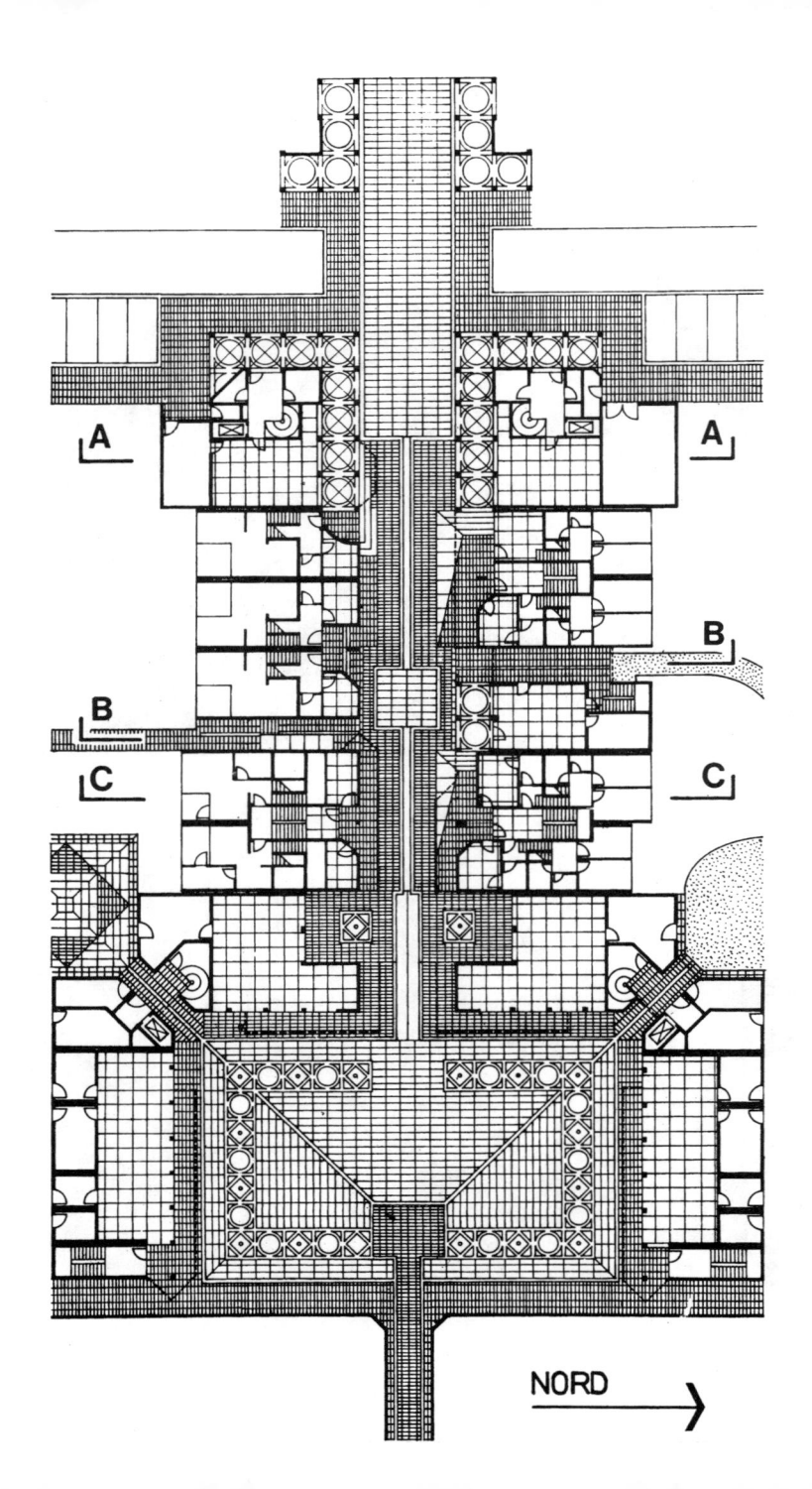

CONCLUSÃO **285**

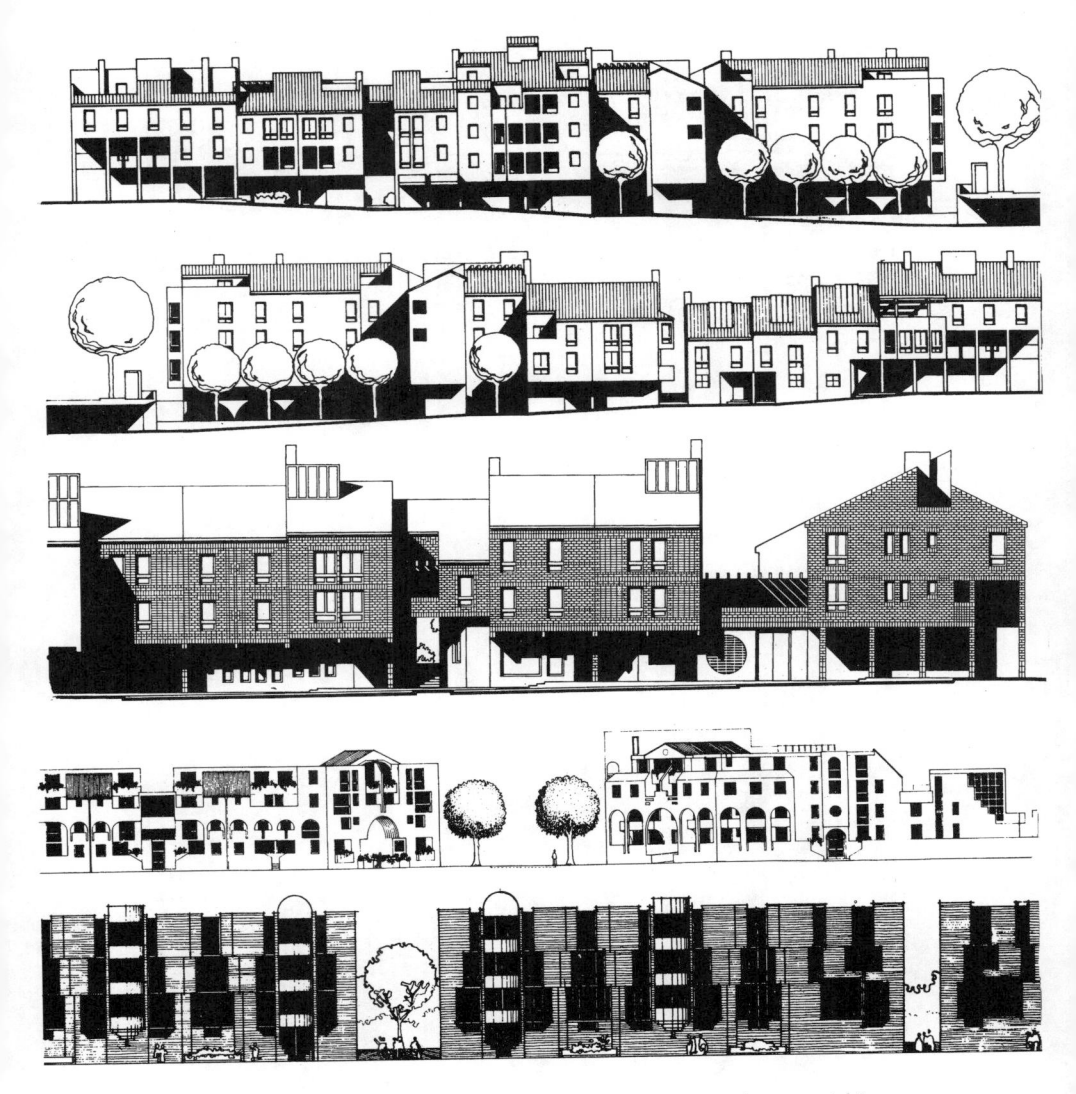

238 (*página anterior*). Ngyen-Huu, Zbduniewer, planta para o concurso de um quarteirão na Ville Nouvelle Cergy-Pontoise.

239-243 (*começando pelo alto*). Ngyen-Huu, Zbduniewer, três elevações do projeto para um quarteirão na Ville Nouvelle Cergy-Pontoise; P. Chenevrel e G. Maurios, projeto de um quarteirão na Ville Nouvelle Cergy-Pontoise; Jean-François Laurent, projeto de um quarteirão na Ville Nouvelle Cergy-Pontoise.

244. Christian de Portzamparc, projeto de reestruturação da área de Les Halles, 1979.

245. Christian de Portzamparc, projeto de concurso para o bairro de La Roquette em Paris, 1974.

CONCLUSÃO 287

246. Christian de Portzamparc, projeto de concurso para o bairro de La Roquette em Paris, 1974.

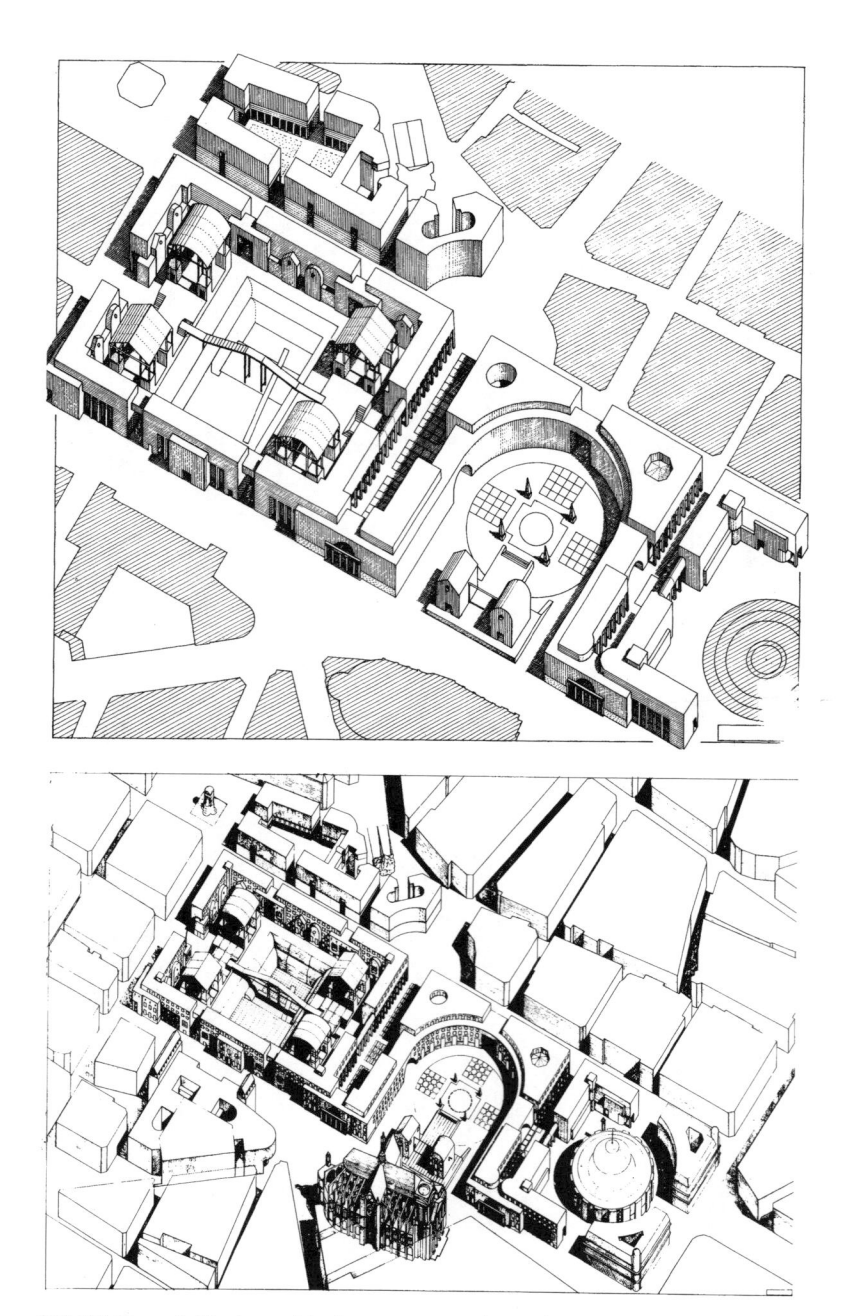

247-248. Fernando Montes, projeto de reestruturação da área de Les Halles, 1979.

CONCLUSÃO **289**

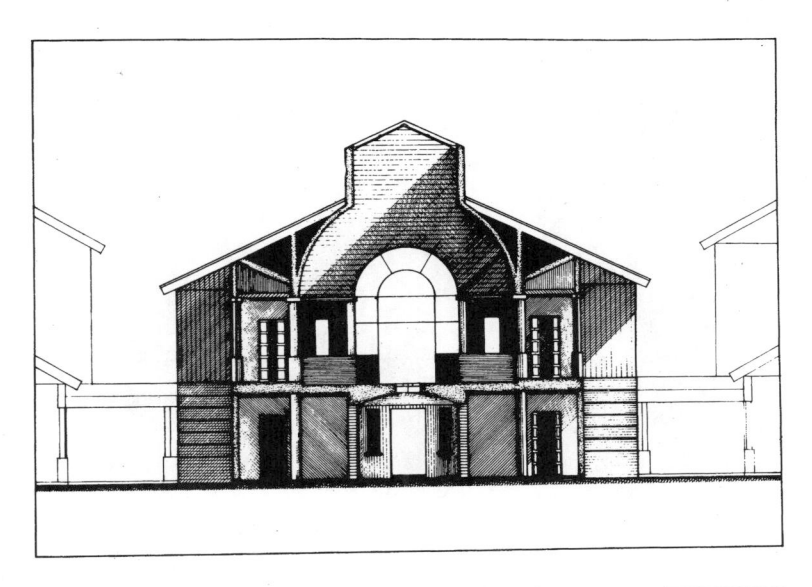

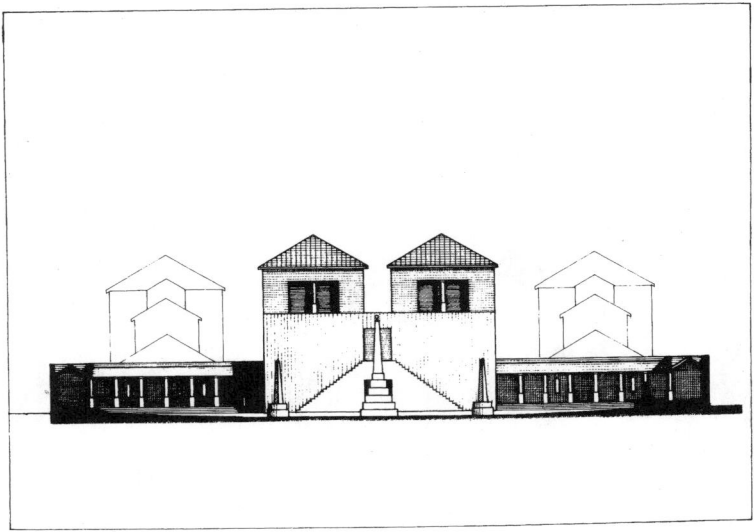

249-250. Fernando Montes, detalhes do projeto para o Instituto Roland Barthes, apresentado na I Mostra Internacional de Arquitetura da Bienal de Veneza, 1980. Corte do pavilhão Fourier (*acima*) e elevação do pavilhão Loyola (*abaixo*).

251. Grupo TAU (D. Bigelman, J. P. Feugas, B. Huet, B. Le Roy, S. Santelli), projeto para a Cruz Vermelha em Reims (1979) e reservatório d'água visto do pórtico dos Correios.

252. Grupo TAU (idem), concurso para l'lot des Patriarches, ginásio e alojamentos, 1980.

CONCLUSÃO **291**

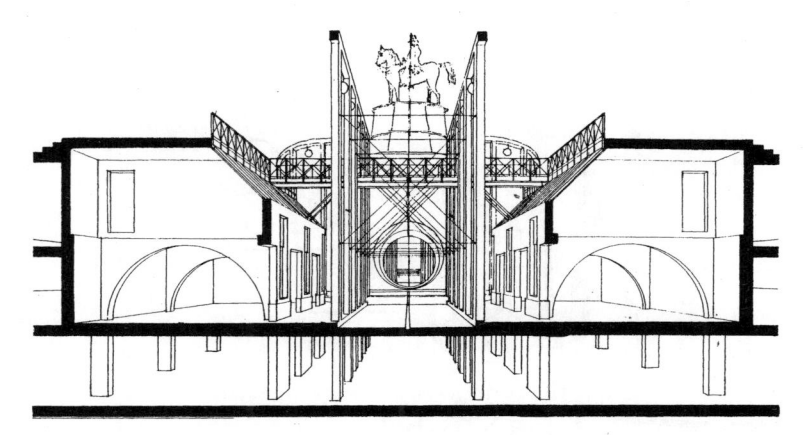

253. Grupo TAU (idem), urbanização da praça Napoleão em La Roche-sur-Yon, 1975.

254. Grupo TAU (idem), projeto de urbanização: a Porta da Lua, 1977.

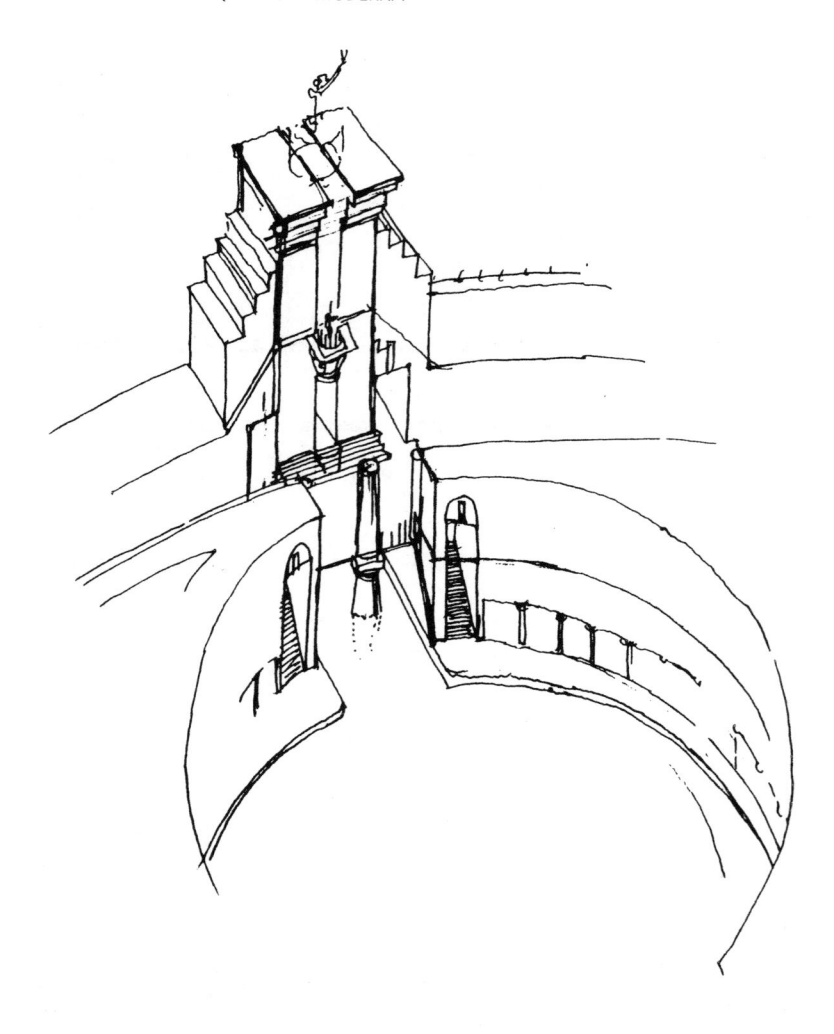

255. Grupo TAU (idem), projeto de urbanização do bairro de La Villete em Paris: croqui para a Porta da Metrópole, 1976.

CONCLUSÃO **293**

256. Grupo TAU (idem), projeto de urbanização em Rochefort-sur-Mer: a Praça da Estação, 1977.

257. Grupo TAU (idem), Rochefort-sur-Mer, perspectiva do estar de um dos apartamentos, 1977.

258. Grupo TAU (idem), Rochefort-sur-Mer, o pátio do Mattatoio.

CONCLUSÃO **295**

259-260. Grupo TAU (idem), concurso para o bairro de La Villette em Paris, 1975; Christopher Alexander, planta de um conjunto residencial.

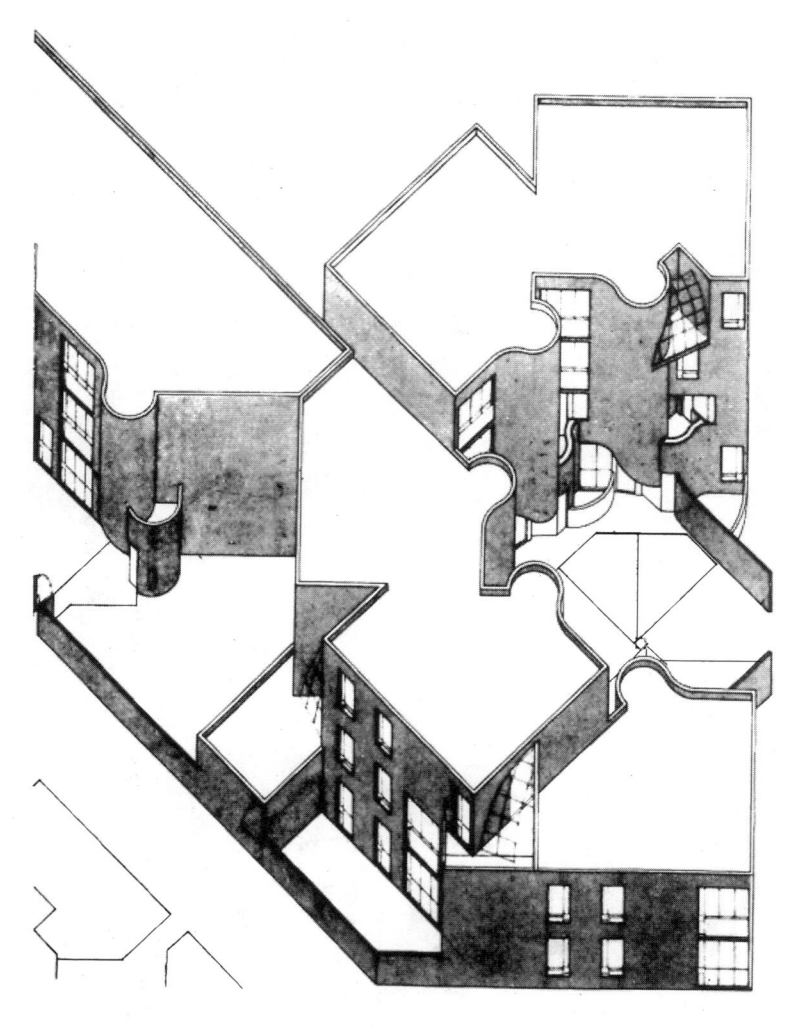

261. Henri Gaudin, projeto de um conjunto residencial em Maurepas, Yvelines.

262-263 (*página seguinte*). Wolfang Döring, casa em Kennedy Damm em Düsseldorf; Barton Myers e equipe, projeto para a praça Ghent em Norfolk, Virgínia.

CONCLUSÃO **297**

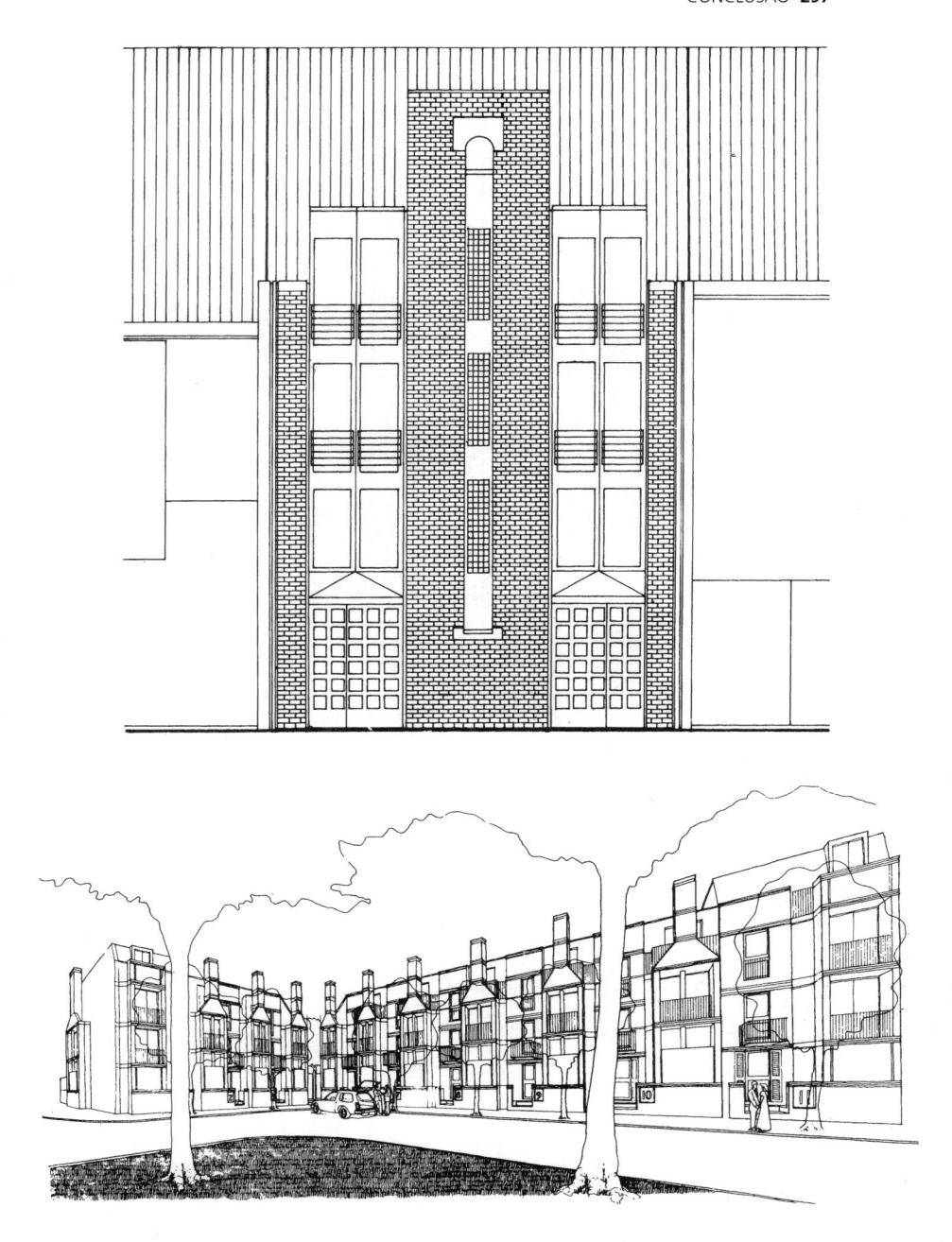

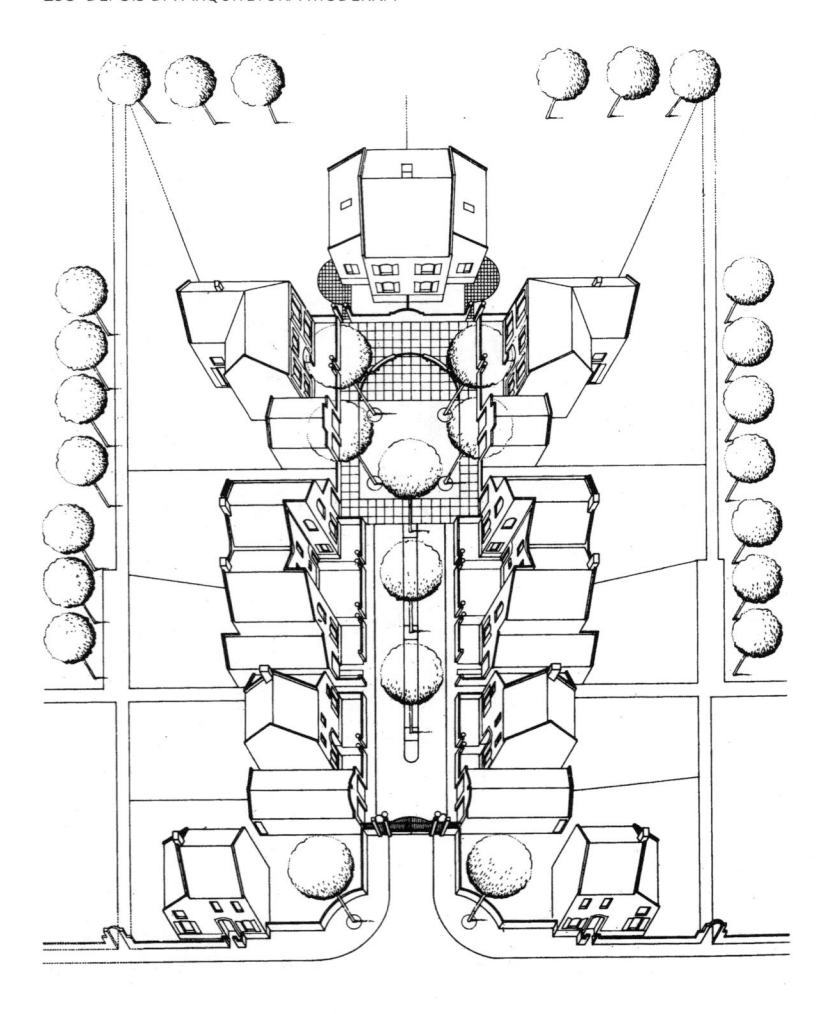

264. François Céria e Alain Coupel, axonométrica do projeto para um conjunto residencial em Plan de L'Église, Ville Nouvelle St.-Quentin-en-Yvelines.

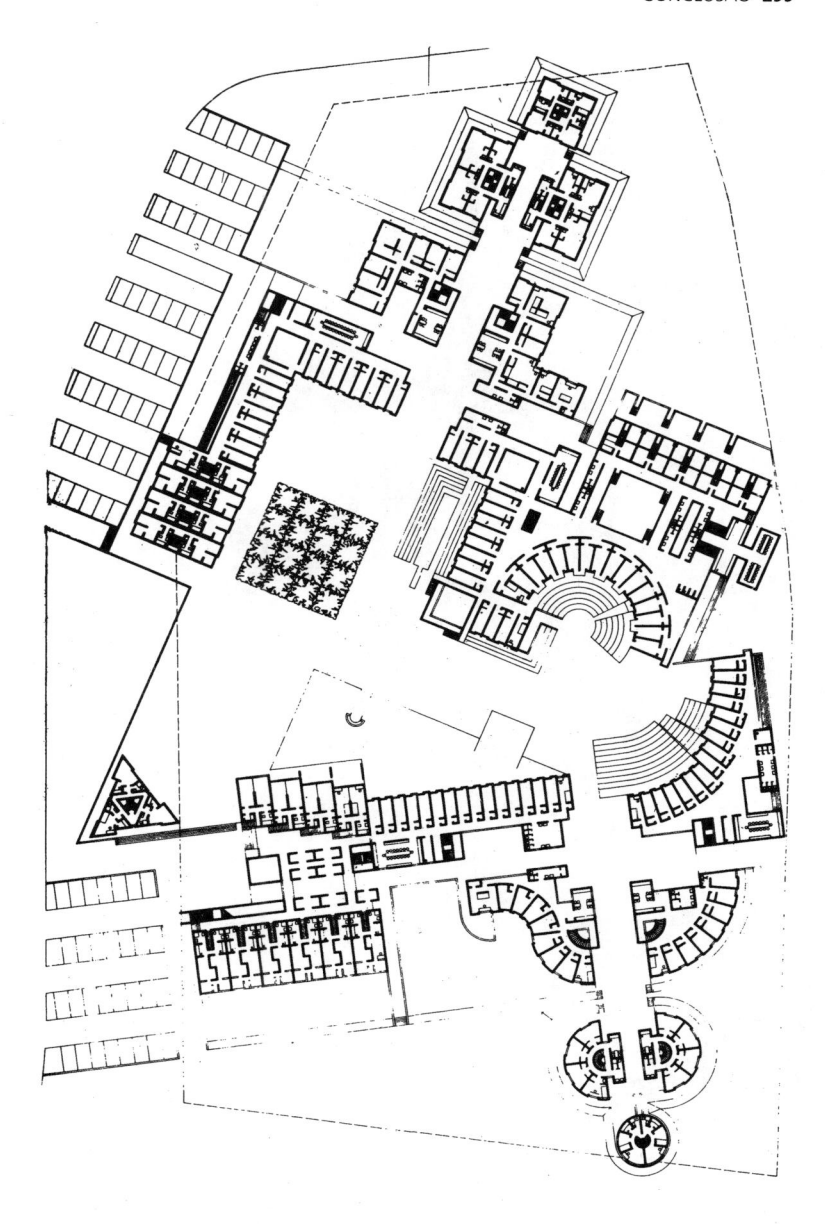

265. O. M. Ungers, J. Sawade, alojamento de estudantes em Enschede, 1963.

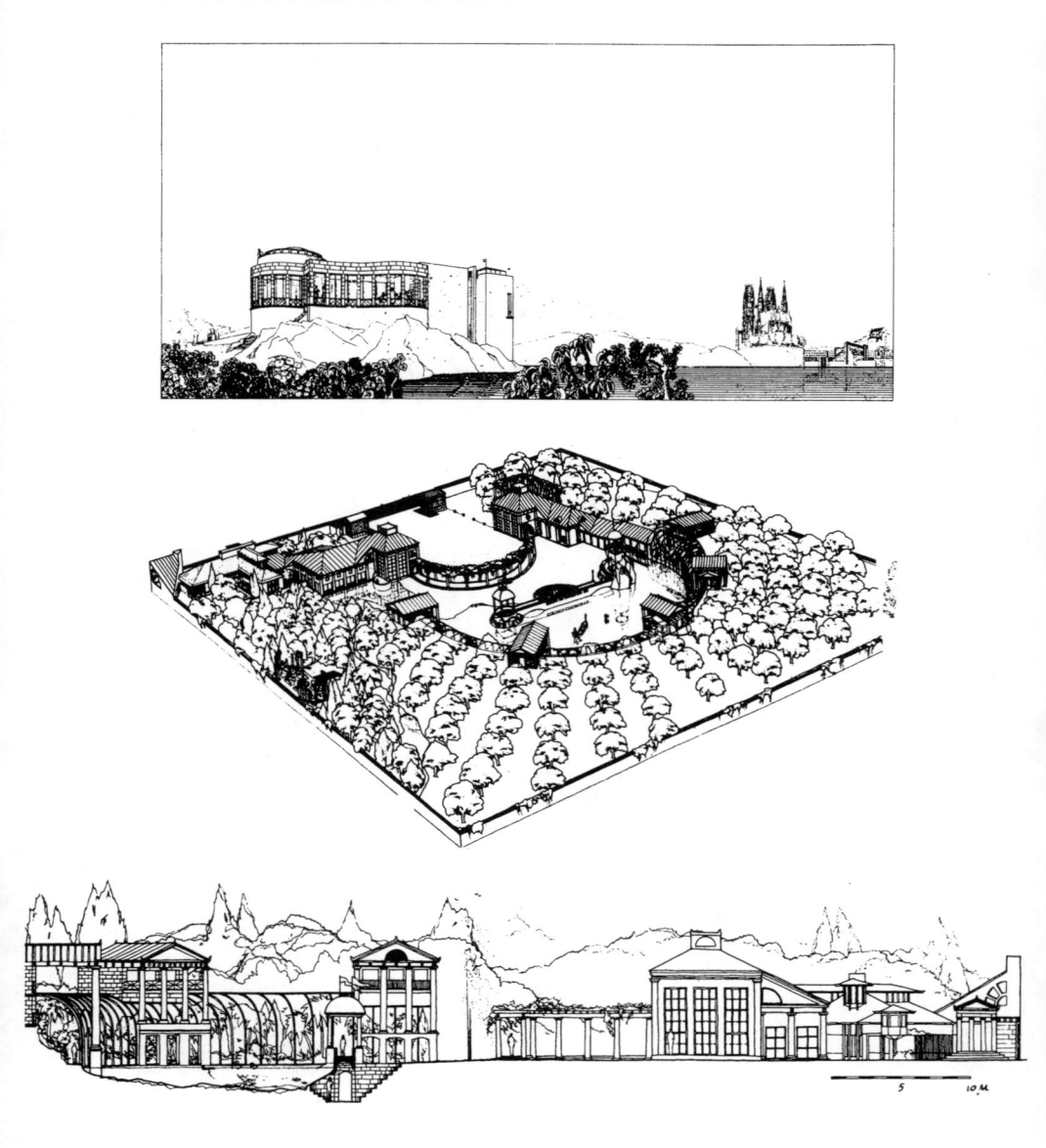

266-268. Christoph Luchsinger, concurso para a casa de Karl-Friedrich Schinkel, 1979; Charles Moore, FAIA, William Hersy, John Kyrk, perspectiva e elevação do concurso para a casa de Karl-Friedrich Schinkel, 1979.

BIBLIOGRAFIA

AA. VV., *Architettura razionale*, Milão, s.d.
A. Anselmi, *Occasioni d'architettura*, Roma, 1980.
G. C. Argan, *Ignazio Gardella*, Milão, 1959.
C. Aymonino, *Il significato delle città*, Roma-Bari, 1975.
A. Barey, *Déclaration de Bruxelles*, Bruxelas, 1978.
D. Bell, *The Coming of Post-Industrial Society: A Venture in Social Forecasting*, Nova York, 1973.
A. Belluzzi, *La "ripetizione differente" nell'architettura di Robert Venturi*, Bolonha, s.d.
G. Benamo, "Rue des Hautes-Formes", in *L'architecture d'aujourd'hui*, n. 202, Paris, 1979.
M. Benamou e Ch. Caramello, *Performance in Postmodern Culture*, Wisconsin, 1977.
P. Blake, *Form Follows Fiasco*, Boston-Toronto, 1974.
K. C. Bloomer e C. W. Moore, *Body, Memory and Architecture*, New Haven e Londres, 1977.
R. Boyd, *Orientamenti nuovi nell'architettura giapponese*, Nova York e Milão, 1969.
B. C. Brolin, *The Failure of Modern Architecture*, Londres, 1976.
D. Canter, *The Psychology of Place*, Londres, 1977.
A. Cappabianca, *Distruggere l'architettura*, Roma, 1978.
C. Conforto, G. de Giorgi, A. Muntoni, M. Pazzaglini, *Il dibattito architettonico in Italia 1945-1975*, Roma, 1977.
C. Dardi, *Semplice lineare complesso*, Roma, 1976.
G. De Carlo, "Corpo, memoria e fiasco", in *Spazio e società*, n. 4, Milão, 1978.

V. De Feo, *Il piacere dell'architettura*, Roma, 1976.
R. De Fusco, *Storia dell'architettura contemporanea*, vols. I e II, Roma-Bari, 1974.
C. De Seta, *Origini ed eclisse del movimento moderno*, Roma-Bari, 1980.
D. Dunster, *Venturi and Rauch*, Londres, 1978.
P. Eisenmann, M. Graves, C. Gwathmey, J. Hejduk e R. Meier, *Five Architects*, Nova York, 1972.
R. Filson, "La fuente magica de la Piazza d'Italia", in *Arquitectura*, n. 215, Madri, 1978.
I. Hassan, *The Dismemberment of Orpheus: Toward a Post-Modern Literature*, Nova York, 1971.
R. Hughes, "U.S. Architects, Doing Their Own Thing", in *Time*, Nova York, janeiro 1979.
A. Izzo e C. Gubitosi, *James Stirling*, Roma, 1976.
C. Jencks e G. Baird, *Il significato in architettura*, Londres, 1969, Bari, 1974.
C. Jencks, *The Language of Post-modern Architecture*, Londres, 1977.
——, *Bizarre Architecture*, Londres, 1979.
P. Johnson, *Writings*, Nova York, 1979.
J. P. Kleihues, "En la encrucijada de la arquitectura alemana", in *Construcción de la ciudad*, n. 9, Barcelona, 1977.
M. Kohler, *Postmodernismus: ein begriffgeschichtlicher Ueberblick*, 1977.
K. Kraus, *Detti e contraddetti*, Munique, 1955, e Milão, 1972.
R. Krier, *Stuttgart*, Stuttgart, 1975.
J.-F. Lyotard, *La condition postmoderne*, Paris, 1979.
M. McLuhan, *The Mechanical Bride: Folklore of Industrial Man*, Nova York, 1951.
C. Moore e G. Allen, *Dimensions*, Nova York, 1976.
——, G. Allen, D. Lyndon, *The Place of Houses*, Nova York-Chicago-São Francisco, 1974.
S. Muratori, *Architettura e civiltà in crisi*, Roma, 1963.
P. Navone, B. Orlandoni, *Architettura "radicale"*, Segrate, 1974.
C. Norberg Schulz, *Existence, Space and Architecture*, Londres, 1971, Roma, 1975.
C. Norberg Schulz, *Alla ricerca dell'architettura perduta*, Roma, 1975.
——, *Genius Loci. Paesaggio ambiente architettura*, Milão, 1979.
W. Pehnt, *Neue deutsche Architektur 3*, Stuttgart, 1970.
P. Portoghesi, *Le inibizioni dell'architettura moderna*, Roma-Bari, 1974.
——, "Il sistema industriale deve fare i conti con la natura", in *L'Avanti*, 18.11.1978.
——, "L'architettura del futuro? È già nata alcuni secoli fa", in *Euro*, n. 2, Roma, 1978.
——, "La città alienata", in *Almanacco socialista '79*.
——, "Tante case astratte per un uomo senza dimensioni", in *La Repubblica*, 19 abril 1979.

———, "Per una riprogettazione delle città esistenti", in *Mondoperaio*, n. 6, Roma, 1979.

———, "Architettura del GRAU", in *Controspazio*, n. 1-2, Bari, 1979.

F. Purini, *Luogo e progetto*, Roma, 1976.

———, *Alcune forme della casa*, Roma, 1979.

C. Ray Smith, *Supermannerism*, Nova York, 1977.

C. Rowe, "Mannerism and Modern Architecture", in *Architectural Review*, maio 1950.

V. Savi, *L'architettura di Aldo Rossi*, Milão, 1976.

V. Scully, *The Shingle Style Today*, Nova York, 1974.

———, *Louis I. Kahn*, Nova York, 1962.

P. F. Smith, *Architecture and the Human Dimension*, Londres, 1979.

R. Stern, *Orientamenti nuovi nell'architettura americana*, Nova York e Milão, 1970.

M. Tafuri, F. Dal Co, *Architettura contemporanea*, Milão, 1976.

———, *La sfera e il labirinto. Avanguardie e architettura da Piranesi agli anni '70*, Turim, 1980.

———, "L'éphémère est eternel. Aldo Rossi a Venezia", in *Domus*, n. 602, Milão, 1980.

H. Tesar, *Vorformen, Entwürfe, Verwirklichungen*, Viena, 1978.

A. Touraine, *La société postindustrielle*, Denoel, 1969.

Traverses, n. 4, Paris, 1976. Número monográfico, "Functionalismes en dérive".

R. Venturi, *Complexity and Contradiction in Architecture*, Nova York, 1966.

R. Venturi, D. Scott Brown, S. Izenour, *Learning from Las Vegas*, Cambridge, Massachusetts, 1972, Londres, 1977.

B. Zevi, *Il linguaggio moderno dell'architettura*, Turim, 1973.

Catálogos e exposições

Aldo Rossi. Progetti e disegni 1962-1979, exposição na Galeria Pan, Roma, abril, 1979. Organizada por F. Moschini.

Aspetti dell'arte contemporanea, exposição no Castello Cinquecentesco, L'Aquila, 1963.

Assenza/presenza: un'ipotesi per l'architettura, exposição na Galeria Municipal de Arte Moderna, Bolonha, 1977.

10 Immagini per Venezia, exposição de projetos para Cannareggio Ovest, Ala Napoleonica, Veneza, abril 1980. Organizada por F. Dal Co.

Europa / America / Architetture urbane alternative suburbane, Bienal, Veneza, 1978. Organizada por F. Raggi.

Nuovi disegni per il mobile italiano, Milão, 1960.

Paolo Portoghesi. Progetti e disegni 1949-1979, Florença, 1979. Organizada por F. Moschini.

Per una simbolica dell'ambiente, Veneza, 1978.

Roma interrotta, exposição no Mercado de Trajano, Roma, 1978.
Topologia e morfogenesi, Bienal, Veneza, 1978. Organizada por L. V. Masini.
Transformations in Modern Architecture, Nova York, 1979. Organizada por A. Drexler.

Revistas

À falta de espaço para enumerar todas as intervenções no debate sobre as tendências da arquitetura pós-moderna, nos limitamos a indicar ao leitor as revistas que abrigaram as contribuições críticas mais significativas acerca da hipótese de superação da crise do Movimento Moderno:

A + U, Tóquio.
A M C, Paris.
Architectural Design, Londres.
Archives d'architecture moderne, Bruxelas.
Arquitectura, Madri.
Controspazio, Roma.
Construccion de la ciudad, Barcelona.
L'architecture d'aujourd'hui, Paris.
Lotus, Milão.
Opposition, Nova York.
Process, Tóquio.
Werk-Archithese, Zurique.

ÍNDICE ONOMÁSTICO*

Aalto, Alvar, 66.
Adorno, Theodor W., 211.
Agrest, Diana, 124, *111*, *228*.
Aiguavivès, Pancho, *220*.
Albini, Franco, 72, 74, 76, 79, 179-80.
Alberti, Leon Battista, 118, 189.
Allen, Gerald, 119.
Ange, D., *203-4*.
Anselmi, Alessandro, *13*, *151-152*, *155-156*, *157*.
Aulenti, Gae, 179.
Aymonino, Carlo, 190.

Babka, *126-127*.
Bafaumais, Eugène, 24.
Baldisseri, Claudio, *184*.
Banham, Reyner, 69, 78-9.
Barlattani, Mario, *14*.
Barthes, Roland, 201.
Bartók, Béla, 212.
Bataille, Georges, 210.
Batey, Andrew, *116*, *118*.
Battisti, Eugenio, 202-3.

Beeby, Thomas, 29, *125*, *126-127*.
Bell, Daniel, 209.
Benamo, Georgia, *24*, 200.
Benevolo, Leonardo, 188.
Benn, Gottfried, 210.
Berg, Alban, 212.
Bernini, Gianlorenzo, 67.
Biedermayer, 196.
Bigelman, D., 198, *251*, *259*.
Birkiye, S., *200*, *202*, *206*.
Blake, Peter, 47-57.
Bofill, Anna, 191.
Bofill, Ricardo, 191-2.
Bohigas, Oriol, 181.
Böhm, Gottfried, *38*, 192.
Borromini, Francesco, 113.
Bosch, Theo, 62, *217*, *219*.
Botta, Mario, *162*, *163*, *164-165*.
Boullée, Etienne-Louis, 196, 199.
Braghieri, G., *141-142*, *146*.
Breuer, Marcel, 54.
Brown, Denise Scott, 116.
Brusatin, Manlio, 185, *233*.

* Os números em itálico correspondem às legendas das ilustrações; os demais, às citações no texto.

Burgee, John, *55*, *56*.
Busieau, G., *200*, *202*, *206*, *246-247*, *249*.

Caira, Stefano, *178*.
Canaletto, 185.
Candilis, Georges, *51*, 196.
Canella, Guido, 78, 80, 179.
Caniggia, Gianfranco, *35*.
Cantafora, Arduino, *174*.
Carlo Magno, 208.
Caruso, Luigi, *181*.
Cellini, Francesco, *171*, *172*, *173*.
Céria, François, *264*.
Chenevrel, P., *242*.
Chiatante, Paola, *13*, *151*, *155*.
Chylinski, Richard, *7*, *77*.
Clotet, Lluis, 62, 191, *225*.
Cohen, Stuart, *123*, *125*.
Corsetti, Mario, *179*.
Cosentino, Nicoletta, *169-170*.
Coupel, Alain, *264*.
Cripps, R.J., *62*.
Culot, Maurice, 196.

D'Amato, Claudio, *172*, *178-179*, *180*.
Dardi, Nino, 190.
D'Ardia, Giangiacomo, *16*.
Dechoux, Jean François, *42*.
De Feo, Sandro, 190.
De Klerk, Michel, 78.
Del Debbio, Enrico, 70.
Della Volpe, Galvano, 188-9.
De Poli, Aldo, *143-144*.
Derbyshire, Andrew, 62.
De Sanctis, Giovanni, *152*.
Derrida, Jacques, 210.
De Sica, Vittorio, 74.
Diocleciano, 74.
Dixon, Fenella, *190*.
Dixon, Jeremy, *190*.
Döring, Wolfang, *262*.
Drexler, Arthur, 121.
Dubbini, Giulio, *143-144*.

Eiffel, Gustave, 23.
Eisenman, Peter, 62, 121-2, 181.
Empson, William, 113.
Ercolani, Giampaolo, *14*, *15*, *175*, *177*.
Erskine, Ralph, 62.

Fariello, Francesco, 81.
Fathy, Hassan, *49*, *50*.
Feugas, J. P., 198, *251*.
Figini, Luigi, 79.
Foschini, Arnaldo, 70, 80-1.
Foucault, Michel, 210.
Frampton, Kenneth, 121.
Fraticelli, Vanna, *176*.
Fuller, Buckminster, 56.

Gabetti, Roberto, 77-8, *43*, *44-45*, *46*, *47-48*, 179, 181.
Gandelsonas, Mario, 124, *111*, *228*.
Gandhi, Mohandas Karamchand, 37.
Gardella, Ignazio, *2*, 72-6, 79, 179-80.
Gaudin, Henri, *261*.
Gauguin, Paul, 201.
Gernier, R. de, *203*.
Giedion, Siegfried, 66.
Girard, Olivier, 198.
Giurgola, Romaldo, 107.
Gorz, André, 39.
Goytisolo, José Augustín, 192.
Gracián, 117.
GRAU, *13*, 187-9, *151*, *154*, *155*, *157*.
Graves, Michael, *26*, *28*, 121-2, *100*, *101*, *102*, *103-104*.
Greco, Saul, 82.
Greenberg, Allan, *112-113*.
Gregotti, Vittorio, 78, 80, 179, 181, 190.
Gropius, Walter Adolf Georg, *25*, 65-6, 71, 73.
Grossi, Giuseppe, *184*.
Grumbach, Antoine, 198, 201.

ÍNDICE ONOMÁSTICO **307**

Gwathmey, Charles, 121.

Habermas, Jürgen, 207-11.
Hagmann, John, *17*, *19*, *97-98*.
Haussmann, 56.
Hammond, R. J., *126-127*.
Hauser, R., *207*.
Hejduk, John, 121-2.
Hersi, William, *268*.
Hilmer, H., *201*, *204*.
Hindemith, Paul, 212.
Hitchcock, Russell, 67.
Hollein, Hans, *21*, 193.
Homero, 33.
Huet, B., 196-8, *251*, *259*.
Hunziker, Rudi, *163*.

Isola, Aimaro, 77-8, *43*, *44-45*, *46*, *47-48*, 179, 181.
Izenour, Steven, 116.

Jencks, Charles, *30*, 59-62, 75, 110, 117, 193, 202, *187*, *188-189*.
Joedicke, Jurgen, 68.
Johansen, John, 68.
Johnson, Philip, 67-8, *55*, *56*, 179.
Jonas, Hans, 210.
Jung, Carl, 184.

Kahn, Louis, 68, 76, 83, *31*, *32*, 103-9, 112, 116, 121-2, 188, 197.
Kijima, Yasufumi, *236-237*.
Klee, Paul, 45.
Kleihues, J. P., *207*.
Kopp, Dieter, 179.
Kraus, Karl, 21, 37.
Krier, Léon, 193-5, 201, *194*, *195*, *197*, *199*.
Krier, Rob, 194-5, *193*, *196*, *198*, *226*.
Kroll, Lucien, 62.
Kyrk, John, *268*.

Labrouste, Henri, 23.
Lacan, J., 198.

Lambrichs, A., *203*.
Laurent, Jean François, *216*, *243*.
Le Corbusier, 29, 40, 49, 52-4, 59, 61, 65-8, 71, 73, 111, 121-2, 196.
Ledoux, Claude-Nicolas, 196, 201.
Lefebvre, Henri, 191.
Lênin, 63.
Le Roy, B., 198, *251*.
Letarouilly, Paul-Marie, 62.
Leuzinger, Renzo, *164*.
Libera, Adalberto, 81-2.
Lion, 198.
Lodoli, Carlo, 185.
Lot, 212
Lucan, 198.
Luchsinger, Cristoph, *266*.
Lyndon, Donlyn, 119.
Lyotard, Jean-François, 27, 204.

Machado, Rodolfo, 125, *105*, *106*, *107*, *108*, *109*, *110*.
Mack, Mark, *116*, *118*.
Mahler, Gustav, 33.
Marcuse, 205.
Marino, Roberto, 71.
Mariotti, Roberto, *151*.
Marshall, *22*.
Martini, Massimo, *153*.
Marx, Karl, 31.
Massobrio, Giovanna, *12*, *14*, *15*.
Matthew, Robert, *22*.
Maurious, G., *239-243*.
Mazzini, 71.
Mazzochi, Pasquale, *179*.
Mc Kim, 110.
Mead, 110.
Meier, Richard, 121, 181.
Michelangelo, 67.
Michelucci, Giovanni, 72-3, 75, 179-80.
Minardi, Bruno, *184*.
Montes, Fernando, 197-8, 200-1, *218*, *247-248*, *249-250*.
Mooney, Kemp, *128*.

Moore, Charles, *7-8, 9,* 62, 68, 107, 109, 118-21, *70-71, 72, 76-77, 78-79, 80-81, 82, 83-84, 85, 86-87, 88-89, 268.*
Moretti, Luigi, 76, 81.
Morris, William, 38, 43, 193, 196.
Moschini, F., *3, 132-133, 139, 141-142, 146.*
Muratori, Saverio, 81-2, *33.*
Muzio, Giovanni, 70.
Myers, Barton, *263.*

Narpozzi, Marino, *143-144.*
Neirinck, P., *202, 206.*
Nervi, Pier Luigi, *34.*
Ngyen-Huu, *238, 239.*
Nicolin, Pierluigi, *182-183, 227.*
Nicolosi, Patrizia, *153.*

Oud, Jacobus Pieter, 66.

Pagano, Pogatschnig Giuseppe, 71-3.
Palladio, Andrea, 185, 189, 201.
Pasolini, Pier Paolo, 59.
Paurd, Girard Laisnay, 198.
Patrizi, Gianni, *154.*
Peichl, Gustav, *211.*
Peña Ganchegui, Louis, *223.*
Perez, August, *86.*
Perniola, Mario, 205.
Peruzzi, Baldassare, 189.
Piacentini, Marcello, 70.
Pierluigi, Franco, *151.*
Pisciotti, Luigi, *160-161.*
Pizzigoni, A., *132-133.*
Plechnick, Jozef, 81.
Pollini, Gino, 79.
Porro, Ricardo, *39, 40-41, 42.*
Portaluppi, Piero, 70.
Portoghesi, Paolo, *14, 15, 52-53, 54.*
Portzamparc, Christian de, *13, 23,* 198-200, *244, 245, 246.*
Pozzo, 208.
Purini, Franco, 190, *166, 167, 168.*

Quaroni, Ludovico, 74-5, 81, 188.
Querrie, Max, 197.

Rabbas, Mohammed, *42.*
Raimondino, G., *160-161.*
Raineri, Giorgio, 77, 179.
Rauch, John, *5-6, 58, 62, 63, 65, 66, 67-69.*
Re, Luciano, *47-48.*
Reichlin, Bruno, *10-11, 158-159, 227.*
Reinhardt, Fabio, *10-11, 158-159, 227.*
Retz, 191.
Richardson, Henry Holsson, 23, 68.
Ridolfi, Mario, *1-2,* 72-7, *36, 37,* 179-81.
Rietveld, Gerrit Thomas, 54, 122.
Robein, Jean, *42.*
Rogers, 77-9, 181.
Romano, Giulio, 111, 125.
Rosati, Enzo, *153-154.*
Rossellini, Roberto, 74.
Rossi, Aldo, *12,* 78, 179, 181-7, 189, 191, 195, 201, *132-133, 134, 135, 136-137, 138, 139, 140, 141-142, 143-144, 145, 146, 147-148, 149, 150.*
Rota, Italo, *182-183.*
Rowe, Colin, *85, 88.*
Rudolph, Paul, 48.
Rumi, 106.

Saarinen, Eero, 67.
Saba, Umberto, 187.
Sacripanti, Maurizio, 190.
Santelli, S., 198, *251, 259.*
Saputo, *85, 88.*
Sattler, Ch., *201, 204.*
Savi, 184.
Sawade, J., *265.*
Scarpa, Carlo, 72, 75, 180.
Schelsky, Helmut, 211.
Schinkel, Karl Friedrich, 192.

ÍNDICE ONOMÁSTICO **309**

Schmitt, 210.
Schönberg, Arnold, 212.
Schumaker, Fritz, 56.
Schwartz, Warren, *229-230*.
Scully, Vincent, 109, 112.
Shakespeare, William, 32.
Shaw, Norman, 23.
Short, *3*, *59-60*, *61*, *64*, *74*.
Sica, Vincenzo, *178*.
Silver, Robert, *229-230*.
Silvetti, Jorge, 125, *105*, *106*, *107*, *109*, *110*.
Siola, Uberto, *160-161*.
Siza, Álvaro, 181.
Smith, Thomas Gordon, *25*, 62, 125, *129*, *130-131*.
Spaeman, Robert, 210.
Speer, 56.
Stern, Robert A. M., *17-18*, *19-20*, 62, 123-4, *90-91*, *92*, *93-94*, *95-96*, *97-98*, *99*.
Stirling, James, 193-4, *185-186*.
Stone, 68.
Strauss, Leo, 210.
Stravinski, Igor F., 212.
Sullivan, 47, 66.

Tange, Kenzo, 67.
TAU, 198, *251*, *252*, *253*, *254*, *255*, *256*, *257*, *258*, *259*.
Taut, 73.
Tentori, Francesco, 78, 182.
Terragni, Giuseppe, 71, 121-2.
Terry, Quinlan, *191-192*.
Tesar, Heinz, *212*.

Tesauro, 117.
Tigerman, Stanley, 62, 124, *119-120*, *121-122*, *124*, *173*.
Tocqueville, Charles-Alexis de, 204.
Turnbull, William, *114-115*.
Tusquets, Oscar, 62, 191, *225*.

Ungers, Oswald Mathias, 181, 192, 265.

Vael, Rudiger, *213-214*, *215*.
Van der Rohe, Mies, 29, 47, 51, 54, 68, 196.
Van Eyck, Aldo, 62, *217*, *219*.
Vandenhove, Charles, *205*.
Vasari, Giorgio, 189.
Venturi, Robert, *3-4*, *5-6*, 61-2, 68, 107, 109-18, 121, *57-58*, *59-60*, *61-62*, *63-64*, *65*, *66*, *67-69*, *73-74*, *75*, 195.
Visconti, Luchino, 74.
Vreeland, Tim, 107.

Weber, Max, 209.
Webern, Anton, 212.
Weil, Simone, 59, 69.
White, A. T., 110.
Wittgenstein, Ludwig, 203, 210.
Wright, Frank Lloyd, 29, 47, 52, 66-7, 71-2.

Yamasaki, Minoru, 68.

Zevi, Bruno, 66, 71-2, 76-7, 188.
Zbduniewer, *238*, *239*.